한국어 교사를 위한 한국어학 개론

# 한국어 교사를 위한 한국어학 개론

민현식 · 구본관 · 김호정 · 김수정 · Sainbilegt. D · 왕단 · 박성일 · 강남욱
신필여 · 이슬비 · 박민신 · 신범숙 · 이지연 · 임수진 지음

사회평론아카데미

## 머리말


이 책은 우리나라와 세계 각지에서 한국어교육을 수행할 예비 한국어교원의 눈높이에 맞춰 기본적인 한국어학의 체계를 익히고, 이 지식을 실제 한국어교육 현장에 심화·적용할 수 있도록 연결하려는 의도로 집필되었다.

한국어교육을 위한 한국어학은 한국어 학습자의 언어 습득, 한국어 교수·학습이 전개되는 현장을 중심으로 새롭게 재해석되고 독자적으로 기술될 필요가 있다. 한국어교육의 괄목할 만한 성장과 함께 이러한 학술적 시도는 꾸준히 이루어져 왔고, 그 성과도 어느 정도 누적되었다. 그러나 한국어교육의 관점으로 온전히 체계적인 문법 기술을 해내기에는 불충분한 지점이 많고, 아직 본격적인 연구조차 미치지 못한 지점도 많다. 그렇기에 다양한 변인들을 아우를 만한 보편적인 성과들을 모아 체계적으로 구축하기에는 여전히 가야 할 길이 멀어 보인다.

이러한 한계를 극복하기 위하여, 이 책의 저자들은 국어학의 체계와 위계를 짚고 따라가되 응용국어학적 관점에서 부단히 조응하고 성찰하면서 집필하고자 하였다. 동시에 가급적 한국어교육 현장을 이해할 수 있는 실제적 접근을 통해 문법을 설명하려고 하였다.

이 책은 대학 수업의 일반적인 구성에 맞추어 총 열다섯 개의 강의 형식으로 편성되었으며, 각 강(講)은 내용에 따라 세 개의 부(部)로 묶여 있다. '1부 한국어학과 한국의 언어문화'에서는 한국어의 언어문화적 특징을 통해 한국어교육의 흐름, 문법교육의 쟁점 등을 거시적 관점에서 이해할 수 있도록 하였다. 이는 한국어 문법의 구체적인 내용을 제시하기 전에 이들을 모두 포괄하는 한국어의 특징과 속성을 알아봄으로써 한국어 문법에 대한 대략의 얼개를 파악할 수 있도록 하기 위함이다.

'2부 한국어의 문장과 담화 표현'에서는 문장에 대한 한국어학의 내용을 기반으로 서술하였다. 한국어 교원이 한국어교육 현장에서 접하는 한국어 문법은 학습자와의 의사소통을 위한 문장 및 의미 범주로 시작된다. 또한 한국어교육에서 교수하는 문법교육의 단위 역시 구어를 중심으로 발화 문장을 구성하는 표현 덩어리(chunk) 형태의 문형(文型)이 되므로 현장성을 살려 문장 단위부터 제시하였다.

'3부 한국어의 단어, 말소리, 말뭉치'에서는 이러한 문장 단위를 구성하는 미시적 단위, 즉 형태·단어·어휘·음운을 중심으로 그 내용을 전개하였다. 여기에 보론(補論)의 성격으로서 한국어교육에 도움이 될 수 있는 활용과 적용의 차원으로서 말뭉치 언어학 연구를 소개하였다.

구체적으로 이 책은 '문장-형태-음운'의 순으로 내용을 구성한다는 점에서 기존의 국어학 개론서와 구성상의 차이점이 있다. 물론 모든 개론서가 그러한 것은 아니겠지만, 구조주의 언어학에 뿌리를 둔 언어학 전반에서 음운론과 형태론을 기본으로 하여 언어의 체계와 면모를 상향식으로 파악하는 방식이 일반적인 경향이다. 그러나 이 책은 실제 인간의 언어생활이 문장의 영역에서 이루어진다는 사실에 근거하였으며, 한국어교육의 목적 또한 의미 소통과 적절한 담화의 수행에 있다는 것을 염두에 두어 거시에서 미시로 나아가는 하향식의 관점을 반영하였다.

그러한 취지에서 먼저 살아 있는 한국어의 모습을 포착하고 한국어의 언어문화를 두루 언급하는 데서 출발하여, 뒤이어 문장의 구조와 성분, 문장의 종결과 확대를 다루고, 이렇게 문장으로 실현되는 다양한 문법 범주를 '표현'이라는 담화 문법의 관점으로 살펴본 다음, 마지막으로 단어와 형태, 음절과 음운 현상을 설명하는 방향으로 나아가면서 한국어학에 대한 체계적인 이해를 돕고자 하였다.

더불어 본문 안에 독자들의 눈높이에 맞춘 보충 공간을 마련하여 익힌 지식들을 자연스럽게 심화·적용할 수 있도록 하였다. 이론적으로 어려운 내용들은 본문의 흐름에 따라 하단에 별면으로 정리하여 심화할 수 있도록 하였고, '적용하기'를 두어 해당 강에서 공부하는 문법 사항과 관련하여 실제 한국어교육 현장에서 마주할 만한 내용을 사례 중심으로 안내하였다. 그리고 강의 마지막에는 '생각해 봅시다'를 마련하여 내용의 이해 수준을 확인하거나 확장하도록 하고, 수업 중에 시도해 볼 수 있는 활동과 토론거리를 제시하였다.

이 책을 펴내며 한국어를 깊이 있게 연구하고 길을 열어 준 앞선 많은 선배 학자들과, 함께 정진하는 동료·후배 학자들께 감사드린다. 본문의 내용에서 예문에 이르기까지 여러 연구자들의 논의에 힘입은 바가 큼에도 개론서라는 이 책의 성격상 해당 부분에 출처를 일일이 밝히지 못하고 참고문헌으로만 제시한 부분들에 대해서는 송구한 마음을 표한다. 내용 중 인용이 적절히 이루어지지 않았거나 곡해한 점이 있다면 해당 저자께서 너그러이 양해해 주시기를 바란다. 앞으로도 기회가 닿을 때마다 모자란 부분은 고치고 새로운 부분은 담으며 꾸준히 깁고 다듬어 나감으로써 저자로서의 책임을 다하도록 하겠다.

또한 이 책은 한국어의 교육적 적용을 위해 일평생 연구해 오신 민현식 선생님의 뜻을 받들어, 한국어학과 한국어교육학에 대한 선생님의 깊고 넓은 조망을 첫 강에 놓고 이를 이어 제자들이 다음 강을 펼쳤다. 민현식 선생님께서 치열하고 열정적으로 닦아 주신 한국어교육의 길에 깊은

감사의 마음을 드리며, 그 길을 쉽고 편히 걷기보다는 튼튼하게 다지고 살펴며 더 큰 길로 만들도록 노력하겠다는 다짐을 이 책에 담아 본다.

우리의 뜻과 마음과 노력이 이 책에서 잘 드러나도록 물심양면으로 도와주신 사회평론 윤철호 사장님, 사회평론아카데미 고하영 대표님, 그리고 정세민 대리님께 진심 어린 감사의 마음을 전한다.

2020년 2월

집필진 일동

# 차례

## 1부   한국어학과 한국의 언어문화

# 2부 한국어의 문장과 담화 표현

# 한국어학과
# 한국의 언어문화

# 한국어교육학과 한국어학

## 1 한국어의 위상

인간은 언어적 존재이다. 어머니에게 배운 모어(母語)를 제1언어(L1)로 하여 모어 공동체인 가정, 학교, 사회에서 서로 소통하며 문명을 창조하면서 살아간다. 한국과 같은 단일 민족, 단일어 국가는 언어 소통이 수월하지만 미국, 캐나다, 중국, 러시아 등과 같은 다민족, 다언어 국가는 서로 공존하면서 타민족의 언어를 제2언어(L2), 제3언어(L3)로 익혀 소통하기도 한다. 그러나 최근 한국도 외국인 이주자가 급증해 단일 민족, 단일어 국가라고 부르기 어렵게 되었다.

다민족, 다언어 국가는 일반적으로 국토가 넓지만 반드시 국토가 넓어야만 하는 것은 아니다. 국민소득이 매우 높은 스위스는 국토 면적이 한국의 1/3 정도로, 주(州)에 해당하는 26개의 캔톤(canton)이 연방을 이룬다. 토박이 스위스 로망어를 비롯해 프랑스어, 독일어, 이탈리아어가 사용되어 스위스 고교생이라면 영어를 비롯해 여러 나랏말을 구사하게 된다.

오늘날 전 세계는 각종 산업과 무역이 발달하면서 민간 교류가 폭증하고 있고, 국경을 넘어 교류하고 이주하는 일들이 흔하다. 미국, 캐나다, 호주 등은 오래전부터 이주가 시작된 이민자의 나라로서 이민이 국가 발전의 원동력이 되는 등 이주의 긍정적 모습을 보여 준다. 반면에 유럽에서는 중동에서 발생한 전쟁 피난민이 유입되면서 갈등이 일어나기도 하였다. 이민자는 이주하여 영주권 및 시민권을 획득해 정착하는 과정에서 언어 적응, 일자리, 자녀 교육, 인종 차별 등의 문제를 겪는데, 이에 대한 국가의 책임을 두고 사회적 논란이 발생한 것이다.

특히 이민 1세, 2세, 3세로 내려가면서 현지어 습득과 모국어 보전의 문제가 필연적으로 대두된다. 가령 미국, 일본, 중국, 러시아 지역에 많이 사는 한인 동포 중에 한국어를 잃어버리고 현지 언어와 문화에 동화되는 동포가 늘어나는 것이 현실이다. 이주민이 자신의 모어인 제1언어를 보전하고 현지어인 제2언어를 익혀 이중언어를 유창하게 구사하려면 민족적 자각이 가장 중요하겠지만, 이를 지원하는 언어 정책도 중요하다. 이민 국가가 이민자의 모어를 존중하는 정책을 펴느냐 아니면 모어를 버리고 거주국 언어를 신속히 학습하여 동화될 것을 강요하느냐에 따라 언어 정책도 달라진다. 예를 들어 미국에서는 정권에 따라 또는 지방정부마다 이민자의 영어학습만 강조하는 '오직 영어(English-only)' 정책과 이민자의 모어 보전을 기본으로 하고 영어를 부가한다는 '영어 부가(English-plus)' 정책이 갈라져 왔다.

현재 한국 사회는 외국인 노동자 200만, 유학생 10만, 결혼 이주 여성 15만여 명이 들어와 살고 있고, 전체 결혼 중 약 10%가 국제결혼이며, 매년 외국인 13,000여 명이 한국으로 귀화하고 있다. 국내 외국인 수는 2007년 100만 명이던 것이 2019년에는 240만 명이 되어, 총인구 대비 5%를 넘을 날이 머지않았다. 외국인이 인구의 10%가 되면 다문화 사회로 보는데, 현재는 절반 정도 다문화 사회로 변화했다고 볼 수 있다.

특히 최근에는 한국의 태권도, 드라마, 영화, 노래, 춤, 요리, 패션, 화장품, 스포츠 등 한국 문화에 대한 관심이 세계적으로 높다. 예컨대 케이팝

(K-pop) 가수들의 해외 공연에서는 현지 팬들이 한국어로 노래를 따라 부르며, 수많은 해외 팬들이 케이팝 가수를 직접 보기 위해 한국을 찾아오고 있다. 2019년 방탄소년단(BTS)이 전 세계 6개국 순회공연을 하였는데 현지 청소년들이 한국어로 따라 부르는 '떼창'은 공연장을 열광의 도가니로 몰아넣었다. 서울에서 열린 6개월 순회의 마무리 공연은 18만 명의 외국인들이 잠실 공연장을 찾게 하여 관광 효과도 컸다. 이는 2018년 평창

## 언어 활력

한국어는 언어 활력(ethnolinguistic vitality)이 비교적 높다. 언어 활력의 개념은 랜드리와 얼라드(Landry & Allard, 1992)에서 보이는데, 그들은 언어 활력의 요소로 (1) 인구 자본, (2) 정치 자본, (3) 경제 자본, (4) 문화 자본을 제시하였다. 한국어는 네 요소를 고르게 갖춘, 언어 활력이 매우 높은 언어이다.

(1) 인구 자본(demographic capital 사용 인구수): 한국의 인구는 5,100여만 명이며 전 세계 한민족을 고려하면 8,200여만 명에 달하므로 한국어는 대국 언어라 할 수 있다.

(2) 정치 자본(politic capital, 정치 영향력): 세계적인 정치·경제 분석기관인 '이코노미스트 인텔리전스 유닛(Economist Intelligence Unit: EIU)'은 매년 167개국을 대상으로 '민주주의 지수(democracy Index)'를 발표하는데, 이 지수는 국가의 민주화 수준을 완전한 민주주의(full democracy), 결함 있는 민주주의(flawed democracy), 혼합 민주주의(hybrid regimes), 권위주의(authoritarian regime)라는 네 범주로 나누었다. 평가 기준은 '선거 과정의 공정성, 정부 기능, 정치 참여, 정치 문화, 시민의 권리 보장' 등 5개 분야이다. 한국은 2012년에 25개의 완전한 민주국가군에서 20위를 차지하며 21위인 미국, 23위인 일본, 28위인 프랑스를 앞섰는데, 2018년에는 21위였다.

(3) 경제 자본(economic capital, 경제력): 한국은 1970~80년대에 산업화를 이루어 지금은 반도체, 철강, 조선업 등 제조업에서 수출입 총액 1조 달러를 달성한 무역 대국이 되었다. 또한 국민 소득 2만 달러를 돌파한 인구 5천만 이상의 국가가 가입하는 20-50 클럽에 세계에서 일곱 번째로 가입하였으며, 2018년에는 3만 달러를 달성한 국가가 가입하는 30-50클럽에 가입하였다.

(4) 문화 자본(cultural capital, 문화 수준): 한국은 반만년 역사의 찬란한 문화가 이어져 왔다. 중국의 유교, 불교 등의 대륙 문명이 유입되어 봉건 질서의 왕정 체제를 일구었고, 개화기 이래로는 바다를 통해 일본을 거쳐 온 구미(歐美) 해양 동맹의 영향을 받았다. 현재 한국에는 유네스코 세계문화유산(World Heritage Convention)과 세계기록문화유산(Memory of the World)이 존재하지만, 아직 학문과 예술의 발전은 다소 미흡하다 할 수 있다.

올림픽을 찾은 외국인이 약 28만 명인 것과 비교된다. 드디어 2020년에는 봉준호 감독의 '기생충'이 아카데미 시상식에서 비영어권 최초로 작품상 등 4개 상을 수상해 한류의 전성기를 보여 주고 있다.

이와 같은 한류의 인기를 바탕으로 한국어를 배우려는 사람들도 늘어나고 있다. 전 세계에 2,000여 개의 한국어 학교와 170여 개의 세종학당이 있는데, 이러한 기관들이 외국어로서의 한국어학습, 이중언어 · 제2언어 · 제3언어로서의 한국어교육을 제공하는 데 중요한 역할을 하고 있다. 현지 대학의 한국어교육, 방학 집중교육, 모국 방문 프로그램 등을 활성화하는 것도 한국어 국제화의 중요한 동력이 될 것이다.

나아가 이제 단일어 문화권이라 여겨지던 한국에서도 재외 동포나 외국인을 위한 한국어교육을 다양화해야 하는 상황이 되었다. 다음은 국내외에서 한국어를 배우거나 가르치는 주요 상황을 분류한 것이다.

| | | |
|---|---|---|
| **한국인** | 한국계 외국 거주 국적자와 자녀 | 과거에 한국 국적을 가졌으나 이후 외국에 거주하면서 외국 국적을 취득한 사람 및 그 자녀로, 재중 · 재미 · 재일 · 재러 동포 등이 있다. 대대로 한국어를 습득 · 유지 · 보전하도록 하는 것이 과제이다. |
| | 재외 한국 동포 | 한국 국적자인 장 · 단기 해외 거주민과 그 자녀를 포함한다. 자녀들의 한국어 보전이 중요하다. |
| **외국인** | 외국 소재 학교, 한국교육원, 세종학당, 민간 학원 등의 학생 | 한국 문화를 익히거나 한국학을 연구하거나 한국에 취업하는 것을 목적으로 배우는 사람들이다. |
| | 국내 거주 외국인 | 한국으로 이민 온 결혼 이주 여성, 취업 비자로 들어온 외국인 근로자와 그 가족, 외국인 유학생 등이 있다. |

오늘날 한국어는 높아지는 위상에 걸맞게 내국인 대상 모어교육뿐만 아니라 재외 동포 및 외국인 대상 한국어교육도 체계적으로 이루어져야 한다.

## 2  문법의 역할과 쟁점

### 1) 문법의 역할

한국어교육이 발전하려면 한국어교육학이 학문적으로 발전해야 한다. 이를 위해서는 한국어 교육자들과 연구자들이 능동적 주체가 되어 한국어교육의 과제를 해결해야 한다. 현 시기 시급히 요구되는 과제는 해외 동포나 외국인이 '쉽고, 재미있고, 빠르게' 배울 수 있는 한국어 교재를 개발하는 것이다. 또한 이러한 교재를 각급 학교나 민간 교육기관에서 짜임새 있게 가르칠 수 있도록 교육과정, 교수·학습, 교육 평가 체계를 갖추어야 한다. 이를 뒷받침하려면 한국어 교재론, 한국어 교육과정론, 한국어 교수·학습론, 한국어 평가론이 학문적으로 발전해야 한다.

한국어 교재나 교육과정을 짜려면 가르칠 내용을 편성해야 하는데, 이 과정에서 한국어의 특징에 따라 단어의 발음과 표기, 의미를 잘 익힐 수 있도록 해야 한다. 그리고 말하기·듣기·쓰기·읽기 과정에서 문장과 담화를 잘 이해하고 표현할 수 있도록 적절한 내용의 한국어 말과 글, 곧 담화 자료를 편성해야 한다. 또한 한국의 문학이나 문화와 관련된 내용을 학습할 때에도 단어, 문장, 담화를 활용해 한국어학습을 할 수 있도록 문법 요소를 잘 설계하여 내용을 기술해야 한다. 결국 이를 위해서는 '외국인을 위한 한국어 문법'이 표준화되고 표기법(어문 규범)도 표준화해야 한다. 다행히 우리나라는 한국어 학교 문법이 구축되어 있고 표기법도 정비되어 있다. 학교 문법은 「학교 문법 통일안」(1963)이 구축되었고, 표기법은 『훈민정음』의 표기법 이래 「한글 마춤법 통일안」(1933)이 제정되었다. 그 후 4대 어문 규범으로 「국어의 로마자 표기법」(1984, 2000), 「외래어 표기법」(1986), 「한글 맞춤법」(1988), 「표준어 규정」(1988)이 공포되었다.

문법은 한국어교육에서 필수적 요소이지만 문법을 사용하거나 활용하는 방식은 교재 편찬자나 한국어 교수자의 관점에 따라 다양하기 때문에 일반화하여 말하기 어렵다. 특히 문법을 복잡하게 제시하면 한국어학습이 지루해지거나 부담스러워질 수 있어 문법교육을 설계할 때는 당의정(糖衣錠)을 만들 듯이 치밀한 구성이 필요하다. 즉, 언어와 문법 학습은 쓰디쓴 약을 먹는 것과 같은 고된 일이기 때문에 재미있는 드라마나 노래, 요리 등과 같이 달콤한 문화의 옷을 입혀 자연스레 언어와 문법을 터득하도록 해야 한다.

한편, 학계에서는 언어교육에서의 문법의 기능과 역할에 대해 더욱 근본적인 논쟁이 있어 왔다. 먼저, 아기가 태어나 옹알이기를 거쳐 돌을 지나면서 단어를 하나, 둘 말하게 되는 과정은 문법 지식을 먼저 배우고 말을 배우는 과정이 아니라는 점에서, 인간의 외국어학습도 아기가 말을 배우듯이 자연 언어의 학습처럼 해야 한다는 주장이 설득력을 얻었다. 그러면서 전통적인 문법 번역식 외국어교육에 대해 비판하는 문법 무용론이 다음과 같이 나타났다(Thornbury, 1999: 14-48).

(1) 언어학습은 기능(skill) 학습이므로 문법의 노하우(knowledge-how) 지식은 무용하다. 자전거를 타는 능력은 훈련과 경험을 통해 터득할 수 있는 것으로, 자전거의 구조와 자전거를 타는 요령을 지식으로만 아는 것은 아무 도움이 안 된다. 말하고 듣고 쓰고 읽는 능력도 훈련에 의해 얻어지는 기술(skill)과 같아, 그에 대한 지식만으로는 기여하는 바가 없다.

(2) 언어 능력은 의사소통 능력(communicative competence)이지 문법

지식 능력이 아니다. 1970년대에 언어 능력에서 의사소통 능력을 중시하면서 나타난 의사소통 중심 교수법 이론은 기존 문법 번역식 교수법을 비판하였다.

(3) 언어 습득과 학습은 다르다. 1970년대에 스티븐 크라셴(Stephen Krashen)이 주장하였듯이, 습득(acquisition)과 학습(learning)은 다르다는 이론이 이에 해당한다. 언어는 습득해야 하는 것이지, 문법 규칙이나 지식을 학습해서는 결코 언어 습득 수준에 이르지 못한다. 외국어학습도 모어 습득처럼 자연적인 순서(natural order)로 학습해야 한다.

(4) 문법보다 어휘 뭉치(lexical chunks) 학습이 더 중요하다. 언어학습에서는 단어보다 크고 문장보다 작은 단위인 어휘 뭉치(연어, 관용구) 학습이 중요한 역할을 하며, 문법 지식이나 규칙은 별 영향을 끼치지 않는다.

문법 유용론에서는 위의 문법 무용론의 타당한 측면을 인정하면서도 문법의 역할과 도움이 필수적이라고 본다. 이 관점에서는 다음과 같은 견해를 주장한다.

(1) 문법은 정치한(fine-tuning) 규범 언어를 만드는 기준이 된다. 일상의 비규범적 언어를 진단하고 교정하려면 기준이 되는 문법이 필요하다.

(2) 문법이란 '문장 제조기(sentence-making machine)' 역할을 한다. 문법은 바른 문장을 제조하는 것이 임무이므로 문장을 바르게 제조하려면 문법을 알아야 한다. 외국어를 학습할 때 바른 문장을 생성하려면 외국어의 문법 지식을 아는 것이 유리하다.

(3) 문법교육이 없으면 언어 오류를 교정받지 못하여 오용하던 언어 습관이 고착되어 화석화(fossilization)한다. 문법교육을 받지 않으면 바른 발음, 바른 어휘, 바른 문장의 개념을 이해하고 교정할 수 있는 자율 변별 능력을 상실하여 잘못된 어법이 고착된다.

(4) 학습자는 문법학습에서 강조된 것을 일상 언어생활에서 주의, 환기(noticing)하면서 자신의 언어 사용 능력을 강화하게 된다. 학습자는 문법학습에서 기억하는 것, 지적받은 것은 계속 주의하게 되는데, 이는 학습 강화 효과를 주어 바른 언어 능력을 강화한다.

(5) 언어학습이나 이해에는 개별 문법 항목(discrete item)을 교수·학습하는 것이 효율적이다. 문법 범주는 방대한 언어 세계를 학습하는 데 가장 정제화·계열화된 지식 영역이다.

(6) 다양한 계층과 성격의 청소년 및 성인 집단에게 언어를 교육할 때는 문법 규칙에 따라 가르치는 것이 효율적이다.

(7) 학습자의 체질에 따라서는 문법학습에 '학습자 기대(learner expec-tation)'를 거는 학습자들이 있으므로 이들의 요구에 부응해야 한다.

(8) 외국어학습 시에는 모어 문법 지식이 유용하다. 외국어학습을 할 때 외국어 문법을 모어 문법과 대조 분석하여 이해하는 방법도 유용하므로 모어 문법을 제공할 필요가 있다.

(9) 모어 문법에 대한 이해 학습 자체가 개인의 인지 능력 발달에 기여한다. 모어 문법을 학습할 때 구어와 문어의 차이에 대한 인식, 규범 문법과 기술 문법의 차이에 대한 이해, 문법 범주들의 하위분류 체계에 대한 비판적 이해가 있으면 측정할 수 없는 무형의 분석력과 논리력이 향상될 수 있다.

이상의 문법 무용론과 문법 유용론은 모어학습이냐 외국어학습이냐에 따라 관점이 다르고 개인이나 언어 상황에 따라 다를 수 있어 어느 한쪽이 옳다고 볼 수는 없다. 모어학습에서는 태어나면서부터 부모의 언어를 익히고 습득하므로 문법 지식이 이른 시기에 내재화된다. 따라서 학교에 입학하고 나서는 정확한 발음과 표기로 조리 있게 담론을 전개할 수 있는 말하기와 글쓰기가 더 중요하다. 이를 근거로 제1언어의 학교 문법교육에서는 어문 규범 지식 외에는 문법 지식 교육이 불필요하다는 주장까지 나온다. 그러나 이후 외국어학습을 하려면 모어 문법 지식과 대조 분석하는 접근이 유용할 때가 있으므로 모어 문법 지식은 반드시 필요하다.

그런데도 우리의 문법교육은 모어 문법교육을 홀대하는 방향으로 진행되어 왔다. 즉, 모어교육에서는 문법교육의 비중이 낮은 반면, 외국인을 위한 한국어 학습에서는 한국어 문법교육의 이론과 실제에 관한 요구가 폭발적인 상황인 것이다. 이에 따라 한국어 문법과 문법교육에 대한 연구가 더욱 중요하게 되었다.

## 2) 문법교육의 쟁점

외국어교육에서는 교사가 문법 지식을 얼마나 활용할 것인지에 대한 논쟁이 있다. 영어교육의 경우 전통적인 문법 번역식 접근법에서는 문법의 비중이 컸으나, 1970년대부터 대두된 의사소통 접근법에서는 문법 용어나 문법 지식을 가급적 드러내지 않고 실생활에서의 소통 능력을 함양하는 데 중점을 두었다. 그러나 의사소통 접근법이 문법에 소홀하다 보니 오류 표현의 고착화를 막는 데 어려움이 있어 다시금 문법 형태에 대한 초점화 교육을 강조하게 되었다.

외국어교육에서의 문법 문제에 대해 엘리스(Ellis, 2006 : 83-84)는 다음과 같이 문법 교수·학습의 8개 쟁점을 들었다. 한국어교육에서도 이러한 질문은 동일하게 제기된다.

(1) 우리는 문법을 가르쳐야 하는가, 아니면 단순히 학습자가 자연스레 언어학습을 할 수 있는 자연적 조건을 만들어 주면 되는가?

(2) 무슨 문법을 가르쳐야 하는가?

(3) 언제 문법을 가르쳐야 하는가?

(4) 문법교육은 대량으로, 즉 단기간 집중 교육으로 함이 좋은가 아니면 장기간 분산 교육을 함이 좋은가?

(5) 문법교육은 집중 문법 지도(intensive grammar teaching), 즉 한 과에서 한 가지 문법 구조 지식을 집중적으로 교육하는 방식이 좋은가, 아니면 확장 문법 지도(extensive grammar teaching), 즉 한 과에서 여러 문법 구조 지식을 다룸이 좋은가?

(6) 명시적(explicit)으로 문법 지식을 가르치는 것에 어떤 가치가 있는가?

(7) 암시적(implicit) 지식으로 문법을 가르치는 가장 좋은 방법이 있는가?

(8) 문법은 별개 단원으로 가르침이 좋은가, 아니면 기능 단원과 통합해 가르침이 좋은가?

이에 대해 엘리스(2006)는 그 해결 방향을 다음과 같이 제시하였다.

(1) 문법 지도는 문법 형태뿐 아니라 의미와 용법에 대해서도 강조해야 한다. 즉, '형태(form)-의미(meaning)-용법(use)'의 3원적 지도법이 유용하다.

(2) 교사들은 문법 전체를 가르칠 생각을 하지 말고 학습자들에게 쟁점이 되는 문법 구조를 가르치는 데 초점을 맞춰야 한다.

(3) 문법은 입문자나 초급 학습자보다 중급 학습자에게 가르칠 때 가장 효과적이다.

(4) 문법 지도는 확장적 교수 방안보다 집중적 교수 방안이 효과적이다.

(5) 암시적 문법 지식의 습득을 가져오는 수단으로 명시적 문법 지식을 가르치는 경우가 있다. 명시적 지식은 구조 초점 교수법이나 의미 초점 교수법 모두에서 가능하며 구조 초점 교수법일 경우에는 연역적 접근법과 귀납적 접근법이 모두 최상으로 작동할 수 있다.

(6) 구조 초점 방식으로 집중 교육을 받는 경우와 달리 우연적 방식의 의미 초점 접근법은 문법적 쟁점을 장기적으로 교육받게 되므로 특별한 가치가 있다.

(7) 문법 학습에서 교정 피드백은 중요하며 명시적 방법과 암시적 방법을 혼합한 피드백을 입력 및 출력 때와 관계없이 활용할 때 효과적이다.

(8) 문법교육은 별개의 독립 시간으로 제공될 수도 있고(구조 중심 형태 초점 교수법), 기능 활동과 통합하여 이루어질 수도 있다(의미 중심 형태 초점 교수법).

위의 쟁점들에서는 결국 문법의 다음 세 차원이 한국어학습에서 중요함을 알게 된다.

- 어휘 문법: 단어의 형태(발음, 표기)와 의미 관계를 이해하고 담화 맥락(문맥, 화맥)에 가장 적합한 단어를 선택하기
- 문장 문법: 맥락에 따라 적절한 단어를 선택하고 문법 범주에 따라 문법

적 문장을 생성하기

- 담화 문법: 문법적 문장을 의도한 맥락에 맞게 응결성(cohesion)과 응집성(coherence)을 갖춘 담화로 구성하기

한국어학습에서 어휘의 경우 '고유어-한자어-외래어'와 같은 어종(語種) 관계 그리고 동의어와 반의어, 상의어와 하의어와 같은 어휘 의미에 대한 학습이 중요하다. 그리고 이러한 어휘로 적절한 문법적 문장을 생성하고 다시 조리 있게 담화를 구성하는 데에는 앞에서 언급한 '어휘 문법, 문장 문법, 담화 문법'의 세 영역이 유기적으로 관계된다.

그동안 전통적 언어학습은 단어의 발음, 표기, 의미를 학습하고, 다양한 문법 범주에 따라 문장을 생성하며, 이를 논리적으로 구성하여 글짓기와 말하기라는 담화로 만들어 내는 상향식 방식으로 이루어져 왔다. 흔히 말하는 파닉스(phonics) 학습법은 이러한 상향식 접근법(bottom-up approach)이며, 듣기·말하기·읽기·쓰기 기능의 단계적 학습을 도모한다는 점에서 기능 기반 접근법(skill-based approach)이라고도 한다.

이에 대한 반작용으로 나온 것이 총체적 언어교수법(whole language teaching)으로, 하향식 접근법(top-down approach) 또는 주제·과제 기반 접근법(theme & task-based approach)이라고도 한다. 총체적 언어교수법은 아동이 가정과 사회에서 생활하면서 언어를 자연스럽게 배우듯이, 학습자의 경우에도 목적과 동기에 맞는 능동적인 학습 환경이 조성되면 쉽고 자연스럽게 언어를 배울 수 있다고 본다. 그렇기에 문법 요소별로 단계적으로 배우는 전통적인 문법교육의 방법으로는 학습자가 언어를 쉽게 배우지 못한다고 비판하면서(Goodman, 1986), 모든 언어 기능은 동시에 통합적이고 상호의존적으로 습득된다고 설명한다. 따라서 글자를 소

리 내어 익히는 단계부터 상향식으로 나아가는 전통적인 파닉스 학습 방법보다는 흥미로운 이야기책이나 읽을거리를 주고 전체를 파악하도록 하는 훈련에 중점을 두는 하향식 교육이 유용하다고 본다. 그런데 총제적 교수법은 모국어교육에서 말하고 듣고 읽고 쓰는 네 가지 언어 기술을 강화하기 위한 교수법이라는 차원을 넘어 외국어교육이나 제2언어교육 차원에서도 응용되기에 이르렀다(Freeman & Freeman, 1992). '총체에서 부분으로(from whole to part)'로 요약되는 학습 전략은 '담화-문장-어휘'의 순서로 접근하는 방식을 추구한다. 이 책의 2부에서는 '문장과 담화'를 다루는데, 이때 '담화'는 '표현'의 관점으로 전개할 것이다.

## 언어 교수·학습법의 변천

언어 교수·학습법은 언어 학습의 목적을 어디에 두는지, 어떠한 방법으로 언어를 교육하는지 등에 따라 여러 가지로 나뉜다. 주요하게 언급되는 언어 교수·학습법에 대해 살펴보자.

(1) 고전적 접근(classical approach): 인문주의 전통에 따라 고전을 읽고, 번역하고, 암송하는 경서 학습식 접근이다. 이 방법은 아직도 전 세계적으로 많이 사용된다. 고전을 통해 사유를 터득하는 것이 교양교육의 목표일 때, 언어교육을 고전 독서를 위한 수단으로 보는 접근법이다.

(2) 문법 번역식 접근(grammar-translation approach): 교사가 목표어를 번역하면서 주요 단어나 문법을 설명하고 학생에게 번역을 시키는 방식이 중심인 전통적 교수·학습법이다.

(3) 청화식 접근(audio-lingual approach): 귀납법적 교수·학습 원리에 따라 말하기, 듣기 능력의 함양을 우선 추구하여 문형 반복과 변형 연습으로 자극-반응식 학습 활동을 반복한다. 찰스 프라이스(Charles Fries)와 로버트 라도(Robert Lado)가 대표적 이론가이며, 2차 대전에서 미군의 언어교수 접근법(army approach)으로 각광을 받았다. 당시 기술언어학, 행동주의 심리학의 영향을 받았다.

(4) 의사소통 중심 교수법: 1970년대에 등장하였으며, 회화 중심의 표현과 소통을 중시하는 교수법으로 가급적 명시적인 문법 용어를 사용하지 않는다. 정확한 문법에 따른 언어 사용보다 소통에 중점을 두므로 오류나 오용 표현이 굳어지거나 화석화되어 나중에 교정이 어려워지는 문제가 나타난다.

(5) 형태 초점 교수법: 의사소통 중심 교수법의 결과, 학생들의 문법 지식을 통한 정확한 영어 능력이 떨어지고 화석화한 오류 표현이 많아지자 주요 문법 형태를 초점화하여 주목시켜 유의하게 하는 교수법으로 1990년대부터 강조되었다.

## 3) 효과적인 문법교육

한국어교육을 하다 보면 한국인도 설명하기 어려운 문법 형태가 많이 나와 외국인 학습자들을 더 어렵게 한다. 예를 들어 '-(으)ㄹ 수 있다'와 같은 표현 덩어리(chunk)가 많이 나오는데, 이들을 문법 지식으로 설명하면 복잡하고 한계가 있다. 따라서 이들 표현을 다양한 담화 맥락에서 익혀 실생활에서 곧장 사용하도록 습득시키는 방법이 효과적이다. 가령, 다음 '-다고'라는 어미의 표준국어대사전 정보를 보자. 여기에서는 통사적 정보 외에 담화 문맥 정보도 제공하고 있다.

-다고[2] 「어미」 ((형용사 어간이나 어미 '-으시-', '-었-', '-겠-' 뒤에 붙어))

「1」 앞 절의 일을 뒤 절 일의 까닭이나 근거로 듦을 나타내는 연결 어미.

- 얼굴만 예쁘다고 최고인가?
- 그 녀석 선생님한테 야단을 맞았다고 학교엘 안 가겠답니다.

「2」 흔히 속담과 같은 관용구를 인용하면서 '그 말처럼'의 뜻을 나타내는 연결 어미.

- 가지 많은 나무 바람 잘 날 없다고 우리 부모님 마음 편할 날이 없으셨지.

-다고[3] 「어미」 ((형용사 어간이나 어미 '-으시-', '-었-', '-겠-' 뒤에 붙어))

「1」 해할 자리에 쓰여, 자신의 생각이나 주장을 청자에게 강조하여 일러 주는 뜻을 나타내는 종결 어미.

- 그럼, 우리 아들이 얼마나 착하다고.
- 내가 너를 얼마나 기다렸다고.

「2」해할 자리에 쓰여, '너의 말이나 생각이 이런 것이냐?' 하는 뜻으로 묻는 데 쓰는 종결 어미. 빈정거리거나 부정하는 뜻을 띨 때도 있다.

- 그게 왜 네 잘못인지 모르겠다고.

「3」해할 자리에 쓰여, 마음속에 가졌던 어떤 의문의 답이 의외로 별것이 아니었을 때에, 그 의문을 그대로 보여 주는 데 쓰는 종결 어미. 의문이나 긴장 또는 걱정이 해소되었다는 뜻이 암시된다.

- 난 또 누가 아프다고. 난 또 무슨 큰일이나 났다고.

사전에도 약간의 담화 문맥 정보가 나와 있기는 하나, 이것만으로는 부족하다. 문법 지식은 실생활에서 얼마나 다양한 맥락으로 쓰이는지 이해하고 표현 훈련을 반복해 보아야 사용할 수 있게 된다. 예를 들면 실제로 어미 '-다고'는 다음과 같은 다양한 맥락에서 사용할 수 있다.

- 네가 그 많은 걸 혼자 다 해치웠다고?          [감탄]
- 내일 비가 온다고?          [놀람]
- 철수가 밥을 먹는다고.          [설명]
- 난 또 누가 아프다고.          [안도]
- 내가 너를 얼마나 기다렸다고.          [원망]

다음은 다양한 한국어 유의어 표현들을 묶은 것이다. 이들 역시 어휘 문법 정보 혹은 통사 문법 정보 외에 맥락에 따른 담화 문법적 맥락 정보가 제시되어야 한다.

- 베트남 축구(가/는) 드디어 동남아시아 컵 대회에서 우승컵을 거머쥐었다.

- 철수(한테/에게/더러/보고) 좀 쉬었다 가라고 했어.

- 브루투스 너(도/마저/조차/까지/역시) 나를 배신하다니.

- 비가 (와서/오므로/오니까/오기 때문에) 우산을 들고 나갔다.

- 비가 (와도/오는데도/오더라도/올지라도) 학교는 가야 했다.

- 책을 (사러/사려고) 지하철을 타고 시내(를/로) 나갔다.

- 나는 고향에 (갈게/갈 거야/가기로 했어/가려고 해/가고자 해/갈래).

- 물건 값이 (너무/되게/아주/매우/대단히/굉장히) 비싸다.

- 도둑이 (도리어/되레/오히려) 몽둥이를 들고 주인에게 대든다.


이러한 표현들은 단순 비교를 통한 문법적 설명만으로는 쉽게 학습되지 않는다. 초급 단계에서 고급 단계까지, 고빈도 표현에서 저빈도 표현까지 학습 내용을 위계화하고, 각각의 표현에 대한 필수적 담화 맥락을 제공하여 점진적으로 학습되도록 해야 한다.

따라서 이 책에서는 한국어 교사에게 필요한 문법 지식을 탐구하면서, 전통적인 한국어교육 방법인 '발음과 표기 → 단어 → 문장 → 담화'의 상향식 방식을 취하지 않고, 역순으로 담화 문법을 기초로 문법 범주를 다룰 것이다.

### 담화와 텍스트

담화(discourse)는 좁게는 '말'을 가리키고 넓게는 '글'을 가리킨다. 전자를 입말(말해진 언어, 음성 언어, spoken language), 후자를 글말(쓰인 언어, 문자 언어, written language)이라고도 한다. 반대로 텍스트(text)는 좁게는 '글'을 가리키고, 넓게는 '말'까지 가리키는데, 전자는 문어 텍스트(written text), 후자는 구어 텍스트(spoken text)라고 한다. 이처럼 담화와 텍스트는 서로 혼용되므로 일정한 기준으로만 쓰면 된다. 이 책에서는 담화라는 용어를 중심으로 쓰도록 한다.

담화　　　　　┌ 말(입말, 말해진 언어, 음성 언어)
(말과 글, 즉 말글)　└ 글(글말, 쓰인 언어, 문자 언어)

# 3 언어학과 언어 능력

## 1) 언어학의 개념

언어는 좁은 의미로는 페르디낭 드 소쉬르(Ferdinand de Saussure) 등의 구조주의 언어학자들이 말하였듯이 "사회 집단이 협동하여 사용하는 자의적 음성 기호 체계" 또는 "사람이 음성이나 문자에 생각을 담아 다른 사람에게 전달하는 기호체계"이다.[1] 인간은 언어적 존재(homo loquens)로서 언어로 소통하며 가정, 씨족, 부족, 국가 공동체를 이루고, 종교와 학문, 의식주의 다양한 고유 문화를 발전시켜 왔다. 이에 따라 언어의 구조와 특질을 탐구하는 언어학도 발전해 왔다.

언어학은 크게 두 갈래로 나뉜다. 모든 언어의 보편적·일반적 특질을 탐구하는 보편 언어학(일반 언어학)과 영어, 중국어, 한국어 등 개별 언어의 특질을 탐구하는 개별 언어학이 있다. 언어학의 발달사에서는 구조주의 언어학을 구조주의 문법론이라고 하거나 변형생성 언어학을 변형생성 문법론이라고 하는 등 언어학을 흔히 문법론이라 부르기도 하기 때문에, 보편 언어학과 개별 언어학을 각각 보편 문법(일반 문법)과 개별 문법이라고 지칭할 수 있다. 그리고 개별 문법은 다시 학문 문법과 실용 문법으로 구분할 수 있다. 이와 같은 문법의 분류를 도식화하여 나타내면 그림1-1과 같다.

...........

1  그런데 언어를 기호학적 측면에서 보면 문자 언어와 음성 언어뿐만 아니라 신체 언어, 의상 언어, 회화 언어(그림, 사진), 영상 언어, 음악 언어 등을 포함하는 넓은 의미로 볼 수도 있다.

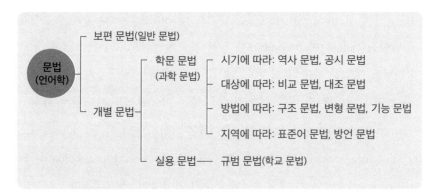

그림 1-1 문법의 분류

역사 문법은 고대 언어의 계통을 탐구하던 18세기에 인도·유럽 어족 가설이 세워지면서 유행한다. 이와 대비해 어느 특정 시기의 언어를 연구하는 것을 공시 문법이라 한다. 또한 계통이 같은 언어를 비교 연구하는 것을 비교 문법, 계통이 다른 언어를 연구하는 것을 대조 문법이라 한다. 특히 외국어학습에서는 목표 외국어와 학습자 모어의 유사점과 차이점을 대조해 기술하는 대조 문법이 중요하다.

## 2) 언어학의 흐름

### ① 구조주의 언어학

소쉬르는 『일반 언어학 강의(Cours de Linguistique Générale)』(1916)에서 심리적으로 내재된 체계로서의 '언어(langue)'와 음성적으로 실현되는 '말(parole)'을 구별하는 언어 연구 방법론을 제시하였다. 그는 음운이나 형태가 유사하면 시대 구분 없이 그리스어, 라틴어, 유럽 언어끼리 마구 비교해 동일계 언어라고 판정하는 당시의 비교역사 언어학 연구의 맹

점을 지적하고, 공시성과 통시성을 엄격히 구분하여 연구할 것을 주장하였다. 단어를 내용(의미, meaning)과 형식(기호, form)으로 구분하였고, 구조의 개념을 도입해 음운의 체계와 변화를 음운의 역동적 구조라는 관점에서 탐구하였다. 소쉬르의 연구 이후 유럽은 물론 미국에서도 에드워드 사피어(Edward Sapir)의『언어: 말의 연구를 위하여(Language: an introduction to the study of speech)』(1921), 레너드 블룸필드(Leonard Bloomfield)의『언어(Language)』(1933)가 나오면서 구조주의 언어학이 꽃을 피웠다.

특히 독일의 빌헬름 폰 훔볼트(Wilhelm von Humboldt)는 언어에는 진화된 언어와 그렇지 못한 언어가 있으며, 고립어, 첨가어, 굴절어로 진화했다는 유럽식 언어 진화론을 비판하였다. 그는 자바어를 연구하면서 언어에는 우열이 없다는 '언어 상대성 원리(Language Relative Hypothesis)'를 주장한다. 이후 그의 제자 프랜즈 보애스(Franz Boas)가 미국으로 건너가 문화인류학을 개척하여 미국의 학자들이 400여 개의 인디언어 부족들을 연구하는 데 기여하였다. 또한 보애스는 사피어에게 영향을 주어 사피어-워프(Sapir-Whorf)의 언어 상대성 원리를 확립하였다.

구조주의 언어학은 후천적 경험과 자료의 귀납적 증거로 진리에 도달할 수 있다고 보았던 경험주의 철학의 전통을 잇고 20세기에 유행한 조건반사설과 같은 생물학적 행동주의 심리학의 영향을 받아, 인간은 후천적 언어 환경에서 반복적으로 학습하면서 언어를 습득한다고 보았다. 따라서 외국어교육에서는 어휘나 문형의 반복 청취와 연습이 중요하다고 보았다.

② 촘스키 언어학

그러나 앞에서 살펴본 후천적 구조주의 이론은 유한한 규칙으로 무한한 문장을 변형하거나 생성하는 인간의 창조적 언어 능력을 설명할 방법이 없었다. 이에 대해 촘스키(Chomsky, 1957, 1965)는 구조주의 언어학의 한계를 비판하고, 인간 두뇌에는 선천적 언어 습득 장치(Language Acquisition Device: LAD)가 있다는 가설을 세운다. 그리고 유한한 규칙으로 무한한 문장을 변형·생성한다는 변형생성 문법(Transformational-Generative Grammar)을 수립하고 뒤이어 지배 결속 이론(Government & Binding Theory), 장벽 이론(Barrier Theory) 등을 발표하면서 규칙(rule)의 문법에서 원리(principle)의 문법으로 수정해 나아갔다. 촘스키의 언어 이론은 선천적 언어 능력을 설정했다는 점에서 진리에 대한 인식을 인간의 본유적 능력과 연역적 방법으로 도달할 수 있다고 주장한 르네 데카르트(René Descartes)의 합리주의 철학을 잇는다고 하여 '데카르트주의자의 언어학(Cartesian Linguistics)'이라고도 부른다.

③ 체계기능 언어학

언어를 구조와 변형생성의 관점만으로 해명할 수 있는 것은 아니다. 1917년 러시아 혁명으로 인해 체코의 프라하로 피신한 학자들은 프라하학파를 형성한다. 프라하학파에 속하는 니콜라이 트루베츠코이(Nikolai Troubetzkoy)는 『음운론의 원리(Grundzüge der Phonologie)』(1938)를 지어 현대 음운학을 확립하였고, 로만 야콥슨(Roman Jakobson)은 미국으로 가 언어의 기능론을 발전시켰다. 야콥슨은 언어의 기능을 지시적(전달적, referential) 기능, 미적/시적(aesthetic/poetic) 기능, 표출적(emotive) 기능, 지령적(명령적·능동적·감화적, conative) 기능, 친교적(phatic) 기능, 관어적(메타적, metalingual) 기능의 여섯 가지로 제시하였다.

또한 마이클 할리데이(Michael Halliday)는 체계기능 언어학(Systemic Functional Grammar: SFG)을 수립하면서 아동 언어의 기능을 도구적

(Instrumental) 기능, 조정적(지시적, regulatory) 기능, 상호적(친교적, 관계적, interactional) 기능, 개인적(정서적, personal) 기능의 네 가지로 설정하였다. 그리고 아동이 성장하면서 환경을 통해 발달하는 언어 기능을 발견적(지식적·탐구적·heuristic) 기능, 가상적(상상적·문학적·예술적, imaginative) 기능, 표현적(사실적·정보적, representational) 기능의 세 가지로 제시하였다.

체계기능 언어학은 후대 학자들에 의해 담화의 정보 구조에 주목하는 것으로 나아갔고, 주제(Topic)-설명(Comment) 구조, 신정보(New Information)와 구정보(Old Information) 등의 개념으로 발전하였다.

④ 언어에 대한 다양한 탐구

현대에는 언어의 사회성 및 다양성에 주목하면서 일반의미론, 인류언어학, 사회언어학, 심리언어학, 전산언어학, 인지언어학 등이 발달하게 되었다. 사회언어학은 구조주의나 생성 언어학이 놓친 언어의 사회성을 중시하여 인종, 지역, 연령, 계층, 성별, 직업 등의 요인에 따른 언어 변이(language variation)나 외래어 차용(borrowing)과 같은 언어 접촉 현상을 다루었다. 언어심리학자들은 언어의 학습과 습득, 언어 심리, 소통 장애, 언어 행동 등에 주목하였다.

언어철학자들은 플라톤의 고전 철학 이래의 경험론, 합리론, 칸트의 철학과 같은 근대 철학에 회의를 느끼고, 철학의 도구인 언어의 분석부터 철저히 할 것을 주장하였다. 그들은 일상언어 자체에 주목하여 일상언어에서 나타나는 대화의 의도와 전달의 문제 또는 언어와 행동의 관계 즉, 화행(speech act) 현상 등에 관심을 가졌다. 이는 루트비히 비트겐슈타인(Ludwig Wittgenstein)의 분석 철학, 옥스포드 일상언어학파의 언어 철학

등으로 나아가, 맥락론(contextural theory), 기능론(functional theory), 화행론(speech act theory) 등을 포괄하는 화용론(pragmatics), 담화 분석(discourse analysis), 텍스트언어학(text linguistics) 등으로 발전하였다.

최근에는 컴퓨터의 기능이 향상되고 전산언어학이 발전하면서 언어 말뭉치(corpus)를 구축하여 언어를 통계 빈도 또는 연어 구조에 따라 분석하는 말뭉치 언어학(corpus linguistics)도 발달하여 학습자용 사전을 편찬하거나 오류 빈도를 조사하는 데 활용한다. 따라서 오늘날 언어교육은 이러한 다양한 언어 이론을 종합한 접근이 요구된다.

### 3) 언어학과 언어교육학

사회, 심리, 역사, 법률, 교육, 군사, 전산 등 언어 활동의 양상에 따라 언어의 특성을 응용하여 연구하는 학문을 통틀어 응용언어학이라 부른다. 이 중에서 언어교육학을 대표적으로 응용언어학으로 부르기도 한다.

일반 언어학이나 개별 언어학에서는 언어를 단위별로 쪼개어 음운, 형태소, 단어, 구와 절, 문장으로 나눈다. 그리고 문장이 모여 문단을 이루며, 문단이 모여 완성된 말과 글, 즉 담화를 이루는 것으로 본다. 따라서 일반 언어학에서는 대개 언어 단위별로 연구하는 학문 분야로 음운론, 형태론, 단어론, 문장론을 두고, 단어와 문장 의미를 연구하는 의미론을 추가한다. 이때 담화 문법은 문장이 생성되는 맥락을 언어 의미, 대화 장면, 사회 배경의 맥락으로 확장하여 다룰 수 있도록 도와준다.

한편, 언어학과 달리 언어교육에서는 교육자와 학습자가 존재하고, 교육이 이루어지는 시간(유아기, 청소년기, 성인기 등)과 공간(가정, 학교, 기타)이 고려되며, 교육과정, 교재, 교수법과 학습법, 교육 평가가 관여된다.

따라서 언어교육학도 교육과정론, 교재론, 교수·학습론, 평가론이 중요 학문 영역으로 존재한다. 또한 언어교육은 엄밀히 말해 자국어교육(모어교육)과 외국어교육이 구분된다.

지금까지 살펴본 언어학의 학문 체계를 분류해 보면 다음과 같다.

---

1. 이론언어학(순수언어학, 미시언어학): 음성학, 음운론, 형태론(조어론, 품사론), 통사론, 의미론, 화용론, 담화분석, 텍스트언어학, 어휘론, 문자론, 방언학, 국어사, 계통론, 유형론, 국어학사

2. 응용언어학(실용언어학, 거시언어학)

  (1) 언어교육론: 한국어교육론, 외국어교육론

    ㄱ. 교과론: 한국어 교육과정론, 한국어 교수·학습론, 한국어 교재론, 한국어 평가론, 한국어 교사론, 한국어교육사

    ㄴ. 기능(교육)론: 작문(교육)론, 독서(교육)론, 화법(교육)론

    ㄷ. 한국어 문법교육론, 어문규범론, 사전학, 문체론, 대조언어학, 오류분석론, 이중/다중언어론, 생태언어학(언어순화론)

    ㄹ. 한국어 문학교육론, 한국어 문화교육론

    ㅁ. 한국어(교육) 정책론, 한국어(교육)정책사

  (2) 융합언어학: 기호학, 언어철학, 언어심리학, 사회언어학, 언어문화학, 법률언어학, 군사언어학, 전산언어학(국어정보학), 매체언어학(방송언어론, 신문언어론, 잡지언어론, 광고언어론 등), 통번역학, 언어병리학, 언어치료학, 정치언어학, 외교언어학, 스포츠언어학, 전문용어학 등

---

## 4) 언어 능력

언어교육에서는 언어 능력에 대한 관점이 중요하다. 촘스키(1965)는 언어 능력을 다음과 같이 나누었다.

```
┌ 언어 능력 ┬ 문법적 능력 ┬ 통사 능력
│           │             ├ 의미 능력
│           │             └ 음운 능력
│           └ 화용적 능력(비언어적 정보: 배경지식, 신념 등)
└ 언어 수행
```

촘스키가 말하는 언어 능력(competence)이란 한 언어의 이상적이고 완전한 화자와 청자가 가진 자기 언어에 관한 문법적 능력과 화용적 능력을 가리킨다. 촘스키는 언어 능력과 언어 수행을 구분하는데, 언어 수행(performance)은 구체적 상황에서의 언어 사용이나 이해 능력을 말한다. 그는 이 단계에서 언어 능력은 개인차(발음·어휘·문장·담화의 능력, 기억력, 말더듬기 등)로 인하여 불완전하게 반영되기 때문에 문법은 언어 능력을 대상으로 해야 한다고 본다.

언어 능력 중 문법적 능력은 통사 능력, 의미 능력, 음운 능력으로 나뉜다. 이들은 각각 문장의 통사, 의미, 음운 구조의 적격성 여부를 직관적으로 판단하는 능력이다. 화용적 능력은 언어 표현을 어떤 화용 상황에서 써야 하는가 또는 쓰인 것인가를 판단하는 능력으로 비언어적 정보에 의존하는 능력이다. 예를 들어 '죽겠어!'라는 표현은 사업가의 엄살일 수도 있고 의사의 진단일 수도 있다. 이처럼 화용 능력은 다양한 문맥 속에서 쓰인 표현을 화용적으로 판단하는 능력이다.

커넬과 스웨인(Canale & Swain, 1980)에 이르러서는 언어 능력을 다음과 같이 더 구체적으로 나누어 보게 되었다.

- 문법적 능력(grammatical competence): 적절한 문법, 어휘, 발음을 구사하는 능력
- 사회언어학적 능력(sociolinguistic competence): 적절한 상황에서 적절한 문체, 억양 등을 사용하는 능력
- 담화 능력(discourse competence): 언어 요소들을 적절히 결합하여 표면적 응결성이나 내면적 응집성을 구사하여 조리 있게 전달하는 능력
- 전략적 능력(strategic competence): 언어적, 비언어적 표현 등을 적절하게 구사하는 능력

라슨-프리먼(Larsen-Freeman, 2001)은 목표 언어 능력을 3차원적 모형으로 제시한다.

- 정확성(accuracy, correctness): 화자가 생성하는 표현이 문법적으로 정확한가?
- 유의미성(meaningfulness): 화자가 생성하는 표현이 유의미하여 유창한 소통을 이루는가? 이 부분은 유창성(fluency)과 통한다.
- 적절성(appropriateness): 화자가 생성하는 표현이 대화 장면(상황, 맥락)에 적절한가?

제임스 커민스(James Cummins)는 외국어교육의 관점에서 접근하여 언어 능력을 일반적인 의사소통을 위한 기초 소통 능력(Basic

Interpersonal Communication Skills: BICS)과 학습을 위한 교과 언어 능력 (Cognitive Academic Language Proficiency: CALP)으로 나누었다. 나중에 그는 언어 능력을 다음 세 가지로 다시 정리하였다(Cummins, 2001: 65).

- 회화 능력(Conversational Fluency: CF): 일상 회화 능력으로 2~8세에 발달한다. 가정과 학교에서 고빈도 어휘와 문형을 익히면서 1~2년이면 습득한다.
- 변별적 언어 능력(Discrete Language Skills: DLS): 개별적 학습이 필요한 능력으로 7세 전후로 익힌다. 문자 학습(필기체, 필순, 철자법 등)은 읽기나 독습 훈련을 통해 습득되는데, 한자는 중장기적 학습 기간이 필요하지만 한글이나 알파벳은 단기간에 습득할 수 있다.
- 교과 언어 능력(Academic Language Proficiency: ALP): 학습 어휘, 학과별 전문 용어, 추상적인 논설 표현 등 고도의 지적 언어를 습득하는 단계로, 다독과 다작이 필수적이다. 목표어학습을 시작한 후 5년이 걸린다.

커민스는 특히 다언어와 다문화를 이해하기 위한 교육을 다중문해력 (multiliteracy) 교육이라고 하였다. 다중문해력 교육이란 다문화 아동들이 자신의 민족 문화 요소를 학교에 가지고 와서 이를 IT 기기를 활용해 체험함으로써, 각 가정의 다문화 배경이나 다언어 양상을 공유하고 이해하도록 하는 것이다.

이렇듯 언어 능력은 다양한 관점에서 파악할 수 있다. 그러므로 한국어 교육에서도 학습자의 요구를 잘 파악하여 목표 능력을 정확히 설정하는 것이 중요하다. 그리고 이를 바탕으로 교육과정을 설계하고 교재를 개발하여 교수·학습을 한 후 목표 능력을 평가해야 한다.

## 생각해 봅시다

1. 한국어의 언어 활력에 대해 다음을 생각해 보자.

   (1) 인구, 정치, 경제, 문화 자본에 대한 구체적인 증거들을 더 조사해 보고 그러한 활력을 보이는 이유를 생각해 보자.

   (2) 한국어의 언어 활력을 떨어뜨리는 부정적 요인들(인구 감소, 고령화, 선동 정치, 저성장, 일자리 등)을 조사해 보고 대책을 생각해 보자.

2. 문법교육의 무용론과 유용론에 대해 생각해 보자.

   (1) 학교에서 들었던 국어 수업 및 문법 수업을 돌아보고, 긍정적 경험과 부정적 경험을 이야기해 보자.

   (2) 문법교육의 무용론과 유용론 중 한편에 서서 해당 주장을 입증하는 증거를 찾아 설명해 보자.

3. 한국어의 교수 · 학습에 대해 다음을 생각해 보자.

   (1) '외국어를 익히는 데는 왕도가 없다'라는 말이 있다. 한국어를 성공적으로 익힌 외국인들의 다양한 사례들을 찾아 발표해 보자.

   (2) 문법보다 소통을 중시하는 의사소통 중심 교수법과 소통보다 정확성을 강조하는 형태 초점 교수법에 대해 각각 그것이 필요한 이유를 생각해 보자.

4. 외국인들이 한국어를 배울 때 어려워하는 점이 무엇인지 조사해 보고 해결 방안을 생각해 보자.

# 2강 한국어의 계통과 유형적 특징

## 1 한국어의 계통과 분포

### 1) 한국어의 계통

전 세계에는 수천 개의 언어가 있고 그 언어들은 계통에 따라 몇 가지 부류로 묶을 수 있다. 이때 하나의 공통된 조어(祖語)에서 갈라져 나왔다고 추정되는 여러 언어를 통틀어 '어족(language family)'이라고 일컫는다. 한국어가 어느 어족에 속하는지에 대해서는 단정 짓기 어렵지만 계통상 알타이 어족(Altaic family)에 속한다고 보는 견해가 가장 유력하다.

'알타이어'라는 용어는 마티아스 카스트렌(Matthias Castrén)이라는 핀란드 언어학자가 19세기 중엽 핀란드의 민족과 언어의 기원을 논한 연구에서 처음으로 사용하였다. 알타이 어족은 전통적으로 만주·퉁구스 어파, 몽골 어파, 튀르크 어파의 세 어파로 분류되어 왔다. 1927년 러시아 학자 예브게니 폴리바노프(Yevgeny Polivanov)는 한국어와 알타이어가 지닌 음운과 형태면에서의 공통점을 최초로 논증하였고, 이후 핀란드의 언어학자 구스타프 람스테트(Gustaf Ramstedt)는 한국어와 위 세 어파와의 친족 관계를 정립하였다. 람스테트의 연구 내용을 집대성한『한국어의 어원 연구(Studies in Korean Etymology)』(1949)는 한국어의 계통 연구에 결정적인 기여를 하였다. 이 책에 대한 서평이 여러 학술지에 실림으로써 한국어는 의심할 바 없이 알타이 어족에 속하는 것으로 받아들여졌다. 이후 그의 학설을 정리한 『알타이어학 개설(Introduction to Altaic Linguistics)』 1~3권이 1952년, 1957년, 1966년에 지속적으로 출간되어 한국어 알타이 어족설의 기반을 비교적 튼튼하게 닦아 주었다.

한국어가 알타이 어족에 속한다는 말은 한국어가 이들 언어와 언어 유형론에서 공통적인 특징을 가지고 있다는 뜻이다. 그러면 한국어는 알타이 어족의 언어들과 과연 어떤 점에서 공통성이 있을까? 알타이 어족은 다른 어족과 비교할 때 음운, 형태, 통사 등의 측면에서 다음과 같은 공통적인 특징을 가지고 있다.

- 모음 조화 현상이 존재한다.
- 어두에 유음이나 자음군이 올 수 없다.
- 교착어(첨가어)로서의 특징을 가진다.
- 수식어는 수식을 받는 말의 앞에 온다.
- 단어에 성(性)의 구별이 없다.
- 관계 대명사와 접속사가 없다.
- 부동사(副動詞)가 존재한다.
- 어순은 '주어+목적어+서술어'의 순서이다.

이를 보면 한국어와 알타이 제어들의 공통점이 많다는 사실을 쉽게 알 수 있다. 그렇기에 많은 학자들이 한국어와 알타이 어족 간의 음운적·문법적·어휘적 대응 관계를 밝힘으로써 한국어가 알타이 어족과 관련이 있음을 역설한다. 하지만 이와 동시에, 한국어와 알타이 어족 사이에 공통적인 특징이 있다고 해서 한국어의 계통이 알타이 제어와 동일하다고 단정할 수는 없다고 주장하는 학자도 있다. 모음 조화나 어순 등은 언어 간의 계통을 파악하는 데 참고할 수는 있지만 결정적인 근거가 될 수는 없으며, 알타이 어족에 속하는 튀르크어, 몽골어, 만주어에 비하여 한국어는 다른 점도 많기 때문에 알타이 제어와 한 뿌리임을 증명할 만한 비교언어학적인 증거가 여전히 부족하다는 것이다.

따라서 한국어는 어디에서 기원했는지, 한국어는 어느 어족에 속하는지 등은 아직까지 충분히 증명되지 못한 과제이다. 한국어가 알타이 어족에 속한다는 것은 아직까지 하나의 가설로만 존재할 뿐이다. 한국어의 계통을 밝히기 위해서는 알타이 제어에 대한 세밀한 연구뿐만 아니라, 한국어의 옛 형태가 남아 있는 방언에 대한 체계적인 조사도 요구된다. 그리고 한국어와 알타이 제어의 특징을 정밀하게 대조하는 비교 연구가 실행되어야 한다.


## 2) 한국어의 분포

세계 언어 정보 제공 사이트 에스놀로그(Ethnologue)의 통계에 의하면, 현재 세계에는 약 7,111종의 언어가 존재한다. 그중 40~75%에 달하는 언어는 멸종 위기에 처해 있고, 100만 명 이상이 사용하는 안전한 상태의 언어는 세계 언어의 5% 정도에 불과하다고 한다. 다행히 한국어는 '안전한' 언어 속에 속한다. 그림 2-1에 제시된 에스놀로그의 통계를 보면, 한국어의 사용 인구는 2019년 현재 약 7,730만 명으로 세계 15위를 차지하고 있다.

지역적으로 보면 한국어는 한반도를 포함하여 전 세계적으로 분포되

**Table 3. Languages with at least 50 million first-language speakers**

| Rank | Language | Primary Country | Total Countries | Speakers (millions) |
|---|---|---|---|---|
| 1 | Chinese [zho] | China | 39 | 1,311 |
|  | Chinese, Gan [gan] | China | 1 | 22.1 |
| 2 | Spanish [spa] | Spain | 31 | 460 |
| 3 | English [eng] | United Kingdom | 137 | 379 |
| 4 | Hindi [hin] | India | 4 | 341 |
| 5 | Arabic [ara] | Saudi Arabia | 59 | 319 |
| 6 | Bengali [ben] | Bangladesh | 4 | 228 |
| 7 | Portuguese [por] | Portugal | 15 | 221 |
| 8 | Russian [rus] | Russian Federation | 19 | 154 |
| 9 | Japanese [jpn] | Japan | 2 | 128 |
| 10 | Lahnda [lah] | Pakistan | 6 | 119 |
| 11 | Marathi [mar] | India | 1 | 83.1 |
| 12 | Telugu [tel] | India | 2 | 82.0 |
| 13 | Malay [msa] | Malaysia | 20 | 80.3 |
| 14 | Turkish [tur] | Turkey | 8 | 79.4 |
| 15 | Korean [kor] | South Korea | 6 | 77.3 |

그림 2-1 세계 15대 언어와 사용자 수                출처: http://www.ethnologue.com

어 있다. 물론 90% 이상의 한국어 사용자는 한반도에 살고 있는데, 한국
에 4,840여만 명, 북한에 2,330여만 명으로 도합 7,170여만 명에 달한다.
해외의 한국어 사용자를 살펴보면 한민족은 1900년대 일제 강점기, 1930
년대 러시아의 한인 이주 정책, 1960년대 해외 이주법 등을 계기로 중국,
일본, 미국, 러시아, 우즈베키스탄, 캐나다, 오스트레일리아, 필리핀, 베트
남 등 세계 여러 지역으로 이주하였다. 1990년대 이후에는 보다 높은 삶
의 질을 추구하여 해외로 이민하는 사람들의 수가 증가하였다. 이들 중 일
부는 이국에 거주하고 있지만 여전히 모국어인 한국어를 사용한다. 한국
어 사용 인구가 비교적 많은 나라의 분포를 보면 대략 중국에 약 255만
명, 미국에 약 250만 명, 일본에 약 82만 명, 독립국가 연합에 약 53만 명
정도이다.

### 3) 한국어 사용자의 특성

넓은 의미에서 볼 때 한국어 사용자란 한국어를 모국어로 구사하는 남북한 국민들은 물론이고, 한국어를 제2언어, 제3언어, 혹은 외국어로서 구사하려는 의지를 가지고 있는 사람들을 모두 포함한다. 그러나 국어교육과 한국어교육의 차별성을 고려할 때, 한국어교육에서 말하는 한국어 사용자란 남북한의 모국어 화자를 제외한, 한국이나 해외에서 제2언어 혹은 외국어로서 한국어를 공부하는 재외 동포나 외국인을 뜻한다. 이들은 다양한 동기로 한국어를 공부하고 사용하지만, 대체로 한국의 언어와 문화에 대한 지식이 없거나 부족하고 한국어를 모국어 화자만큼 유창하게 구사할 수 없다. 하지만 같은 한국어 학습자로 포괄하기에 재외 동포와 외국인은 성장 환경이나 학습 동기, 학습 목적 등에서 많은 차이를 보인다. 아래 4)와 5)에서는 재외 동포와 외국인을 각각 한국어 계승자와 한국어 학습자라고 지칭하고 이들의 특성에 대해 논의해 보기로 한다.

### 4) 한국어 계승자로서의 재외 동포

재외 동포는 외국에 거주하는 한민족의 혈통을 가진 사람을 가리키며 교포 또는 해외 교포, 해외 동포라고도 한다. 「재외동포의 출입국과 법적 지위에 관한 법률」(2018. 9. 18. 시행)에 의하면 재외 동포는 '재외 국민' 과 '외국 국적 동포'를 말한다. 재외 국민은 대한민국의 국민으로서 외국의 영주권을 취득한 자 또는 영주할 목적으로 외국에 거주하고 있는 자이고, 외국 국적 동포는 대한민국의 국적을 보유하였던 자로, 1948년 8월 15일 대한민국 정부 수립 전에 국외로 이주한 동포를 포함한다. 표 2-1에서 볼

**표 2-1** 한국의 재외 동포 현황 총계　　　　　　　　출처: 대한민국 외교부(2018년 12월 기준)

| 지역별 \ 연도별 | | 2013 | 2015 | 2017 | 2019 | 백분율(%) | 전년비 증감율(%) |
|---|---|---|---|---|---|---|---|
| 총계 | | 7,012,917 | 7,184,872 | 7,430,664 | 7,493,587 | 100 | 0.85 |
| 동북아시아 | 일본 | 893,129 | 855,725 | 818,626 | 824,977 | 11.01 | 0.78 |
| | 중국 | 2,573,928 | 2,585,993 | 2,548,030 | 2,461,386 | 32.85 | -3.40 |
| | 소계 | 3,467,057 | 3,441,718 | 3,366,656 | 3,286,363 | 43.86 | -2.38 |
| 남아시아태평양 | | 485,836 | 510,633 | 557,739 | 592,441 | 7.91 | 6.21 |
| 북미 | 미국 | 2,091,432 | 2,238,989 | 2,492,252 | 2,546,982 | 33.99 | 2.20 |
| | 캐나다 | 205,993 | 224,054 | 240,942 | 241,750 | 3.23 | 0.34 |
| | 소계 | 2,297,425 | 2,463,043 | 2,733,194 | 2,788,732 | 37.21 | 0.34 |
| 중남미 | | 111,156 | 105,243 | 106,784 | 103,617 | 1.38 | -2.97 |
| 유럽 | | 615,847 | 627,089 | 630,730 | 687,059 | 9.17 | 8.94 |
| 아프리카 | | 10,548 | 11,583 | 10,854 | 10,877 | 0.15 | 0.22 |
| 중동 | | 25,048 | 25,563 | 24,707 | 24,498 | 0.33 | -0.85 |

수 있듯 2018년 말 전 세계 193개국에 거주하고 있는 한국 재외 동포의 수는 약 750만 명이다. 이들의 거주 자격을 보면 영주권자가 약 103만 명, 시민권자가 약 480만 명, 90일 이상의 일반 체류자가 약 136만 명, 유학생이 약 29만 명이다. 그리고 재외 동포가 다수 거주하고 있는 국가로는 미국(약 254만 명), 중국(약 246만 명), 일본(약 82만 명), 캐나다(약 24만 명), 우즈베키스탄(약 18만 명), 베트남(약 17만 명) 등을 꼽을 수 있다(외교부, 2019).

　　1990년대 들어 냉전 체제가 붕괴되고 세계화가 진행됨에 따라 재외 동포 교육의 비중이 점차 높아지고 있다. 그중 한국어교육은 재외 동포 교육에서 가장 핵심적이고 중요한 부분으로 인식되고 있다. 이는 한국어가 한국인으로서의 민족성과 정체성을 유지해 주는 결정적인 조건이고, 한민족의 사고와 생활의 근원이며, 한민족을 결속시키는 원동력이자 가장 소중한 민족 문화 유산이기 때문이다.

현재 세계 각지에 거주하고 있는 재외 동포와 그들의 자녀는 재외 동포를 위한 한국어교육 대상자이다. 특히 재외 동포 2세, 3세는 이국에서 태어나고 자랐기 때문에 한국어를 유창하게 구사하지 못하는 경우가 많다. 이에 따라 재외 동포 2세, 3세의 부모는 자녀의 한국어 능력을 향상시키기 위해 이들을 한국학교, 한국교육원, 한글학교 등에 보낸다. 표 2-2에서는 재외 동포 한국어교육의 기능을 담당하는 세 교육 기관의 구체적인 현황을 볼 수 있다. 한국어교육을 받는 학생 수는 정규학교인 한국학교에서 초·중·고 총계 약 1만 4천 명, 비정규학교인 한글학교에서 약 10만 명으로, 모두 합치면 약 11만 4천 명 정도 된다. 절대적인 수치는 적지 않으나 전체 재외 동포 인구수 743만 명 중 1.5%에 불과해, 재외 동포들의 한국어교육 참여도가 그리 높지 않다는 사실을 알 수 있다. 교육의 주체인 재외 동포의 측면에서 이유를 찾자면 민족어교육에 대한 인식 부족, 학부모의 무관심, 학습 동기 부족 등을 꼽을 수 있다.

민현식·조항록·유석훈·최은규 외(2005)에서 제시한 바와 같이, 재외 동포 한국어교육의 발전 방향은 재외 동포의 자녀를 한국과 거주국 모두의 언어와 문화에 능통한 이중언어인, 이중문화인으로 길러내는 것이다. 이는 재외 동포들이 한국어의 계승자로서 스스로 추구해야 할 목표이자 21세기에 마땅히 갖추어야 할 국제인의 자격 요건이라고 할 수 있다.

표 2-2 재외 동포 한국어교육 기관 현황　　　　출처: 재외동포재단 통계 자료(2017년 기준)

| 구분 | 한국학교 | 한국교육원 | 한글학교 |
|---|---|---|---|
| 설치 현황 | 15개국 33개소 | 18개국 41개소 | 113개국 1,777개소 |
| 학생 및 인력 현황 | 학생: 13,997명<br>전임 교원: 1,328명 | 파견 공무원: 44명 | 학생: 99,621명<br>교사: 15,447명 |
| 성격 | 정규학교(학력 인정) | 교육행정기관 | 비정규학교 |
| 소관 부처 | 교육부 | 교육부 | 외교부 재외동포재단 |
| 대상자 | -재외 국민으로서<br>　초·중·고등학교<br>　과정 이수 대상자 | -재외 국민(학력 무관)<br>-한국어, 한국 문화 등에<br>　관심이 있는 현지인 | -재외 국민<br>-한국어, 한국 문화 등에<br>　관심이 있는 현지인 |

## 5) 한국어 학습자로서의 외국인

한국어교육의 또 다른 중요한 대상자는 바로 한국어를 외국어로 배우는 외국인 학습자이다. 여기에서는 한국어를 학습하는 환경에 따라 국내에서 공부하는 외국인과 해외에서 공부하는 외국인으로 나누어 살펴보기로 한다.

① 국내에 있는 외국인 학습자

국내에서 한국어교육을 받는 학습자는 연령에 따라 성인 학습자와 아동·청소년 학습자로 구분할 수 있다. 성인 학습자로는 주로 유학생, 국제 결혼 이민자, 외국인 노동자, 일반 사회인 등이 있고, 아동·청소년 학습자는 주로 다문화 배경 학습자이다.

성인 학습자는 다시 비학위 과정 학습자와 학위 과정 학습자로 나눌 수 있다. 전자는 대부분 한국의 대학 부설 한국어교육 기관에서 운영하는 정규 과정이나 단기 연수, 온라인으로 운영하는 특별 과정 등에서 한국어 교육을 받는다. 후자는 한국의 대학이나 대학원에서 학위 과정을 이수한다. 한국 교육부의 통계에 의하면 한국 대학의 정규 학위 과정에서 공부하고 있는 유학생 수는 해마다 늘어나는 추세이며, 2016년에 이미 104,262명에 이르고 있다. 이들 중 자비 유학생이 약 87%이고, 나머지 학생들은 정부 초청 장학생이나 대학 초청 장학생, 자국 정부 파견 장학생이다. 그리고 학생들의 출신 국가를 보면 중국에서 온 학생이 6만 명을 넘어 전체 유학생 수의 57.7%를 차지한다. 그 외 주요 출신 국가로는 베트남(7.2%), 몽골(4.3%), 일본(3.5%), 미국(2.7%) 등이 있다.

국내 외국인 학습자 중 아동·청소년 학습자는 주로 한국 출생 자녀와 외국인 가정 자녀, 중도 입국한 국제결혼 가정 자녀이다. 최근 외국인 노동자 유입과 국제결혼이 증가함에 따라 아동·청소년 학습자 수가 점점 늘어나고 있다. 교육부의 통계에 의하면 2019년 기준 다문화 학생 수는 137,225명이었는데, 그중 한국 출생 학습자 수가 100,069명으로 압도적으로 많았다(한국교육개발원 교육통계서비스, 2019). 한편 중도 입국한 학습자와 외국인 자녀 수는 총 37,156명으로 다문화 학생 수의 약 27%에 이르고 있으며, 해마다 그 수가 지속적으로 증가하고 있다. 다문화 학생의 한국어 수준은 아동·청소년 시기뿐 아니라 향후의 학업과 사회 적응에도 직접적인 영향을 끼칠 것이라는 점을 감안하면, 이들에 대한 한국어교육은 필수적인 과제라 할 수 있다. 다행히 한국 교육부에서는 2012년부터 다문화 배경 학생을 위한 제2언어로서의 한국어(Korean as a Second Language: KSL) 교육과정을 개발해 운영하고 있다.

② 국외에 있는 외국인 학습자

21세기에 접어들어 한국의 국력이 신장되고 국제무대에서의 영향력이 확대됨에 따라, 한국어를 배우려고 하는 외국인 학습자의 수가 지속적으로 늘어나고 있다. 이는 한국어능력시험(TOPIK) 응시자 수를 통해 짐작할 수 있다. 한국어능력시험은 1997년에 처음 시행되었는데, 당시 응시자 수는 2,692명이었다. 그러나 현재 이 시험은 한국 이외에 77개국 232개 지역에서 시행되고 있고, 2018년까지 누적 응시자 수는 216만 명을 넘어섰다. 국외에서 한국어교육을 받는 학습자도 성인 학습자와 아동·청소년 학습자로 나눌 수 있다. 국외의 아동·청소년 학습자는 주로 초·중등학교에서 개설한 한국어 선택 과목을 통해 한국어를 공부하는데, 아직까지 그 규모가 그리 크지 않아 논외로 한다.

국외에 있는 성인 한국어 학습자는 일반적으로 각 대학에서 운영하는 한국어학과 전공이나 한국어 강좌, 사회에서 운영하는 각종 비정규 과정, 세종학당재단에서 운영하는 세종학당 등에서 한국어교육을 받는다. 한국국제교류재단 통계센터의 자료에 따르면 2019년 말 기준 107개국 1,393개 대학에 한국학과 한국어 강좌가 개설되어 있으며(한국국제교류재단 KF통계센터, 2019), 세계의 많은 대학생에게 인기 있는 외국어로 빠르게 성장하고 있다.

한국과 지리적으로 가깝고 재외 동포의 규모가 가장 큰 중국의 사례를 통해 국외에서 시행되는 한국어교육의 성장세를 엿볼 수 있다. 중국 대학에서의 한국어교육은 1945년부터 시작되었는데, 1992년 한중 수교 당시 전국에서 한국어학과를 개설한 대학은 5개소에 불과했다. 하지만 2018년 말의 통계를 보면 한국어 전공을 개설한 4년제 대학은 115개소, 3년제 전문대학은 152개소에 이른다. 이는 각 대학의 한국어 전공 과정에 국한해서 통계를 낸 수치인데, 선택 과목인 한국어 강좌까지 포함하면 이 수치를 훨씬 넘을 것이다. 한국어 학습자들은 대학에서 선택 과목이나 부전공, 제2전공으로 한국어를 배울 수 있다. 전공 학습자들은 한국어뿐만 아니라 한국의 역사, 사회, 문화 등 한국에 관한 다양한 분야의 전문 지식도 함께 배운다.

문화체육관광부의 지원으로 운영되는 세종학당은 한국어교육을 통해 문화 교류를 활성화하기 위한 목적으로 전 세계에 개설된 한국어교육 기관이다. 세종학당은 독립형(국외 현지 운영 기관이 단독으로 운영), 연계형(국외 현지 운영 기관과 국내 운영 기관이 공동으로 운영), 협업형(세종학당 재단이 대한민국의 공공 기관과 업무 협약을 체결하여 지정·지원) 등으로 운영된다. 2019년 말 기준 전 세계 60개국에 180개소의 세종학당이 외국인이나 재외 동포의 한국어 수준 향상 및 한국에 대한 올바른 이해를 위해 운영되고 있다(세종학당재단, 2019).

현 단계에서 바라본 한국어교육의 가장 큰 특징은 정규 교육 이외에 비정규 과정 학습자, 한류 기반의 학습자들이 다양한 목적으로 한국어를 배우고 있다는 것이다. 한국어교육의 다원화·다양화에 부응하여 방송과 인터넷을 통한 다양한 교육 방식이 속속 출현하고 있으며, 한국어와 한국 문화 교육 관련 앱(APP) 등 모바일 기반의 교육 도구도 개발되어 한국어교육의 폭을 넓히고 교육의 효율성을 높이고 있다.

## 2  한국어의 유형적 특징

### 1) 한국어의 음운적 특징

① 자음의 삼중 체계

한국어의 자음은 '예사소리: 거센소리: 된소리'의 삼중 체계로 구성되어 있다는 특징이 있다. 예사소리는 구강 내부의 기압 및 발음 기관의 긴장도가 낮아 약하게 파열되는 자음으로, 'ㄱ, ㄷ, ㅂ, ㅅ, ㅈ' 등이 있다. 거센소리는 숨이 거세게 나오는 자음으로, 'ㅋ, ㅌ, ㅍ, ㅊ' 등이 있다. 된소리는 후두 근육을 긴장하면서 기식이 거의 없이 내는 자음으로 'ㄲ, ㄸ, ㅃ, ㅆ, ㅉ' 등이 있다. 이는 'k-g, t-d, p-b'처럼 유성과 무성이 대립하는 영어, 독일어, 일본어 등과 대별된다.

(1)에서 볼 수 있듯 예사소리, 거센소리, 된소리의 차이는 소리뿐 아니라 뜻에도 영향을 미친다.

(1) 가. 달: 탈: 딸

나. 불: 풀: 뿔

다. 자다: 차다: 짜다

라. 개다: 캐다: 깨다

위의 (1가)~(1라)에 제시한 단어들의 차이를 구별하는 것은 다른 언어 유형을 사용하는 한국어 학습자에게는 어려운 일이다.

② 음절의 끝소리 규칙

음절의 끝소리 규칙은 음절의 끝소리가 'ㄱ, ㄴ, ㄷ, ㄹ, ㅁ, ㅂ, ㅇ' 중 하나로 발음되는 현상을 말한다. 즉, 음절 말의 위치에서 'ㄱ, ㄲ, ㅋ'은 [ㄱ]으로, 'ㄴ'은 [ㄴ]으로, 'ㅅ, ㅆ, ㅈ, ㅌ, ㅊ, ㅎ'은 [ㄷ]으로, 'ㄹ'은 [ㄹ]로, 'ㅁ'은 [ㅁ]으로, 'ㅂ, ㅍ'은 [ㅂ]으로, 'ㅇ'은 [ㅇ]으로 발음된다.


(2) 가. 낙→[낙], 닭다→[닥따], 부엌→[부억]

　　　나. 간→[간]

　　　다. 닫다→[닫따], 같다→[갇따], 곳→[곧], 있다→[읻따],

　　　　　젖→[젇], 꽃→[꼳], 히읗→[히은]

　　　라. 달→[달]

　　　마. 밥→[밥], 앞→[압]

　　　바. 강→[강]


(2)에서 예시한 바와 같이 음절의 끝소리에 위치한 장애음은 'ㄱ, ㄷ, ㅂ' 중 하나로 교체되어 발음된다. 'ㄱ, ㄷ, ㅂ'은 모두 파열음의 예사소리(평음)이기 때문에 이러한 현상을 평파열음화 현상이라고 한다. 한국어에는 위와 같이 음절의 끝소리에서는 특정 자음이 발음되지 않는다는 제약이 있지만, 겹받침이 발음될 때 앞의 자음이나 뒤의 자음 중 하나만 발음된다는 제약도 있다. 구체적으로 말하면 한국어의 겹받침은 'ㄳ, ㄵ, ㄶ, ㄺ, ㄻ, ㄼ, ㄽ, ㄾ, ㄿ, ㅀ, ㅄ' 등 11개가 있는데 'ㄺ, ㄻ, ㄿ'을 발음할 때에는 앞의 자음이 탈락하고 나머지의 경우에는 뒤의 자음이 탈락한다. 이러한 현상을 자음군 단순화 현상이라고 한다.

③ 모음 조화

모음 조화는 두 음절 이상의 단어에서 또는 어간 형태소와 접사 형태소의 결합에서 뒤의 모음이 앞 모음의 영향으로 그와 가깝거나 같은 소리로 되는 언어 현상이다. 다시 말하면 모음 조화 현상은 어감이 밝고 산뜻한 양성 모음 'ㅏ, ㅗ, ㅑ, ㅛ, ㅘ, ㅚ, ㅐ'는 양성 모음끼리만 이어지고, 어감이 어둡고 큰 음성 모음 'ㅓ, ㅜ, ㅕ, ㅠ, ㅔ, ㅝ, ㅟ, ㅖ'는 음성 모음끼리만 이어지는, 일종의 모음 동화 규칙이다.

(3) 가. 알록달록/얼룩덜룩, 반짝반짝/번쩍번쩍, 파닥파닥/퍼덕퍼덕
　　 나. 주워/도와, 막아/먹어, 막았다/먹었다
　　 다. 아름다워, 가까워, 오순도순, 깡충깡충

현대 한국어에서 모음 조화는 (3가)의 의성어와 의태어, (3나)의 어간과 어미의 연결 구조 등에서 잘 지켜지는 편이다. 그러나 (3다)처럼 모음 조화가 깨지는 경우도 적지 않다.

④ 음절 첫소리 제약

한국어에는 음절의 첫소리에 두음 법칙이 적용되고, 자음군이 오지 않는다는 특징이 있다. 두음 법칙은 일부 소리가 단어의 첫머리에 발음되는 것을 꺼려 나타나지 않거나 다른 소리로 발음되는 현상을 말한다. 두음 법칙의 예로는 (4가)처럼 'ㅣ, ㅑ, ㅕ, ㅛ, ㅠ' 앞에서의 'ㄹ'과 'ㄴ'이 없어지는 현상, (4나)처럼 'ㅏ, ㅓ, ㅗ, ㅜ, ㅡ, ㅐ, ㅔ, ㅚ' 앞의 'ㄹ'이 'ㄴ'으로 변하는 현상 등을 들 수 있다.

(4) 가. 녀자→여자, 년세→연세, 량심→양심, 례의→예의

　　나. 락원→낙원, 래일→내일, 로인→노인, 누각→누각


　또한 한국어에는 음절의 첫소리에 자음이 두 개 이상 올 수 없다는 특징이 있다. 즉, 영어에서는 'screen, sports'처럼 음절의 첫머리에 두 개 이상의 자음군이 올 수 있지만, 이를 한국어로 쓸 때는 'ㅡ'를 추가하여 '스크린, 스포츠'로 표기한다.


## 2) 한국어의 문법적 특징

### ① 교착어로서의 특징

　언어는 구조나 형태적 특성에 따라 고립어(孤立語, isolating language), 굴절어(屈折語, inflectional language), 교착어(膠着語, agglutinating language), 포합어(抱合語, incorporating language)로 분류하는데, 중국어, 타이어, 베트남어 등은 고립어에 속하고, 영어나 독일어 등 인도, 유럽 어족에 속한 대부분의 언어는 굴절어에 속하며, 한국어, 터키어, 일본어, 핀란드어 등은 교착어에 속한다.

　한국어가 속한 교착어는 첨가어(添加語)라고도 하는데, 실질적인 의미를 가진 단어 또는 어간에 문법적인 기능을 가진 요소가 차례로 결합함으로써 문장 속에서의 문법적인 역할이나 관계의 차이를 나타내는 언어를 말한다. 한국어는 문법적 기능을 하는 조사와 어미가 발달되어 있다.


(5) 수저를 바닥에 떨-어-뜨리-었-겠-더-군-요.
　　 ①　　　②　 ③　④　 ⑤ ⑥ ⑦ ⑧ ⑨

(5)에서 볼 수 있듯이 어휘적 의미를 나타내는 '수저, 바닥'과 같은 명사 뒤에 조사 '를, 에'가 붙고, 동사 '떨(다)' 뒤에 '-어, -뜨리-, -었-, -겠-, -더-, -군' 등 다양한 접사나 어미가 붙어 문법적인 의미를 나타낸다. 구체적으로 말하면 ①의 '를'은 목적어임을 나타내는 목적격 조사이고, ②의 '에'는 동작이나 행위가 미치는 장소를 나타내는 부사격 조사이다. 그리고 ③의 '-어'는 원래 본용언과 보조 용언을 연결하는 데 쓰는 연결 어미였는데, 강조의 뜻을 나타내는 접미사인 ④의 '-뜨리-'와 결합하여 '떨어뜨리-'로 되어 하나의 어간을 형성한다. ⑤의 '-었-', ⑥의 '-겠-', ⑦의 '-더-'는 모두 시간이나 양태를 나타내는 어미이며, ⑧의 '-군'은 화자가 새롭게 알게 된 사실에 주목함과 감탄함을 나타내는 종결 어미이다. ⑨의 '요'는 문장을 끝맺는 종결 어미 뒤에 붙어 청자에게 존대의 뜻을 나타내는 보조사이다.

② '주어+목적어+서술어'의 문장 구성

어순(語順)은 문장 성분의 배열에 나타나는 일정한 순서를 말한다. 언어마다 문장 성분의 배열 순서가 조금씩 다른데, 대체로 '주어+목적어+서술어'(SOV), '주어+서술어+목적어'(SVO), 그리고 '서술어+주어+목적어'(VSO), '서술어+목적어+주어'(VOS), '목적어+주어+서술어'(OSV), '목적어+서술어+주어'(OVS)의 여섯 가지 유형으로 구분된다. 그중 세 가지 유형인 SOV, SVO, VSO가 많은 비중을 차지한다. 한국어는 흔히 서술어 중심의 언어로 여겨지며, 원칙적으로 SOV의 순서로 문장이 이루어진다. 이러한 특징을 가진 언어로는 한국어 외에 일본어, 몽골어, 터키어, 미얀마어, 힌디어 등이 있다. SVO의 순서를 보이는 언어로는 영어, 중국어, 핀란드어, 이탈리아어, 타이어 등이, VSO의 순서를 보이는 언어로는 히브리어, 마오리어, 마사이어 등이 있다.


(6) 가. <u>가은이</u> <u>준호를</u> <u>사랑했다.</u>
　　　　 S 　　 O 　　　 V

　　 나. <u>Mia</u> <u>loved</u> <u>John.</u> (미아가 존을 사랑했다.)
　　　　 S 　 V 　　 O

　　 다. <u>黃敏</u> <u>愛</u> <u>张昊</u>。(황민이 장호를 사랑했다.)
　　　　 S 　 V 　 O


(6가)의 한국어 문장은 '주어(가은이)+목적어(준호를)+서술어(사랑했다)', 즉 SOV의 순서로 이루어져 있음을 알 수 있다. 이는 SVO로 이루어진 (6나)의 영어 문장, (6다)의 중국어 문장과 구별된다.


③ 자유 어순 구조

한국어는 일반적으로 '주어+목적어+서술어'의 어순이지만 영어나 중국어처럼 고정적이지 않다.


(7) 가. 가은이 준호를 사랑했다.

　　 나. 준호를 가은이 사랑했다.

　　 다. 사랑했다, 가은이 준호를.

(8) 가. Mia loved John. (미아가 존을 사랑했다.)

　　 나. John loved Mia. (존이 미아를 사랑했다.)

(9) 가. 黃敏愛张昊。(황민이 장호를 사랑했다.)

　　 나. 张昊愛黃敏。(장호가 황민을 사랑했다.)

한국어 문장의 예 (7)을 보면, 문장 (7나)와 (7다)는 문장 (7가)와 어순이 다르다. 그러나 '가은' 뒤에 '가은'이 주어임을 나타내는 주격 조사 '가'가 붙어 있고, '준호' 뒤에 목적어임을 나타내는 목적격 조사 '를'이 붙어 있기 때문에 문장 성분의 순서가 바뀌어도 문장에서 표현하고자 하는 기본적인 의미에는 큰 차이가 없다. 그런데 영어 문장의 예 (8)과 중국어 문장의 예 (9)를 보면 (8가)와 (8나), (9가)와 (9나)는 각각 뜻이 다르다. 이처럼 한국어 문장 성분의 자리 이동은 비교적 자유롭다.

④ 수식어와 피수식어의 관계

앞에서 한국어 문장 성분의 자리 이동이 비교적 자유롭다는 특징을 밝혔지만, 모든 문장 성분의 이동이 다 자유로운 것은 아니다.

(10) 가. 그는 방을 깨끗이 청소했다.
　　　나. <sup>?</sup>그는 깨끗이 방을 청소했다.
　　　다. <sup>?</sup>깨끗이 그는 방을 청소했다.

(11) 가. 그는 새 기분으로 일을 시작했다.
　　　나. *새 그는 기분으로 일을 시작했다.
　　　다. *그는 기분으로 새 일을 시작했다.
　　　라. *그는 기분으로 일을 새 시작했다.

(12) 가. 나에게는 귀여운 딸 한 명이 있다.
　　　나. <sup>?</sup>귀여운 나에게는 딸 한 명이 있다.
　　　다. *나에게는 딸 귀여운 한 명이 있다.
　　　라. *나에게는 딸 한 명이 귀여운 있다.

(10가)의 '깨끗이'는 서술어 '청소했다'를 꾸며 주는 부사어이기 때문에 문장 안에서 자리를 마음대로 옮길 수 없다. 그리고 (11가)의 '기분'을 꾸며 주는 관형사 '새'나 (12가)의 '딸'을 꾸며 주는 관형어 '귀여운'은 반드시 꾸밈을 받는 말 앞에 놓여야 한다. 다른 위치로 자리를 옮기면 문장의 의미가 달라지거나 비문이 된다.

⑤ 주어와 목적어의 중출 현상

한국어에는 주어나 목적어가 중복해서 출현하기도 한다. 이는 다른 언어에서는 발견하기 어려운 특징이다.

(13) 가. 준호가 성격이 좋다.

　　　나. 대한민국은 서울이 경치가 아주 아름답다.

(14) 가. 가은은 커피를 두 잔을 시켰다.

　　　나. 준호는 백화점에서 가방을 비싼 것을 두 개를 샀다.

(13)의 경우는 하나의 서술어에 주어가 두 개 이상 나타난다. (13가)에서는 '좋다'라는 서술어 하나에 주어는 '준호가, 성격이' 두 개이고, (13나)에서는 '아름답다'라는 서술어 하나에 주어는 '대한민국은, 서울이, 경치가' 세 개라고 볼 수 있다. 그리고 (14)의 경우는 목적어가 두 개 이상 나타난다. (14가)는 '커피를, 두 잔을'이라는 두 개의 목적어가, (14나)는 '가방을, 비싼 것을, 두 개를'이라는 세 개의 목적어가 잇달아 출현한다. 물론 이것들이 모두 진정한 주어, 진정한 목적어인지에 대해서는 재론의 여지가 있지만, 외적인 표현상 주어나 목적어가 중복해서 출현하는 것이다.

⑥ 명사의 나열 순서

앞의 주어와 목적어 중복 출현 현상의 예문을 다시 보면, 잇달아 출현한 주어와 목적어는 대략 소유주와 소유물, 전체와 부분, 유와 종 등의 관계로 해석할 수 있다. 이와 관련하여 한국어에는 일반적으로 명사를 나란히 쓸 때, 큰 것에서 작은 것으로, 전체에서 부분으로 범위를 좁혀 가면서 쓰는 특징이 있다. 다음 (15가)와 (16가)를 보자.


(15) 가. 대한민국 서울시 관악구 관악로 1번지에 있다.

　　　나. It's located at 1 Gwanak-ro, Gwanak-gu, Seoul, South Korea.

(16) 가. 2013년 4월 4일 오전 9시 50분에 생긴 일이었다.

　　　나. It happened at 9:50 am on April 4, 2013.


(15나), (16나)에서 볼 수 있듯 영어는 작은 것에서 큰 것으로 명사를 나열한다. 이처럼 한국어의 명사 나열 순서는 영어와 현저한 차이가 있다.


⑦ 주어의 생략

한국어에서 주어는 필수적인 성분임에도 불구하고, 주어가 없는 문장도 많이 쓰인다. 주어가 없어도 문맥을 통해 이를 짐작할 수 있을 때는 주어를 생략하기도 하는 것이다.


(17) 가. 준호는 책을 아주 좋아합니다. 그래서 서점에서 책을 많이 샀습니다.

　　　나. A: 황민 씨는 뭘 먹었어요?

B: 삼계탕을 먹었어요.

다. 어서 학교에 가거라.

라. 빨리 갑시다.

마. 다시 만나게 되어 정말 반갑다.

(17가)의 경우 두 번째 문장의 서술어 '샀습니다'의 주어가 없는데, 문맥으로 보아 앞 문장의 '준호'가 주어임이 분명하기 때문에 생략한 것이다. 그리고 질문과 이에 대한 답을 하는 (17나)의 경우, 질문에서 이미 질문 대상(주어)이 누구인지 밝혔기 때문에 대답에서 주어를 반복할 필요가 없어 생략되었다. (17다)의 주어는 말을 듣는 사람이고, (17라)의 주어는 말을 하는 사람과 말을 듣는 사람이며, (17마)의 주어는 1인칭이라는 것이 확실하므로, 주어가 생략되어도 이해하는 데 전혀 문제가 없다. 이렇듯 주어의 생략은 생략된 주어가 무엇인지 확실한 경우에 한해서만 가능하다.

(18) 가. 황민과 준호는 같이 도서관에 갔다. 황민은 좀 피곤해서 집에 일찍 돌아갔다.

나. A: 내일 누가 와요?

B: 이 선생이 옵니다.

(18가)의 경우에는 두 번째 문장에 주어가 없으면 누가 피곤한지 분명하지 않아 뜻이 명확하지 않을 수 있다. 그리고 (18나)의 질문은 주어가 누구인지를 물어보는 문장이기 때문에 이 질문에 대답하는 문장에서는 주어를 생략하면 안 된다.

한국어 문장 성분의 생략 현상은 주어뿐만 아니라 문장의 주성분인 목적어에서도 일어날 수 있다. 예를 들면 (17가)의 두 번째 문장에서 목적어 '책을'은 생략되어도 무엇을 샀는지 파악할 수 있다. 따라서 이 예문은 목적어를 생략하여 (19)와 같이 나타낼 수 있다.

(19) 준호는 책을 아주 좋아합니다. 그래서 서점에서 많이 샀습니다.

⑧ 높임 표현의 발달

언어 예절은 상대방을 존중하고 배려하는 마음을 언어로 표현하는 방식이 사회적으로 관습화된 것이다. 한국 사람들은 예로부터 언어 예절을 중시해 왔고, 이에 따라 높임법이 발달하였다. 한국어에는 문장의 주체를 높이는 주체 높임법, 상대방을 높이는 상대 높임법, 그리고 목적어나 부사어가 지시하는 대상, 즉 서술어의 객체를 높이는 객체 높임법 등 다양한 높임 표현이 존재한다.

(20) 가. 동생은 공원에 간다.

　　　나. 할아버지께서 공원에 가신다.

(21) 가. 준호야, 잘 있어라.

　　　나. 선생님, 안녕히 계십시오.

(22) 가. 나는 엄마를 모시고 산다.

　　　나. 선생님께 궁금한 점 한 가지 여쭙겠습니다.

(20)은 주체 높임법의 예이다. (20나)에서 '가다'의 행위 주체인 '할아버지'는 높여야 할 대상이기 때문에 동사 '가다'의 어간 '가-'에 주체를 높

일 때 쓰는 어미 '-(으)시'와 주어 '할아버지' 뒤에 존경의 의미를 나타내는 조사 '께서'가 쓰였다. (20가)에서 '가다'의 행위 주체인 '준호'는 높여야 할 대상이 아니기 때문에 '-(으)시'와 '께서'가 쓰이지 않았다.

(21)은 상대 높임법의 예이다. (21가)에서는 듣는 사람 '준호'가 높여야 할 대상이 아니어서 동사 '있다'의 어간 '있-'에 높임의 뜻이 없는 명령형 종결 어미 '-어라'가 쓰였다. 이에 비해 (21나)에서는 듣는 사람 '선생님'이 높여야 할 대상이므로 동사 '있다'의 높임말인 '계시다'가 쓰였고 '계시다'의 어간 '계시-'에 높임을 뜻하는 명령형 종결 어미 '-ㅂ시오'가 쓰였다.

(22)는 객체 높임법의 예이다. (22가)는 문장의 목적어인 '엄마'를 높이기 위해 객체 높임의 동사 '모시다'가, (22나)는 부사어인 '선생님'을 높이기 위해 '여쭙다'가 쓰였다.


## 3) 한국어의 어휘적 특징

### ① 어휘의 삼중 체계

한국어의 어휘는 약 50만 개인데, 이들 어휘는 어종에 따라 크게 고유어, 한자어, 외래어의 삼중 체계로 분류된다. 이 중 한자어가 압도적으로 많다는 것이 한국어 어휘 체계의 가장 큰 특징이다.

『표준국어대사전』(1999)에 수록된 508,771개 표제어와 부표제어 가운데 한자어는 297,916개로, 전체 어휘수의 58.5%를 차지한다. 반면 고유어는 25.9%, 기타(혼합어)와 외래어는 각각 10.9%, 4.7%를 차지한다. 구체적인 수치는 표 2-3과 같다.

고유어는 우리말, 순우리말, 토박이말이라고도 불린다. 한자어나 외래어에 상대되는 것으로 한국어에 본디부터 있던 말이나 그것에 기초하여

표 2-3 『표준국어대사전』(1999) 수록 어휘의 어종별 통계

| 분류 \ 어종 | 고유어 | 한자어 | 외래어 | 기타 (혼합 형태) | 합계 |
|---|---|---|---|---|---|
| 표제어 | 111,299 | 251,478 | 23,196 | 54,289 | 440,262 |
| 부표제어 | 20,672 | 46,438 | 165 | 1,234 | 68,509 |
| 합계 (비율) | 131,971 (25.9%) | 297,916 (58.5%) | 23,361 (4.7%) | 55,523 (10.9%) | 508,771 (100%) |

새로 만들어진 말을 가리킨다. 고유어가 한국어 어휘 체계에서 차지하는 비중은 30%가 채 안되지만, 고유어에는 일상적인 언어생활에 쓰이는 기초어휘가 많고 다의어로서 의미의 폭이 넓으며 한민족의 문화와 정신세계가 잘 반영되어 있다는 특징이 있다.

　한자어는 한자를 바탕으로 만들어진 말인데 넓은 의미에서 외래어로 볼 수 있지만 한국어 어휘 체계에서 차지하는 비중이 워낙 크기 때문에 외래어와 분리하여 분류하고 있다. 한자어는 고유어에 비해 의미의 폭이 좁아 고유어 한 단어에 여러 개의 한자어가 대응되는 경우가 많다. 의미가 단일한 편이어서 학술 용어나 전문 용어 등으로 많이 쓰인다. 그리고 단어 형성에 제약이 적어 조어력이 강하며 동음이의어가 많다는 등의 특징이 있다.

　외래어는 외국어로부터 들어와 한국어 어휘 체계에 동화되어 한국어처럼 쓰이는 단어를 말한다. 외래어가 한국어 어휘에서 차지하는 비중은 급격하게 늘어나고 있다. 외래어는 한자어와 마찬가지로 학술 용어나 의학, 패션 등의 전문 분야에서 널리 사용된다. 최근 외래어나 외국어를 무분별하게 남용하는 경향이 문제가 되고 있다.

② 감각어와 상징어의 발달

한국어 어휘의 또 한 가지 중요한 특징은 바로 고유어에 신체의 내부 또는 외부의 자극에 의하여 일어나는 느낌을 표현하는 감각어와 소리나 모양, 동작 따위를 흉내 내는 상징어가 풍부하다는 것이다. 이를 통해 한국어의 어휘는 한국인의 감성적 사고 유형과 밀접한 관련이 있음을 짐작할 수 있다.

(23) 가. 노랗다, 노릇하다, 노릇노릇하다, 노리끼리하다, 누르끄레하다, 누르스름하다

　　　나. 달다, 달짝지근하다, 달착지근하다, 달차근하다, 달콤하다, 달큼하다, 들쩍지근하다, 들척지근하다, 들치근하다, 들큼하다

(23가)는 노란색, (23나)는 단맛을 나타내는 표현이다. 미묘하게 어감을 달리한 다채로운 고유어로 감각을 풍부하게 표현하고 있다.

상징어는 사람 또는 사물의 소리를 흉내 낸 의성어와 모양이나 움직임을 흉내 낸 의태어로 나뉜다.

(24) 가. 땡땡, 꿀꿀, 멍멍, 광광, 꽝꽝, 쾅쾅, 퐁당, 풍덩, 와르르, 와그르르

　　　나. 아장아장, 엉금엉금, 반짝반짝, 번쩍번쩍, 빙빙, 핑핑, 뼁뼁

(24가)는 의성어고 (24나)는 의태어이다. '퐁당/풍덩' 등의 의성어나 '반짝반짝/번쩍번쩍' 등의 의태어는 모음 조화가 철저히 지켜진 것들이며, '광광/꽝꽝/쾅쾅' 등의 의성어나 '빙빙/핑핑/뼁뼁' 등의 의태어는 자음의 차이에 따라 어감이 다르게 느껴지는 것들이다.

③ 친족 어휘의 발달

친족 어휘는 혈연이나 혼인으로 이루어지는 인간관계를 나타내는 어휘를 말한다. 친족 어휘의 체계는 사회 관습에 따라 다른데, 가족 구성이 다양했던 대가족제에서는 친족 어휘의 종류가 많았다. 한국어에는 친가, 외가, 처가에 걸친 고유의 호칭과 한자어 명칭이 이중 체계를 구성하고 있는데, 다음 예를 통해 이 특징을 더 잘 이해할 수 있다. 동시에 이러한 다양한 친족 어휘 중 상당수가 현대 한국어에서 사라지거나 합쳐지게 된 사실 또한 주목하면서 살펴보아도 좋을 것이다.

(25) 가. aunt: 백모(큰어머니), 숙모(작은어머니), 외숙모, 이모, 고모, 아주머니

나. uncle: 백부(큰아버지), 숙부(작은아버지), 외삼촌, 이모부, 고모부, 아저씨

(26) 가. sister: 언니, 누나, 여동생

나. brother: 오빠, 형, 남동생

④ 존대어의 발달

앞에서 한국어의 형태와 통사적 특징에 대해 논의하면서 문법적인 측면에서 한국어 높임법에 대해 살펴보았다. 이를 어휘적인 측면에서 보면 사람이나 사물을 높여서 이르는 말, 즉 존대어는 한국어의 명사, 대명사, 동사, 형용사, 명사, 조사 그리고 부사에 모두 나타난다.

(27) 가. 명사: 말/말씀, 밥/진지, 이름/성함/존함, 나이/연세, 이/치아, 집/

댁, 술/약주, 아버지/아버님, 선생/선생님, 과장/과장님, 아들/
아드님, 딸/따님

나. 대명사: 나/저, 우리/저희, 너/자네/당신/댁, 이/이분, 그/그분,
저/저분

다. 동사: 먹다/드시다, 자다/주무시다, 있다/계시다, 묻다/여쭙다,
말하다/말씀하다, 만나다/뵙다, 죽다/돌아가시다

라. 형용사: 아프다/편찮으시다

마. 조사: 이/께서, 에게/께

바. 부사: 직접/손수, 친히


(27)을 통해 한국어에는 존대를 나타나는 말이 아주 풍부하다는 사실
을 알 수 있다. 또한 한자어가 경어법의 발달에 크게 영향을 미치고 있다
는 점도 발견할 수 있다. 대체로 고유어와 한자어로 이루어진 하나의 유의
어군에 한자어가 존경의 뜻을 표하는 말로 쓰이는 경우가 많다. '나이/연
세, 이/치아, 집/댁' 등이 그 예이다.

## 생각해 봅시다

1. 알타이 어족설 이외에 한국어의 기원이나 계통을 설명하는 학설을 조사해 보자.

2. 세종학당재단(www.sejonghakdang.org), 재외동포재단(www.okf.or.kr) 누리집을 방문하여 온라인 한국어 프로그램과 교육 자료로 무엇을 구축해 놓았는지 살펴보고 발표해 보자.

3. 한국어의 음운적 특성으로 인해 외국인 학습자가 겪을 수 있는 오류나 실수에는 무엇이 있을지 생각해 보자.

4. 한국어의 문법적·어휘적 특징을 기준으로 삼아 이를 다른 언어와 비교·대조해 보자.

# 3강 한글과 언어문화

## 1  한국어의 문자

### 1) 한글 창제 이전의 문자 생활

문자는 주로 음성 언어를 기록하는 데 사용하는 시각적인 기호 체계를 말한다. 인간은 매우 오래전부터 문자를 사용해 왔는데, 이는 무엇보다도 음성 언어가 가진 시간적·공간적인 제약을 보완하기 위해서였다. 초기의 문자는 현재와 같이 잘 구성된 체계를 갖추지 못하고 간단한 그림이나 도형으로 어떤 사태를 표현했지만, 점차 체계를 갖춘 다양한 문자로 발달해 왔다. 인간은 문자를 사용하면서 고도의 문명을 창조하고 전승하게 되었다.

한국인들도 오래전부터 문자를 사용해 왔다. 한국인들이 최초로 접한 본격적인 문자는 고대 동아시아의 유일한 문자였던 한자(漢字)였다. 한자는 수천 년 전, 늦게 잡아도 기원을 전후로 한국에 들어왔으며, 지배 계층들은 과거와 현재의 통치 행위를 기록하는 데 한자를 사용하였다.

한자의 사용은 한국인들의 문자 생활에 대한 최소한의 갈증을 해소해 주기는 했지만 한자로는 한국어를 완전하게 표기하기 어려웠다. 한자는 원래 중국어를 표기하기 위한 문자이므로, 이를 이용해서 한국어를 표기하는 것은 한계가 있을 수밖에 없었다. 한국어는 중국어와 음운, 음절 구조, 단어 구조, 문장 구조 등이 다르기 때문에 한자로는 한국어를 완전하게 표기할 수 없었던 것이다.

그렇지만 한국인들은 한자로 한국어를 표기하기 위해 노력하였고, 이러한 노력의 결과로 차자 표기법이 만들어졌다. 차자 표기법은 다른 문자, 특히 한자를 빌려 한국어를 표기하는 방식이다. 차자 표기는 처음에는 지명, 인명, 관직명 등과 같이 고유 명사를 표기하는 데 사용되다가 점차 완전한 한국어를 표기하는 단계로 발달하였다.

한자로 한국어를 표기하는 차자 방식에는 한자의 음을 빌려 쓰는 음차와 한자의 새김 내지 훈(訓)을 빌려 쓰는 훈차가 있었다. 음차(音借)는 한국어 '고'를 나타내기 위해 한자의 의미와는 무관하게 '古'를 발음 기호처럼 사용하는 방식이다. 한자의 음을 가지고 다른 언어를 표기하는 방식은 중국에서도 이전부터 있었으며, 현재도 중국에서는 'Paris'를 표기하기 위해 '巴黎'를 쓰고 'Mcdonald'를 표기하기 위해 '麦当劳'를 쓰는 등 외국어를 표기하는 데 음차를 사용한다.

한편, 훈차(訓借)는 한국인들의 독창적인 표기 방식이었다. 한자가 유입되고 시간이 흐르자 각각의 한자는 어느 정도 고정된 훈을 가지게 되었는데, 이를 한국어 표기에 활용한 것이다. 예를 들어 신라어에서 '水(물수)'라는 한자를 그 음인 '수'와 무관하게 '믈'이라는 한국어를 표기하기 위해 사용한 것이다. 고려 시대 의학서인 『향약구급방(鄕藥救急方)』에 나오는 '牛耳菜'역시 훈을 이용하여 한국어 '쇠귀ᄂ믈', 즉 '쇠귀나물'을 표기한 것이다.

차자 표기의 종류는 이두, 향찰, 구결로 나누어 볼 수 있다. 먼저 이두 표기를 살펴보자.

(1) 壬申年六月十六日 二人幷誓記 天前誓 今自三年以後 忠道執持 過失无誓
(임신년 6월 16일에 두 사람이 함께 맹세하여 기록한다. 하늘 앞에 맹
세한다. 지금부터 3년 이후 충도를 지녀서 과실이 없기를 맹세한다.)

(1)은 비교적 초기 이두 자료인데, 552년 혹은 612년에 지어진 것으로
알려진 '임신서기석' 비문 내용의 일부이다. 조사나 어미 등이 차자 표기
로 나타나지는 않지만, '天前誓, 今自' 등의 어순이 한문이 아니라 한국어
에 가까워 우리말 문장을 적은 이두의 초기 모습을 보여 준다. 이후 이두
는 법률이나 공문서 등 실용적인 영역에 주로 쓰이면서 19세기 말까지 부
분적으로 사용되었다.

향찰은 본격적으로 우리말을 온전하게 적기 위해 고안된 방식이었다.
향찰이라는 명칭은 이 표기가 향가(鄕歌)를 표기하는 데 주로 쓰였기 때문
이다. (2)는 향가 〈처용가(處容歌)〉(김완진 해독)의 1행이다.

(2) 東京明期月良 夜入伊遊行如可
(東京 볼기 드라라 밤 드리 노니다가)

향찰은 우리말을 본격적으로 표기하기 위한 것이었지만 그만큼 더 복
잡하고 어려웠기 때문에 고려 초까지 사용되다가 더 이상 쓰이지 않게 되
었다.

구결은 불교나 유교 경전 따위의 한문 원문을 해독할 때 문법적 관계
를 표시하기 위해 한문 어구 사이에 덧붙이는 한국어 조사나 어미 요소를
가리킨다. 구결은 한자, 한글, 한자 약자 등 다양한 방식이 사용되었다.

(3) 가. 天地之間萬物之中厓 有人伊 最貴爲尼…

　　나. 學而時習之하니 不亦說乎아라.

　　다. 復ᄼ丁 有ᅡᄾ 五道ᄂ 一切衆生ᅵᄼ
　　　　(또한 五道ㅅ 一切衆生이 이시며)


(3가)는 조선 시대에 서당에서 사용된 교재인『동몽선습(童蒙先習)』의 구결문으로, 한자 구결의 예이다. (3나)는『논어(論語)』첫 구절의 구결문으로, 한글로 구결을 단 예이다. (3다)는『구역인왕경(舊譯仁王經)』의 구결문으로, 약자를 사용한 구결이다. 구결은 흔히 인쇄된 책의 좁은 자간에 붓으로 기입하는 경우가 많았으므로 정자보다 약자를 쓰는 경우가 많았다.

(3가), (3나)는 음독 구결, (3다)는 석독 구결이다. 음독 구결은 한문 원문 구절 사이에 구결만 다는 것이고, 석독 구결은 한문 원문에 우리말로 해석하는 순서까지 표시하여 완전한 우리말 번역이 되도록 해 주는 방식이다. (3다)는 세로쓰기를 한 원문을 가로쓰기한 것인데, 원래대로 세로쓰기를 했다면 오른쪽에 구결을 단 부분만 모두 읽은 뒤 ‘ 、’과 같은 역독점을 만나면 위로 올라가 건너뛴 부분의 왼쪽에 구결을 단 부분을 읽는다. 즉, (3다)는 오른쪽에 구결이 있는 ‘復ᄼ丁 五道ᄂ 一切衆生ᅵ’를 읽고 나서 ‘一切衆生ᅵ’ 뒤의 역독점을 보면 위로 올라가서 ‘有나ᄾ’를 읽는 것이다.

한국인들은 자국어를 표기하기 위해 이두, 향찰, 구결과 같은 방식을 고안하였다. 이러한 차자 표기법을 문자 체계로 정비하면 일본어를 표기하는 가나[假名]처럼 한국어를 표기하기 위한 문자로 발전시킬 가능성이 전혀 없는 것은 아니었다. 실제로 한국어의 약자 구결 방식은 일본어의 가나와 유사하여 가나에 영향을 주었을 거라고 짐작된다. 하지만 한국어의 경우 일본어와 달리 중성, 즉 모음의 수가 많고 종성 역시 적지 않아 가나와 같은 음절 문자를 만들기에 좋은 조건이 아니었다. 그리하여 한국인들은 새로운 방향의 문자화를 모색하였고, 새로운 문자인 한글이 창제되었다. 한글은 『세종실록(世宗實錄)』에 기록되어 있듯이 1443년(세종 25년)에 창제되었다. 한글은 자음 글자와 모음 글자를 따로 만든 음소 문자였으므로 한국어와 같이 복잡한 음절 구조를 가진 언어에도 쉽게 적용될 수 있었다.

한국인들은 한글 창제 이후에도 기존의 한문이나 차자 표기법을 완전히 포기한 것은 아니었다. 사대부 계층은 여전히 한문을 사용했고, 하급 관리를 중심으로 공문서 등에는 이두가 사용되었으며, 구결 역시 경전의 해석 등에 활용되었다. 한편 한글은 아동이나 여성을 대상으로 하는 편지글이나 소설, 수필 등의 문학에 쓰이는 등 점차 사용이 확대되어 갔다. 현재는 한글이 한국어 표기를 위한 주요한 문자로서의 지위를 가지게 되어 한국인의 문자 생활은 한글을 중심으로 이루어지고 있으며, 한자나 로마자 알파벳 등이 보조적인 문자로 활용되고 있다.

## 2) 한글의 창제 원리

한글은 매우 독창적이고 과학적인 문자로, '훈민정음'이라고도 부른다. 한글의 창제 원리는 『훈민정음(訓民正音)』(1446)이라는 책의 「제자해(制字解)」에 매우 자세히 설명되어 있다.

우선 초성자의 창제 원리에 대해 살펴보자. 초성자의 창제 원리는 크게 보면 발음 기관의 상형(象形)과 가획(加劃)이다. 먼저, 초성자 중 'ㄱ, ㄴ, ㅁ, ㅅ, ㅇ' 다섯 개의 기본자를 상형의 원리를 통해 만들었다.

| 상형<br>내용 | 혀뿌리가<br>목구멍을<br>막는 모양 | 혀끝이<br>윗잇몸에<br>닿는 모양 | 입 모양 | 이 모양 | 목구멍<br>모양 |
|---|---|---|---|---|---|
| 상형에 따른<br>기본자 | ㄱ | ㄴ | ㅁ | ㅅ | ㅇ |

앞의 표에서 볼 수 있듯 초성 기본자는 혀, 입, 이, 목구멍 등 소리를 낼 때 관여하는 발음 기관의 모양을 본떠 만들어졌다. 이는 조음 과정을 치밀하게 관찰한 결과이다. 이러한 발상은 다른 문자의 제작 과정에서는 발견하기 어려우며, 한글을 과학적이고 독창적인 문자로 평가하는 데 중요한 근거가 된다.

기본자를 상형으로 만든 후 기본자에 획을 더하는 과정, 즉 가획을 통해 나머지 글자들을 만들었다.

| 기본자 | ㄱ | ㄴ | ㅁ | ㅅ | ㅇ |
|---|---|---|---|---|---|
| 가획자 | ↓<br>ㅋ | ↓<br>ㄷ<br>↓<br>ㅌ | ↓<br>ㅂ<br>↓<br>ㅍ | ↓<br>ㅈ<br>↓<br>ㅊ | ↓<br>ㆆ<br>↓<br>ㅎ |

가획에는 획을 더하면 소리가 강해진다는 중요한 음성학적 의미가 담겨 있다. 'ㄱ'보다는 'ㅋ'이, 'ㄴ'보다는 'ㄷ'이, 'ㄷ'보다는 'ㅌ'이 강하다. 따라서 가획의 원리 역시 치밀한 음성학적 관찰이 없으면 생각하기 어려운 방식이다. 뒤에서 자세하게 언급할 것인바, 한글을 자질 문자라고 부르는 이유도 이 가획과 관련이 깊다.

초성자 중에서 상형과 가획의 원리로 설명하기 어려운 글자들을 흔히 이체자(異體字)라고 하며, 'ㆁ, ㄹ, ㅿ'이 이에 속한다. 이들은 형태적으로는 가획으로 볼 수 있지만 가획 이전의 글자에 비해 소리가 강해지지는 않아, 내용적으로는 가획의 원리에 어긋난다. 'ㆁ'은 'ㅇ'에, 'ㄹ'은 'ㄷ'에, 'ㅿ'은 'ㅅ'에 획을 더하여 만들었지만, 'ㆁ'과 'ㅇ'은 소리의 세기가 같고 'ㄹ'이나 'ㅿ'은 오히려 가획 이전에 비교해 소리가 더 약해졌다.

다음으로 중성자의 창제 원리에 대해 살펴보자. 중성자 역시 기본자는 상형의 원리에 의해 만들었다. 다만, 발음 기관을 본뜬 초성과 달리 성리학의 삼재(三才)인 천(天), 지(地), 인(人)을 본떠 만들었다. 초성자의 경우 소리가 날 때 각기 다른 발음 기관의 방해를 받으므로 이를 본떠 만드는 것이 가능했지만, 중성의 경우 발음 기관의 방해를 받지 않으므로 초성자와 동일한 방식으로 상형을 하기 어려웠을 것으로 추측된다.

| 상형 내용 | 하늘의 둥근 모양 | 땅의 평평한 모양 | 사람의 곧게 선 모양 |
|---|---|---|---|
| 상형에 따른 기본자 | ㆍ | ㅡ | ㅣ |

기본자를 제외한 나머지 중성자는 기본자인 'ㆍ, ㅡ, ㅣ'를 조합하여 만들었다. 조합에는 초출과 재출 두 가지가 있다. 먼저 초출은 기본자 두 개를 더하는 것으로, 이를 통해 초출자인 'ㅗ, ㅏ, ㅜ, ㅓ'를 만들었다. 'ㅗ'와 'ㅜ'는 'ㆍ'와 'ㅡ'가 합쳐져 만들어졌다는 점은 동일하지만 'ㆍ'의 위치에 따라 구분된다. 'ㅏ'와 'ㅓ'의 차이 역시 마찬가지이다. 재출은 초출자에 'ㆍ'를 더하는 것으로, 이를 통해 재출자인 'ㅛ, ㅑ, ㅠ, ㅕ'를 만들었다. 그리하여 초출자 앞에 반모음 'ㅣ(j)'가 결합된 이중 모음이 만들어진 것인데, 음성학적 관점에서 보면 재출자는 초출자 앞에 'ㅣ'가 결합되어야 하지만, 훈민정음에서는 'ㆍ'를 결합하여 이를 실현하였다.

훈민정음이 초성, 중성, 종성의 체계를 이루고 있으므로 종성을 만들 수도 있었을 것이다. 하지만 한글의 창제자는 초성과 종성이 자음으로 소리의 성질을 공유한다는 것을 잘 알고 있었다. 그리하여 종성을 따로 만들지 않았다. 「제자해」에서는 '종성부용초성(終聲復用初聲)', 즉 '종성은 다시 초성을 사용한다'는 설명으로 종성의 창제에 대한 설명을 대신하고 있다.

### 3) 한글의 특징

여기에서는 한글의 특징을 다른 문자와 비교하면서 논의해 보기로 하자. 인류가 처음 사용한 문자는 주변의 물건이나 자연 현상 등을 그린 그림 문자였다. 각각의 그림 문자가 추상화되고 특정한 단어를 대표하는 데 이르면 이를 상형 문자(象形文字)라 한다. 상형 문자가 발달하여 다양한 제자 방식으로 더 많은 문자가 만들어지면 문자 하나하나가 일정한 뜻을 나타내게 된다. 이것이 중국의 한자로 대표되는 표의 문자(表意文字)이다.

그런데 시간이 지나면서 문자로 표시할 사물이나 개념이 많아지면 수많은 문자를 기억하는 것이 어려워진다. 이를 극복하기 위해 제한된 개수의 글자로 뜻이 아닌 발음을 나타내는 문자가 출현하게 되는데, 이것이 표음 문자(表音文字)이다. 표음 문자에는 일본의 가나[假名]와 같은 음절 문자(音節文字)와 로마자 알파벳이나 한글과 같은 음소 문자(音素文字)가 있다. 음절 문자는 음절 단위가 문자가 되는 것이므로, 음절 구조가 복잡한 언어의 경우 표의 문자만큼은 아니지만 문자의 수가 많아 역시 사용에 불편함이 있었다. 음소 문자의 경우 자음과 모음을 따로 문자로 만들 수 있기 때문에 문자의 수가 훨씬 줄어든다는 이점이 있다.

그런데 한글처럼 음소를 이루는 자질이 반영된 문자를 자질 문자 (featural writing, 資質文字)로 보고, 문자 발달의 단계에 자질 문자를 따로 두기도 한다. 자질 문자는 영국 학자 제프리 샘슨(Geoffrey Sampson)이 오직 한글만을 지칭하기 위한 용어로 사용한 것이다. 'ㄱ-ㅋ, ㄷ-ㅌ, ㅈ-ㅊ' 등이 각각 여러 자질에서 차이가 있지만, 가획을 통해 '유기성(有氣性)'의 자질을 문자의 외형에 표시했다는 데서 착안한 개념이다. 실제 한글 자모는 자질을 반영하고 있기는 하지만 자질 각각이 문자로 만들어진 것은 아니므로 엄격한 의미에서는 자질 문자가 아니라 음소 문자이다. 그러나 자질 문자에 관한 설명은 한글이라는 문자의 체계성을 증명해 준다.

한글은 음소 문자이면서도 음절 단위로 모아쓰는 방식을 채택하고 있다. 세계의 대다수 음소 문자가 풀어쓰는 방식인 것과 비교할 때 상당히 특이한 일이다. 한글이 음소 문자이면서도 음절 단위로 모아쓰게 된 것은 한자(漢字)를 고려했기 때문으로 보인다. 한자가 음절 단위로 되어 있기 때문에 한글 역시 모아써서 한자와 조화롭게 사용하려는 의도가 있었던 것으로 추측된다. 모아쓰기 방식의 가장 큰 장점으로는 독서의 효율성을 들 수 있다. 음절 단위로 표기함으로써 독자가 여러 개의 음소를 한꺼번에 인식할 수 있어 독서의 속도가 빨라지는 것이다.

또한 현대 한국어의 표기법에서는 '꽃이, 꽃도, 꽃만'을 '꼬치, 꼳또, 꼰만'처럼 소리대로 적지 않는다. 이와 같이 '꽃'이라는 형태를 밝혀 표기하면, 글을 읽을 때 '꽃'을 파악하기 쉬워 독서와 효율성이 높아진다. 한글은 표음 문자임에도 표의 문자의 장점까지 가지고 있는 것이다.

지금까지 논의한 것처럼, 한글은 음소 문자이며, 문자에 자질이 반영되어 있기에 자질 문자라고 할 만한 특성도 가지고 있다. 아울러 음절로 모아쓰기 때문에 음절 문자의 특성도 있으며, 표기법까지 고려하면 표의 문자의 장점도 지닌다. 더 거슬러 올라가면 한글은 상형 문자와 마찬가지로 상형의 원리를 주요한 창제 원리로 삼고 있기도 하다. 이처럼 한글은 문자 발달 단계에서 나타나는 다양한 문자의 장점을 갖춘, 말 그대로 최고의 문자라 할 수 있다.

한글에 대해 칭찬하는 세계의 언어학자나 문자학자는 한두 사람에 그치지 않는다. 하워드 보스(Howard Vos)는 한글을 세계에서 가장 우수한 음소 문자라고 하였으며, 게리 레드야드(Gari Ledyard)는 한글은 그 무엇과도 비교할 수 없는 문자의 사치이며 세계에서 가장 진보된 문자라고 하였다. 플로리안 쿨마스(Florian Coulmas)는 한글에는 자질 문자적 특징이 있어 배우기가 쉽고, 음절 문자적인 특징이 있어 읽고 이해하는 데 편리하다고 평가하기도 하였다.

문명에 대한 탁월한 통찰이 담긴 여러 저서를 쓴 재러드 다이아몬드(Jared Diamond)는 한글에 대해 세종이 만든 28자는 세계에서 가장 훌륭한 알파벳이자 세계에서 가장 과학적인 표기법이라고 언급했다. 한글은 글자와 소리가 일대일로 대응된다는 점에서 로마자 알파벳보다 뛰어나며, 로마자 알파벳 등은 글자 모양만으로 자음과 모음이 구분되지 않지만 한글은 한눈에 구분된다는 것이다. 또한 발음 기관을 본떠서 만들었다는 점, 음소 문자이면서도 음절로 모아써서 음소 문자와 음절 문자의 양면성을 드러낸다는 점 등은 유례를 찾기 어려운 한글만의 특성이라고 하였다.


## 4) 한글 표기법

표기법은 특정 언어를 문자로 표기하는 방법 및 규칙 전반을 말한다. 현행 「한글 맞춤법」은 1933년 제정된 「한글 마춤법 통일안」의 정신을 계승하고 있다. 1443년 한글이 만들어진 이후 한글을 중심으로 한 한국어 표기법은 많은 변화를 겪어 왔다. 한국어 표기법의 차이는 '형태소와 형태소의 경계를 구분해서 분철하느냐 아니면 연철하느냐'의 문제와 '종성의 발음을 포함하여 음운 현상이 적용된 대로 표기하느냐 아니면 음운 현상이 적용되기 전의 형태로 표기하느냐'의 문제로 압축된다.

한글이 창제된 15세기의 표기법은 형태소의 경계를 구분하지 않는 연철과 8종성법을 비롯한 음운 현상을 반영한 표기가 원칙이었다.

(4) 가. ᄇᆞᄅᆞ매(ᄇᆞ름+애), 소ᄂᆞ로(손+ᄋᆞ로), 노ᄑᆞ시니(높-+-ᄋᆞ시니), 기픈(깊-+-은)

나. 빗과(빛+과), 닙마다(닢+마다), 깁고(깊-+-고), 닛다가(닞-+-다가)

다. 건ᄂᆞᆫ(걷-+-ᄂᆞᆫ), 난놋다(낟-+-놋다), 든노라(듣-+-노라)

다'. 걷ᄂᆞ니(걷-+-ᄂᆞ니), 낟노라(낟-+-노라), 듣ᄂᆞᆫ(듣-+-ᄂᆞᆫ)

(4가)는 '체언+모음으로 시작하는 조사'와 '용언 어간+모음으로 시작하는 어미'의 결합에서 연철의 모습을 보여 준다. (4나)는 체언이나 용언 어간의 종성을 'ㄱ, ㆁ, ㄷ, ㄴ, ㅂ, ㅁ, ㅅ, ㄹ'의 8개만 표기하는 이른바 8종성법을 보여 준다. (4다)는 비음화가 적용된 표기를, (4다')는 적용되지 않은 표기를 보여 준다. 비음화와 같은 음운 현상의 반영은 수의적이었지만 연철이나 8종성법의 채택을 고려하면 15세기 한국어의 표기법은 대체로 소리대로 적는 표음주의적 표기법에 가까웠다.

### 근대 한국어의 7종성법

15세기 국어까지 한국어는 종성으로 'ㄱ, ㆁ, ㄷ, ㄴ, ㅂ, ㅁ, ㅅ, ㄹ' 8개가 표기되는 이른바 8종성법이었다. 그러나 근대 한국어 시기에 이르면 'ㅅ'과 'ㄷ'이 발음상 구분되지 않아 종성 표기에 'ㄱ, ㄴ, ㄹ, ㅂ, ㅁ, ㅅ, ㆁ' 7개 글자가 사용되는 7종성법이 적용된다. 발음상으로는 이미 16세기를 거치면서 종성의 'ㅅ'이 'ㄷ'으로 발음되었지만 표기상으로는 오히려 'ㄷ' 대신 'ㅅ'을 사용했다. 그리하여 근대 한국어 시기에는 '믿고, 받고' 등을 '밋고, 밧고'와 같이 표기하는 경향이 상당히 강했다. 결과적으로 표기상의 7종성에 속하는 자음 목록과 발음상의 7종성에 속하는 자음 목록은 서로 달랐다.

물론 15세기 한국어에서도 예외적으로 표음주의 표기법을 따르지 않는 경우도 있었다. '눈에(눈+에), 몸앳(몸+앳), 안아(안-+-아), 담아(담-+-아)'와 같은 분철 표기가 나타나기도 했으며, '곶니피(곶닢+이), 깊거다(깊+-거다)'처럼 8종성법의 예외가 나타나기도 했다. 이는 표의주의적 표기법으로 볼 수 있다. 15세기에 나타나는 표의주의적 표기법은 주로 세종이 관여한 『월인천강지곡(月印千江之曲)』이나 『용비어천가(龍飛御天歌)』에 많다. 이에 대해 세종이 새로 창제한 문자의 표기법으로 표음주의 표기법과 표의주의 표기법을 모두 고려하다가 결국 표음주의 표기법의 손을 들어 준 것으로 해석하기도 한다.

연철과 8종성법은 15세기 이후 다소 다른 모습을 보인다. 연철은 '님금미(님금+이), 잡바(잡+-아)'와 같은 중철 표기를 거치면서, 1933년 「한글 마춤법 통일안」이 제정되는 시기에 이르기까지 점차 분철로 진행되었다. 연철에서 분철로의 진행은 체언이나 용언 어간을 조사나 어미에서 분리해서 인식하려는 경향에서 나타난 자연스러운 현상으로 해석된다. 8종성법의 경우 종성 'ㄷ'과 'ㅅ'이 통합되어 7종성법으로 바뀌었을 뿐, 「한글 마춤법 통일안」이 제정되어 모든 종성이 표기되는 시기까지 유지되었다.

현재의 한국어 맞춤법은 '체언+조사'와 '용언 어간+어미'의 연결에서 분철이 많으며 받침에서도 소리 나는 대로만 적지 않는 표의주의 표기법에 가깝다. 이는 형태소의 기본형을 밝혀 적으려는 주시경의 '본음(本音)'의 이론을 받아들인 결과로 보인다. 물론 '지으니(짓+-으니), 더워(덥+-어)'에서 볼 수 있듯이 불규칙 활용 등에서는 밝혀 적기에 예외를 가진다.

현행 한국어 표기법이 표의주의에 기울어진 측면이 있지만 그 정신은 표음주의와 표의주의의 조화를 추구하고 있다. 이를 잘 보여 주는 것이 5)에서 살펴볼 「한글 맞춤법」 제1항이다.

## 5) 「한글 맞춤법」 제1항

다음은 「한글 맞춤법」 제1장 총칙의 제1항이다.

제1항 한글 맞춤법은 표준어를 소리대로 적되, 어법에 맞도록 함을 원칙으로 한다.

이 조항의 해설에는 '소리대로'를 기본 원칙으로 하되, '어법에 맞도록'도 고려한다고 설명하고 있다. 즉, '꽃이[꼬치], 꽃도[꼳도], 꽃만[꼰만]'의 형태 '꽃'을 밝혀 적음으로써 쉽게 뜻을 파악할 수 있도록 한 것이다. 한편 '지으니(짓+-으니), 더워(덥+-어)'처럼 불규칙 용언의 경우 어간의 형태를 밝혀 적으면 실제 소리와 표기가 지나치게 달라지므로 이를 반영하지 않았다.

음소 문자의 표기는 음소를 시각화해 주는 것이라는 관점에서 표음주의를 많이 반영한 현행 표기법에 대한 비판이 꾸준히 제기되어 왔다. 하지만 최근에는 의미를 파악하기 쉽고 독서에 효율성이 높은 것이 이상적인 표기법이라는 방향으로 인식이 변화하고 있다. 다시 말해 '꽃이, 꽃도, 꽃

### 적용하기
### 한국어 표기법의 원리

한국어를 배우는 외국인 학습자에게 한국어 표기법은 상당히 어렵게 느껴진다. 한글 자모가 익숙하지 않은 것은 물론, 자모를 음절 단위로 모아 놓은 것 역시 로마자 알파벳을 음소 단위로 나열하는 서양인들의 표기법과 다르기 때문이다. 또한 표음주의와 표의주의 표기법의 절충 역시 이해하기 어려워한다. 고급 학습자의 경우 어느 정도 한국어 표기법을 익힌 상태이므로 표의주의와 표음주의의 절충과 관련한 원리를 쉽게 설명해서 원리적으로 접근할 필요가 있다. 즉, 한글이 음소 문자이므로 소리대로 적되, 독서의 효율성을 위해 필요한 경우 형태를 밝혀 준다는 점을 이해시켜 원리를 알게 해 주는 것이 필요하다.

만'과 같이 형태를 밝혀 주는 표기법이 표기에 다소 어려움이 있더라도 읽기에는 효율적이므로 좋은 표기법이라는 것이다. 표기를 하는 사람이 한 사람이라면 그것을 읽는 사람은 다수인 경우가 많다는 점도 독자 위주의 표기법이라 할 수 있는 표의주의 표기법을 지지하는 근거가 된다. 이를 고려하면 표음주의와 표의주의를 조화롭게 적용하고자 한 현행 한국어 표기법의 규정은 매우 이상적인 것이라고 할 수 있다.

## 2 한국어의 언어문화

### 1) 한국어의 언어 관습

구어(spoken language)와 문어(written language)는 메시지를 전달하는 매개에 따라 구분된다. 구어는 주로 음성을 통해, 문어는 문자를 통해 메시지를 전달한다. 구어는 발화와 동시에 소멸되고(즉시성), 비문법적인 표현과 문장 성분의 생략이 있으며(축약 현상), 반복되는 표현이 많다는(잉여성) 특징이 있다. 또한 구어를 사용하는 화자는 청자의 반응을 보면서 말의 내용을 달리하거나 손짓, 몸짓, 억양, 표정 등의 부수적인 표현 방법을 사용하여 의사를 전달한다(비언어적 의사소통의 수반).

이 중 비언어적 의사소통에는 '준언어(paralanguage)'라는 요소가 있다. 준언어란 의사소통에 수반되지만 언어적 메시지와는 분리되는 강세, 속도, 목소리 크기, 억양, 장단, 휴지 등의 음성적 자질을 말하며, 화자의 느낌이나 태도를 이해할 수 있는 단서가 된다. 여기에서 다루는 '한국어의 언어 관습'은 주로 구어, 그리고 구어 중에서도 준언어를 중심으로 살펴볼 것이다. 언어 관습으로 포괄할 수 있는 범위는 매우 넓으며 의사소통이 유지되는 한 집단성이나 공통성뿐 아니라 개별성 내지는 다양성도 두루 인정하기 때문에, 언어 관습의 모든 요소를 추출해 낸다는 것은 어려운 일이다. 다만 모국어 화자가 아닌 외국인 화자의 입장에서 볼 때, 한국어의 준언어에는 한국어의 언어 관습이 특히 두드러지게 나타나므로 여기에 초점을 맞춰 살펴보려 한다.

다시 '준언어'의 개념으로 돌아가 보자. 학자에 따라 언어적 요소와 비언어적 요소, 그리고 준언어 간의 관계를 다르게 설정한다. 예컨대 해리슨

(Harrison, 1973)이나 냅(Knapp, 1980) 등은 준언어를 비언어적 요소의 하위 항목으로 분류하였다. 반면 루벤과 스튜어트(Ruben & Stewart, 1998) 등은 준언어를 언어적 요소의 하나로 보았다. 또한 최근 몇몇 학자들은 준언어를 언어와는 다른 독립된 의사소통의 요소로서 부각하여 다루기도 한다.

준언어가 반드시 말과 병행하여 나타나는 것은 아니다. 예를 들어 질문에 대답을 하지 않고 휴지를 둠으로써 주저하거나 불만이 있다는 느낌을 전하는 것도 일종의 '메시지 전달'이 된다. 웃음소리, 하품 등 말과 동시에 나타나지 않는 소리도 의도적 또는 비의도적으로 의미를 전달한다.

사실 한국어의 준언어와 관련한 연구 결과는 그다지 많지 않고, 통념적(通念的) 수준에서 다루어지고 있어 앞으로 더 많은 연구가 필요하다. 그중 한국어교육과 관련된 연구 영역에서는 고급 수준의 학습자들이 증가하고 정확하고 풍부한 의사소통에 대한 학습 요구가 늘어나면서 억양, 강세, 휴지, 속도 등에 관한 다양한 연구가 진행되고 있다. 아래에서는 준언어로서 휴지와 주저 현상을 간략히 살펴보고, 또 언어 관습이 비교적 여실하게 드러나는 완곡 어법과 호칭어를 덧붙여 다루면서 한국어에서 드러나는 관습적 특성들을 살펴보도록 하겠다.

① 휴지

일반적으로 발화 과정에서 발생하는 휴지(pause)는 '발화를 계속 유지하기 위해 짧은 호흡을 하는 생리적 활동'으로 정의된다. 즉, 휴지는 소리를 내지 않는 과정이나 시간적인 구간을 의미한다. 그러나 말소리가 존재하지 않는 구간이라고 해서 언어적 기능을 담당하지 않는 것은 아니다. 의사소통 과정에서 분절음이 담당하지 못하는 역할을 오히려 휴지가 담당하는 것으로 볼 수 있다.

　담화상의 휴지는 발화를 바로 잇지 않고 아무 행위를 하지 않는다는 점에서 보면 아주 소극적인 대화 행위로 간주할 수도 있다. 그러나 휴지가 말차례 구성 단위(Turn constructional units: TCU)나 순서 교대의 교체 적정 지점(Transition relevance place: TRP)에서 나타날 경우, 이러한 휴지는 분명 '의미'가 있으며 화자는 휴지를 사용함으로써 특정한 표현 효과를 얻는다. 대화 참여자의 순서 교대 체계 내에서 나타나는 휴지의 기능에 대해, 레빈슨(Levinson, 1983)은 다음의 세 가지로 나누어 분석한 바 있다.

　첫째, 화자가 다음 화자를 지정하지 않았을 때, 다른 화자가 다음 화제를 이어가기 전에 나타나는 상황의 '사이(gap)'.
　둘째, 다음 화자가 말차례를 가지기 전의 교체 적정 지점에서 나타나는 '시간 경과(lapse)'.
　셋째, 현재 화자가 다음 화자를 선택하여 순서 교대가 일어날 때, 다음 화자가 가지는 '의미 있는 침묵'.

　다시 말해 휴지는 우리가 언어로 나누는 다양한 이야기 사이에 존재하는 유의미한 말차례로서, 일정한 담화적 기능을 가지는 대화의 한 성분이라 할 수 있다. 휴지의 유형이나 기능은 담화 상황이나 담화 효과의 측면과 밀접하게 관련되는데, 예를 들어 화자의 말차례 구성 단위나 순서 교대의 교체 적정 시점에서 나타나는 휴지는 '정보단위 구분, 말차례 넘기기, 말차례 들어가기, 말차례 탐색하기'와 같은 다양한 기능을 가진다. 또한 휴지는 정서를 환기하거나 상대방을 배려하는 효과를 가지기도 하며, 대화 진행을 침체시키거나 대화의 분위기를 진지하게 하기도 하고, 대화 진행에 협력적인 분위기를 조성하기도 한다.

이러한 휴지의 기능은 한국어에서도 마찬가지이다. 그러나 언어 관습이라는 차원에서 보면, 한국어에서는 특히 화자가 대화의 상대와 어떤 관계인지(친밀한 정도)에 따라, 또 담화가 구성되는 상황이나 장소가 공적인지 사적인지(상대에게 말하기 부담을 느끼는 정도)에 따라 휴지의 의미가 다르게 나타나기도 한다. 예를 들어 한국인의 경우에는 가족처럼 친밀한 관계라 하더라도 어른의 물음에 대답하지 않고 시간을 경과시키거나 의미 있는 침묵을 두는 것은 적절하지 않다고 생각하며, 동시에 상황의 사이를 전혀 주지 않거나 중간에 개입하는 것 역시 적절하지 않다고 여긴다.

② 주저

주저(hesitation)는 '음…, 저…, 어…'와 같은 잉여적 표현을 뜻한다. 문어에서는 군더더기일 수 있겠지만, 구어에서는 말을 시작하겠다는 신호를 보내거나 대화 내용을 정리할 수 있는 여유를 제공하는 기능을 하여 의사소통에서 효과적으로 작용하기도 한다.

대체로 구어에서, 문장의 내용에 직접적인 영향을 미치지는 않지만 문장 간의 응집성을 높여 전체적인 분위기나 대화의 최종적인 목적을 달성하고자 사용하는 표지를 가리켜 담화 표지(discourse mark)라고 한다. 담화 표지를 통해 청자는 화자가 할 담화의 구조나 내용을 쉽게 파악할 수 있고, 때로는 말하는 사람의 상태나 의도, 감정을 담기도 한다. 그중 주저하는 상황에서 나타나는 담화 표지들을 일컬어 '잉여적 담화 표지'라고 할 수 있다.

한국어에서 쓰이는 관습적인 잉여적 담화 표지의 예에는 '있잖아, 그건 그렇고, 아무튼'과 같이 화제를 제시하거나 전환 혹은 마무리하는 담화 표지, '아니, 글쎄, 자, 뭐, 그래가지고 말이야'와 같이 화자가 자신의 말을 강조 또는 약화하거나 말할 시간을 벌고 화자의 주의를 집중시키는 데 사용하는 담화 표지, '뭐'와 같이 불확실함, 시간 벌기, 주저함, 머뭇거림, 망설임, 책임 회피 등에 사용하는 담화 표지들을 생각해 볼 수 있다. 특히 접속 부사의 전후에 출현하는 '뭐'는 '그래서 뭐 ~, 그러니까 뭐 ~, 뭐 근데 ~' 등과 같이 시간 벌기 기능을 주로 수행하는 경향이 있다. 한국어의 담화 표지를 다룬 연구 중에는 주저의 담화 표지들을 발견하여 정리한 것들이 있는데, 이 연구들에서는 말하는 사람이 화제를 결속시키는 기능적인 차원으로서 '시간 벌기'라는 유형이 있음을 지적하였다. 그리고 이와 관련하여 한국에서는 '자, 저, 이제, 뭐(야), 근까(그니까), 이케, 이, 그, 저, 이런, 그런, 저런, 어떤, 무슨, 거기, 저거, 어, 아, 에, 그래 가지고(구), 이런 거, 저런 거' 등의 잉여 담화 표지가 사용되고 있음을 제시하기도 하였다.

### ③ 완곡어법

완곡어법(euphemism) 혹은 완곡 표현이란, 말하거나 들을 때 불편함, 불쾌감, 충격 등을 줄 수 있는 표현의 부정적 어감을 완화시켜 드러내는 것을 말한다. 그간 완곡어법과 관련해서는 완곡어의 개념과 범주, 완곡어의 대상이 되는 내용, 완곡어의 표현 방식 등에 관한 연구가 이루어져 왔다.

한국어의 완곡어에 대한 연구는 대개 어휘 차원에서 이루어졌다. 이 중에서는 단어로 된 완곡어와 구나 문장 차원의 완곡 표현을 구분하여 설명하는 연구도 있다.

단어 차원의 완곡어로는 먼저 '임신, 배설, 여성의 생리 현상, 성관계' 등 사람들이 직접적인 언급을 피하거나 꺼리려는 대상에 대한 것이 있다. 이들은 금기어(禁忌語, taboo word)의 성격을 가진다. 그리고 '질병이나 결함 또는 장애를 가진 사람, 비하를 받는 직업을 가진 사람, 연로(年老)한 사람' 등 특정한 사람을 대상으로 한 완곡어도 있는데, 이러한 단어는 그 사회의 문화적인 영향을 받아 형성된 것이다.

문장 차원의 완곡 표현은 부정적으로 들릴 수 있는 표현들을 완화시키는 것이다. 상대방에 대한 비난, 요청, 명령, 거절, 추궁 등 화자가 청자에게 직접 부담을 주는 것을 완화시키려는 의도에서, 화자의 행위 자체를 청자에게 부드럽게 전달하려는 의도에서, 또는 제3자에 대한 내용을 직접적으로 언급하는 것을 피하고 에둘러 전달하려는 의도에서 나타난다. 좀 더 자세히 살펴보면, 문장 차원의 완곡 표현은 '-ㄴ다면/는다면, -(으)면, 혹시'와 같은 가정(假定)과 관련된 어미나 단어를 활용하여 직설적 표현을 완화하는 동시에 체면 위협(face-threaten)의 정도를 낮추는 기능을 하는 표현을 사용한다. 여기에 더하여 희망과 관련된 표현인 '-(으)면 좋겠다, -(으)면 하다, -기를 바라다'와 같은 구문들을 활용하여 화자의 생각을 완곡하게 표현하기도 하며, 추측과 관련된 표현인 '-(으)ㄴ/는 것 같다, -나 보다'와 같은 구문을 써서 청자의 의견이 화자와 다를 수 있음을 사전에

### 문장 차원의 완곡 표현

문장 차원의 완곡 표현의 사례는 매우 다양하다. 완곡 표현은 의사소통에 관계된 사람, 즉 청자, 화자, 제3자가 모두 대상이 될 수 있는데, 아래에서는 각각의 사례를 간단히 제시한다(김미형, 2000에서 일부 수정).

(1) 청자 중심의 완곡 표현
 • 도와줘! → 바쁘지 않으면, 좀 도와줄래?
 • 이것 좀 해 주세요. → 이것 좀 해 주셨으면 좋겠어요.
(2) 화자 중심의 완곡 표현
 • 그거 못하겠어요. → 제가 하기 힘들 것 같아요.
 • 그 이야기는 듣고 싶지 않아. → 그 이야기 나중에 들으면 안 될까?
(3) 제3자 중심의 완곡 표현
 • 영식이한테 하라고 시키지 그래. → 영식이한테 좀 부탁하지 그래.
 • 그 사람 성격이 까다로워. → 그 사람 성격이 좀 세심한 데가 있지.

배려하기도 한다.

모국어 화자들은 대체로 사회생활이나 주변에서 나타나는 언어생활을 통해 완곡어법을 자연스럽게 터득한다. 그러나 외국어로서 한국어를 배우는 학습자들에게 한국어의 완곡어법을 '가르쳐서' '맥락에 맞게' 쓰도록 하는 일은 상당히 어렵다. 현재 한국어교육에서는 이러한 완곡 표현들을 가정, 희망, 추측 표현 등의 문법·표현형으로 요목화하거나 거절하기, 요청하기 등과 같은 화행 교육으로서 제시하고 있다. 그러나 단순히 구문을 가르치거나 짧은 대화문을 통해 용례를 보여 주는 것만으로는 학습자가 완곡어법의 작동 기제나 심리적 태도를 이해하고 모국어 화자처럼 사용하기 어렵다. 그렇기에 완곡어법을 포함한 사회언어학적 능력은 어느 언어이든지 간에 간단히 습득되지 않으며, 실제 맥락에서 직접 경험함으로써 서서히 세련되어지는 것이다. 또한 상황에 따라서는 직설적인 표현을 일종의 사회언어학적인 전략으로 볼 수도 있기 때문에 이를 과정이자 현상으로서 이해하는 것이 중요하다.

④ 호칭어

호칭어(address terms)란 화자가 상대방과 말을 하는 동안 그 상대방을 부르기 위해 사용하는 어구 또는 표현들을 뜻한다. 호칭어는 한 개인이 다른 사람들과의 관계 속에서 갖는 사회적 위치를 상징적이고 압축적으로 드러낸다. 이렇듯 호칭어는 화자와 대화 상대방의 지위(status)가 쉽게 식별되는 표지이기 때문에 미묘한 역학 관계가 개입될 수 있다.

그런데 호칭어가 대화에서 어떻게 나타나는지를 면밀하게 살펴보면, 상대방을 부르는 경우만 있는 것이 아님을 알 수 있다. 나 또는 상대방이 관계된 대상을 가리키기도 하고, 제3자를 가리킬 때도 있는 것이다. 일상적으로는 호칭어의 대상을 크게 구분하지 않지만, 학술적으로는 대상에 따라 호칭어를 두 갈래로 나눈다. 첫 번째는 호칭(呼稱)으로, 화자가 대화 상대방을 부르는 말('부름말')이다. 두 번째는 지칭(指稱)으로, 화자가 대화 중에 자신이나 대화 상대방 또는 제3자를 가리키는 말('가리킴말')이다. 예컨대 여성 기혼자가 남편을 언급할 때, '여보' 등 남편을 직접 부르는 말이 있는가 하면 '바깥사람' 등 다른 사람에게 자신의 남편을 얘기하기 위해 쓰는 말이 있는 것이다. 강소산·전은주(2013)에서는 한국어에서의 호칭과 지칭의 유형에 대해 ① 가족형 호칭·지칭(예 할아버지, 언니), ② 이름형 호칭·지칭(예 현우 씨, 민정아), ③ 대명사형 호칭·지칭(예 너, 우리), ④ 직함형 호칭·지칭(예 과장님, 최 대리), ⑤ 일반 명사형 호칭·지칭(예 학생, 손님), ⑥ 자녀 이름 매개형 호칭·지칭(예 상윤이 아빠, 지민이 엄마), 그리고 호칭에 한정된 ⑦ 주의 환기형 호칭(예 여기요, 저기요) 등 일곱 가지로 소개한다.

한국 사회에서 호칭과 지칭의 문제는 대단히 복잡하고 어렵다. 자녀가 있을 경우 자녀의 이름으로 호칭과 지칭을 쓰기도 하고, 세대나 연령에 따라 많이 쓰는 호칭어가 다르기도 하며, 시간이 흐르면서 어떤 호칭어들은 차츰 쓰지 않게 되기도 한다. 실제로 모국어 화자들도 한국어에서 쓰이는 호칭과 지칭에 대해서 자세히 알지 못하는 경우가 허다하다. 특히, 일가친척을 가리키는 매우 다양하고 촘촘한 어휘들은 대가족이 한집에서 함께 사는 형태가 드물어지고 친척이 모두 모이는 기회도 줄면서 상당수가 사라지고 있다.

한편, 가족 호칭어가 비가족 청자에게도 사용되는 '의사 가족 호칭(疑似家族呼稱, fictive kinship term)'이 빈번하게 쓰이는 것도 한국어에 널리 퍼진 현상이다. 외국인의 입장에서는 가족이 아닌 청자에게 '언니, 오빠,

이모, 삼촌'과 같은 가족 호칭을 사용하는 것이 상당히 독특하게 느껴진다. 물론 이렇게 가족 호칭어를 비가족 청자에게 쓰는 현상이 한국어에만 나타나는 것은 아니기 때문에 비교언어학적인 관점에서 보아도 흥미로울 것이다.

## 2) 한국어의 관용 표현

관용 표현(idiomatic expression)은 둘 이상의 단어가 고정적으로 결합하여 새로운 의미를 만들어 내는 경우, 그러한 단어 구성을 이르는 말이다. 예컨대 한국어에서 '발이 넓다'고 하면, '발'과 '넓다'의 두 뜻이 합쳐져 발의 면적이 넓다는 뜻으로 쓰이지 않고 '아는 사람이 많다'는 관용적 의미로 사용되며, 대부분의 한국어 사용자는 그 뜻을 이해한다.

관용 표현은 다시 속담과 관용구로 나뉜다. 학자에 따라 둘의 구분 기준이 조금씩 다르고 두 개념 사이에 중첩되거나 넘나드는 것이 적지 않지만, 국립국어연구원의 『《표준국어대사전》 편찬 지침』(2000)에서는 속담과 관용구를 다음과 같이 구별하도록 하고 있다.

속담은 교훈이나 풍자를 담은 어구로, 관용구가 단순히 비유의 기능을 가지는 것에 비해 속담은 풍유나 해학적 요소들이 들어가 있다.

가) 형태적 차원: 속담의 형식은 관용구의 형식에 비해 대체로 더 길고 문장의 형식을 갖추고 있으며 운율적인 형식을 갖고 있다. 자수율은 대체로 3·3조, 4·4조, 5·5조, 3·3·5조 등의 구조가 일반적이다.

나) 통사 구조: 속담은 비교적 일정한 구조적 틀을 가지고 있으며, 문맥 내에서 다른 성분들과 융화되지 못하고 두드러지는 반면, 관용구는

문맥 내에서 자연스럽게 녹아들어 있다. 단, 속담의 일부가 굳어져 관용구가 되기도 한다. (예 닭 잡아먹고 오리발 내밀다. → 오리발 내밀다)

다) 의미론적 차원: 속담은 축자적(逐字的)인 해석을 통해서 관용 의미를 유추해 내기가 쉬우나, 관용구의 경우는 관용성의 정도에 따라서 축자 의미와의 유연성이 다르긴 하지만 속담보다는 의미를 유추해 내기 쉽지 않다. 또 속담은 우리의 일상적인 문맥에서 축자적인 의미로 쓸 기회가 드물지만, 관용구의 경우는 축자적인 의미 그대로 쓸 기회가 많다.

라) 수사적 차원: 속담은 현실적인 표현이 대부분이지만, 관용구는 과장된 표현이 많다.

마) 화용론적 차원: 속담은 실제 발화상에서도 어떤 고정된 틀을 가지거나 직유나 인용 형식과 함께 쓰인다. 반면에, 관용구는 문장에 자연스럽게 녹아들어 있다. 즉, 속담은 그 자체가 하나의 비유를 나타내기보다, '속담에 ○○는 ○○라 했으니 <u>○○를 조심해라</u>' 또는 '속담에 ○○는 ○○라더니 <u>네가 바로 ○○로구나</u>'와 같이 밑줄 친 부분의 제3의 언어적 상황을 유도하는 보조적 자극제 역할을 하는 경우가 대부분이다. 따라서 위의 경우 인용된 속담 부분을 제외하더라도 문맥상 결정적 파격은 일어나지 않는다.

① 속담

속담(proverb)은 그 자체로 의미와 체계를 지닌 고도의 비유적 언어이다. 속담 안에는 그것을 생산하고 사용하는 공동체의 정서, 가치관, 세계관 등이 담겨 있다. 그렇기 때문에 비모국어 화자에게 한국어 속담은 용례와 사용의 측면도 중요하지만, 한국인의 생활문화와 세계관을 이해하기 위한 재료로서의 중요성이 더 크다고 할 수 있다. 그렇다면 한국어교육에서 속담은 어떻게 활용되고 있을까? 외국인을 대상으로 한 한국어 교재에 나타난 한국 속담의 제시 방법이나 교육 방법 등을 두루 살펴보면 크게 세

가지 방향으로 나타난다.

첫째, 속담을 문법교육과 연계시키는 것이다. 예를 들어 인용 표현을 지도하는 데 속담을 활용하는 경우가 많다. '속담에 ○○는 ○○라 했으니 ○○를 조심해라'와 같이, 속담은 인용 형식과 함께 쓰인다는 화용론적 특성을 갖고 있기 때문이다.

이러한 특성 때문에 한국어 학습자가 실제 의사소통 상황에서 속담을 활용하려면, 교재에서 제시된 구나 문장 형식을 변형하여 사용해야 한다.

(5) 가. 소문난 잔치에 먹을 것 없다고/없다더니/없다는 말이 있지만, 아무튼 진짜 실망이다.

　　나. 낮말은 새가 듣고 밤말은 쥐가 들어요. 말조심하세요.

　　다. 아이고, 고래 싸움에 새우등 터졌구나. 힘들었겠다.

(5가)에서는 '-다고, -다더니, -다는 말' 등이 속담과 결합하여 사용하고 있다. 이처럼, 한국어교육 현장에서는 학습자들이 속담을 인용하는 데 필요한 문법·표현형에 익숙해지도록 지도할 필요가 있다(임은하, 2013). 또 (5나), (5다)에서 볼 수 있듯 속담을 사용할 때는 높임법, 시제, 양태에 맞게 어미를 적절히 바꾸는 것도 요구된다.

둘째, 어휘 및 비유적 의미에 대한 이해를 높이기 위해 속담을 활용하는 것이다. 속담에는 '낫, 서당, 풍월, 장날, 갓, 부지깽이' 등 전통 문화와 관련되어 있어 모국어 화자에게도 생소한 어휘가 빈번하게 나타난다. 설령 속담에 나오는 어휘들의 개별 의미는 알고 있더라도, 여러 어휘들이 결합하여 구성된 속담이 비유적인 의미를 갖는 경우에는 그 원관념과 보조관념을 둘러싼 지식을 이해해야 속담의 온전한 의미를 파악할 수 있다.

(6) 가. 떡 줄 사람은 꿈도 안 꾸는데 김칫국부터 마신다.

　　나. 금강산도 식후경이다. / 금강산 구경도 먹은 후에야 한다.


(6가)에서 '김칫국을 마신다'는 것은 떡을 먹기 전 입맛을 돋우려는 행위이다. 즉, 이 속담은 '해 줄 사람은 전혀 생각지도 않는데 미리부터 다 된 일로 알고 행동한다'는 의미로 쓰는 관용적 표현이다. 이 속담은 떡과 김칫국의 관계, '떡을 주는 행위'와 '김칫국을 먼저 마시는 것'이 비유하는

## 한국어 교재에 제시된 속담들

조현용(2007)의 연구에 의하면 중·고급 교재에서 속담 인용은 경희대(60개), 고려대(39개), 서울대(4개), 선문대(73개), 성균관대(58개), 신라대(36개), 연세대(138개) 등으로 나타났다. 이 중 2회 이상 중복된 속담은 91개이고, 가장 많이 중복된 속담은 '가는 말이 고와야 오는 말이 곱다'이다. 5회 이상 중복된 18개 속담 항목을 제시하면 다음과 같다.

| 8회 | 가는 말이 고와야 오는 말이 고운 법이다. |
|---|---|
| 7회 | 낮말은 새가 듣고 밤말은 쥐가 듣는다.<br>말 한마디에 천 냥 빚을 갚는다.<br>하늘의 별따기 |
| 6회 | 금강산도 식후경<br>발 없는 말이 천 리 간다.<br>우물 안의 개구리<br>원숭이도 나무에서 떨어질 때가 있다.<br>윗물이 맑아야 아랫물이 맑다.<br>천리 길도 한걸음부터 |
| 5회 | (떡 줄 사람은 생각도 않는데) 김칫국부터 마신다.<br>(말이란) 아 다르고 어 다르다.<br>그림의 떡(이다.)<br>백짓장도 맞들면 낫다.<br>세 살 적 버릇 여든까지 간다.<br>소 잃고/잃은 후에 외양간 고친다.<br>쥐구멍에도 볕 들 날이 있다.<br>호랑이도 제 말하면 온다. |

것 등을 두루 알아야 이해할 수 있다. (6나)와 같은 속담도 의미를 파악하기 위해서는 금강산에 관한 배경지식이나 비유를 알아야 한다.

셋째, 문화 이해를 중심으로 한 문화교육의 방법으로 속담을 활용하는 것이다. 속담에는 한국 고유의 문화상(文化相)이 반영되어 있다. 물론, 이러한 문화상에는 사고방식이나 생활양식이 변화하면서 현재에는 비판적으로 접근해야 할 것들도 존재한다. 특히 이관희(2017)에서 언급한 것처럼 숙명론적 태도(예 송충이는 솔잎을 먹고 살아야 한다)나 집단주의적 사고(예 팔은 안으로 굽는다), 교육관(예 귀한 자식 매로 키워라), 인간관계(예 열 번 찍어 안 넘어 가는 나무 없다) 등에 대한 속담은 가치관이 변화함에 따라 지금은 새로운 설명을 필요로 한다. 그러므로 속담 그 자체를 배우는 차원을 넘어, 그 속에 담긴 문화를 비판적으로 검토하고 오늘날에 요구되는 지혜를 고려하여 속담을 재해석하는 방향으로 속담을 활용할 수 있다. 또한 한국 고유의 문화상이 발견되는 속담을 패러디하여 현대적인 의미로 재생산하는 활동을 설계할 수도 있다(예 서당 개 삼년이면 풍월을 읊는다 → 식당 개 삼년이면 라면을 끓인다).

② 관용구

관용구(idiom)는 언어 내외적 조건을 갖춘 협의의 관용 표현을 대표하는 용어이다. 관용적인 단어, 구절, 문장을 모두 포괄하는 말로 쓰인다. 단어라 할지라도 '들은귀'라든지 '애타다'처럼 두 개 이상의 형태소가 합성되어 이루어지기 마련이고, 대체로 구절이나 문장으로 구성된다.

한국어의 관용구가 어떤 조건에서 어떻게 성립하느냐에 대해서는 설명이 조금씩 다르다. 이 책에서는 문금현(2002)의 논의를 바탕으로 하여 관용구의 성립 조건을 크게 언어 내적 조건과 언어 외적 조건으로 나누고,

각 조건마다 세 가지의 세부 조건을 붙여 살펴볼 것이다.

관용구가 언어 내적으로 성립하기 위해서는 첫째, 의미상 구성 요소의 합이 아닌 제3의 의미를 가져야 한다. 이는 앞에서 '발이 넓다'의 예를 들면서 설명한 바와 같다. 여기에서 의미적 유연성(有緣性, motivation)의 문제를 생각해 볼 수 있다. '산통을 깨다, 시치미를 떼다'와 같이 배경 이야기를 가진 관용 구절은 생성 초기에는 의미적 유연성이 비교적 유지되다가 차츰 약해진다. 그런데 '발을 빼다, 손을 대다'처럼 신체 관련 어휘를 구성 요소로 하는 관용구는 관용 의미 자체가 어느 정도 투명성을 가지기에 시간이 지나도 유연성이 지속된다.

둘째, 축자 의미와 관용 의미는 중의성을 띠기 때문에 축자적인 의미 그대로 해석되는 대응쌍을 가져야 한다. 이 말은 곧, '어깨에 힘이 들어갔다'에는 '거만한 태도를 보이다'라는 관용적인 의미 외에도 실제 물리적·의학적으로 어깨 부위가 긴장되어 있다는 의미도 가능할 수 있음을 뜻한다. '바가지를 긁다'와 같은 일부 관용구는 축자적 의미 대응쌍이 매우 어색하거나 이상할 수도 있으나, 이 경우에도 축자적인 의미 그대로의 해석이 불가능한 것은 아니다.

셋째, 관용구는 수사 기법으로서 비유 표현이며, 그중에서도 은유적 표현에서 시작하여 은유가 생명력을 상실한 '죽은 은유적 표현'에 해당한다. 따라서 비유적인 뜻과 보조 관념 사이에 존재하는 유연성이 불투명하지만, 아무런 비유적 추론의 과정 없이 언중들에게 관습적으로 이해된다. 문학 작품에서 볼 수 있는 '내 마음은 호수요'라든지 '수필은 난(蘭)이요 학(鶴)이다' 등은 기존의 관념을 새롭게 바꾸어 이어 붙인 살아 있는 은유이다. 반면 '피가 끓는다, 애간장이 녹는다'와 같은 관용적 표현은 은유법이기는 하나, 발생 당시의 신선함이나 생명감을 잃고 보편적으로 쓰이는 수

사법인 것이다.

한편, 관용구가 언어 외적으로 성립하기 위해서는 첫째, 공시적(共時的)인 조건으로서 넓은 지역에서 사용되는 광역성을 갖추어야 한다. 즉, 관용구는 한국어를 통용하는 지역을 아울러 널리 쓰이는 것이어야 하므로 일부 지역에서만 한정되어 사용되는 방언 관용구는 제외된다.

둘째, 마찬가지로 공시적인 조건으로서 많은 사람이 사용하는 대중성을 갖추어야 한다. 다시 말해 관용구는 특정한 시기를 살고 있는 해당 사회 전체 구성원에게 통용되는 표현이어야 한다. 그러나 이 대중성은 관용구의 절대적인 조건은 아니다. 예를 들어 '땡땡이를 치다'와 같은 은어적인 관용구나 '메가폰을 잡다'와 같은 전문어적 특성을 가진 관용구는 특수한 계층에서 만들어졌기 때문에 생성 당시에는 대중성을 가지지 못한다. 그러다가 점차적으로 대중성을 얻기도 하고, 대중성이 부족하더라도 그 분야에서는 보편적으로 사용하기도 한다.

셋째, 통시적(通時的)인 조건으로서 지속성과 역사성을 가지고 있어야 한다. 관용구는 어느 정도 일정 기간 지속적으로 사용되어 언중들의 의식 속에 확고하게 자리 잡은 표현이다. 이에 따라 역사적인 사건이나 고사, 민담 등에서 유래하거나 인간의 가장 기본적인 감정을 표현한 내용이 관용구로 생성되는 경우가 많다.

한국어교육에서는 한국어의 관용구를 학습자의 자국어나 다른 외국어의 그것과 비교해 볼 수 있다. 이를 통해 각각의 언어를 사용하는 언중들의 은유적 관념을 볼 수 있고, 신체나 사물에 대한 언어문화적 직관을 공유할 수 있기 때문이다. 예컨대 한국어에서 '눈길을 끌다'라는 표현이 영어에서는 '눈을 잡다(catch one's eye)'로 표현된다. 두 표현을 비교하면서 시선(視線)이라는 방향성이 외부에서 주어지느냐 혹은 주체가 능동적

으로 잡느냐는 등의 직관을 생각해 볼 수 있다. 또 한국어의 '눈이 없다'와 동일한 표현인 '눈이 없다(目がない)'가 일본어에서도 관용구로 존재하지만, 이는 한국어에서는 '안목이 없다'는 뜻으로 쓰이고 일본어에서는 일차적으로 '너무 좋아하다, 사족을 못 쓰다'라는 의미로 쓰여 비교가 된다. 또한 관용구의 대응쌍은 대개 신체어를 중심으로 많이 분포하고 있으므로 (例 발걸음이 가볍다/무겁다, 눈이 낮다/높다), 관용어를 교수·학습할 때에는 이를 제시하고 확장적으로 살펴보는 방법을 사용할 수 있다.

## 3) 사회언어학 및 화용론과 한국어의 특성

### ① 사회언어학

언어의 사회적 기능이 주목받은 것은 비교적 오래되었으나, 사회언어학(sociolinguistics)이 본격적으로 독자적인 학문으로 형성된 것은 1960년대 무렵부터이다. 학자들마다 조금씩 견해는 다르지만, 대체로 사회언어학에서는 언어가 다양한 변이형들의 복합체라는 기본적인 전제를 강력히 앞세우고, 사회문화적 맥락 속에서 이루어지는 화자들의 언어 사용을 조사 및 분석함으로써 언어의 변이와 사회적인 요인들 사이의 상관관계를 구명하는 것을 목표로 삼는다. 1950~60년대 주류를 이룬 변형생성 문법론의 관점에서는 이러한 변이형들을 배격하고 최대한 추상적이고 형식적인 심층 구조를 탐구하는 데 주력하였는데, 사회언어학은 이와 상당히 대립적이라 할 수 있다. 사회언어학자들은 변이형에 대한 화자의 선택적 사용이 임의적이거나 자의적인 것이 아니라, 대화 참여자 간의 관계 및 대화 상황 등 여러 가지 사회적 요인이 체계적으로 반영된 결과라고 보았다. 이는 언어 연구의 범위를 언어의 내적 구조로 제한하지 않고, 언어를 쓰는 사람들과 그들이 소속된 사회로 확대했다는 점에서 의의가 있다.

사회언어학은 접근하는 방식에 따라 언어학적 접근, 인류학적 접근, 사회학적 접근의 세 가지 하위 분야로 나뉜다.

언어학적 접근은 변이 사회언어학(variationist sociolinguistics)이라고도 하며, 윌리엄 라보프(William Labov)의 연구를 대표적으로 들 수 있다. 질문지나 설문지를 사용하여 다수의 제보자로부터 언어 자료를 수집하고, 주로 통계적인 방법을 이용하여 언어 변화의 방향이나 언어 변이형의 사회적 분화 등을 분석하는 것을 주요 과제로 삼는다. 언어학적 접근은 관심의 초점을 언어 현상에 두기 때문에 기존 언어학과 비슷하면서도 연구 방법 및 발견해 내고자 하는 내용면에서 큰 차이를 보인다.

## 언어 변이

언어 변이(language variation)란 동일한 언어 공동체 내의 화자들의 사회적 · 지리적 변인과 언어 사용의 상황맥락적 변인에 따라 언어 사용의 양상이 다르게 나타나는 현상을 말한다. 언어 사용을 이해하기 위해서는 언어 변이의 다양한 양상에 대한 연구가 필수적이다. 같은 내용이더라도 화자의 사회적·지역적 배경과 언어 사용의 구체적인 맥락, 목적, 상황에 따라 다르게 전달되거나 해석될 수 있기 때문이다.

이처럼 지리적 · 사회적 요인에 따라 변이된 언어 체계를 방언(dialect)이라 한다. 방언은 지리적 요인에 따른 지역 방언(regional dialect)과 계층, 연령, 성별 등과 같은 사회적인 요인에 따른 언어 변이의 결과인 사회 방언(social dialect / sociolect)으로 나뉜다. 이 중 사회 방언의 요인을 자세히 살펴보면 다음과 같다.

- 성별: 사회적으로 규정된 남성과 여성의 역할에 따라 언어 사용 체계가 달라질 수 있다. 이러한 성별 방언에는 남성이나 여성을 표현하는 데 사용되는 특정 어휘인 '대상 성별어(objective genderlect)', 발화를 할 때 억양, 종결 어미 등의 사용에서 남성과 여성의 양상이 달리 나타나는 '발화 성별어(utterable genderlect)' 등이 있다.
- 연령: 연령은 세대 간 언어 체계의 차이를 결정짓는 요인이다. 최근에는 인터넷, 스마트폰 등의 매체에 대한 접근성과 SNS를 통한 의사소통의 양이 연령에 따라 차이 나면서 연령 방언이 두드러지게 나타나고 있다.
- 계층: 계층은 사회에서의 일정한 지위를 말한다. 현대 한국 사회에서는 명시적인 계층 구분이 존재하지는 않지만, 부, 직업, 교육 수준 등 계층적 요인에 따라 화자의 언어 사용이 다르게 나타난다.

인류학적 접근은 '말하기의 민족지학(ethnography of speaking)'이라 칭하기도 하며, 델 하임즈(Dell Hymes)의 연구가 대표적이다. 인류학적 사회언어학에서는 사회적 맥락 속에서 나타나는 언어 사용을 기술하고 설명하려고 하며, 연구자가 제보자의 언어 행위에 직접 참여하거나 이를 관찰하여 대화 사례를 수집하고 분석한다.

사회학적 접근은 실용적인 성격을 지녀 응용 사회 언어학으로도 불리는데, 조슈아 피시먼(Joshua Fishman)의 연구가 대표적이다. 화자들의 언어 사용이나 언어 태도, 언어 문제를 정치적·사회적 요인과 관련지어 거시적 관점에서 다루며, 연구 결과를 국가의 언어 정책에 반영하기도 한다. 언어 표준화, 이중언어 사용, 언어 유지와 사멸, 언어 불평등, 언어 공공성, 언어교육 등 여러 사회 문제와 관련된 다양한 언어 현상에 관심을 갖는다.

이러한 전통적인 핵심 분야를 토대로 사회언어학은 담화 분석(discourse analysis), 상호작용 사회언어학(interactional sociolinguistics), 언어 사회 심리학(social psychology of language) 등이 활발히 연구되고 있으며, 최근에는 다언어 사회에서의 여러 현상을 다루는 데에도 사회언어학자들의 활동이 두드러진다.

한국어를 대상으로 한 사회언어학적인 연구는 주로 한국어에서 두드러지는 특징이라고 할 수 있는 높임 표현을 중심으로 이루어졌다. 그러나 관심의 폭이 넓어지면서 계층, 성별, 연령, 종교 등 사회 방언에 관련된 연구들이 활발히 이루어졌다. 또한 방송과 인터넷을 포함한 다양한 매체 언어, SNS 안의 의사소통 양상에도 주목하여 연구가 이루어지고 있다. 특히 한국어교육과 관련된 사회언어학의 유의미한 영역으로는 한국어 교실을 대상으로 한 담화 분석과 재외 동포, 북한 이탈 주민, 한국의 결혼·노동 이주자의 언어에 대한 사회언어학적 연구 등이 있다.

② 화용론

한편 사회언어학이 성장하던 시기인 1960년대부터 언어학의 한 분파로서 '언어의 사용과 작용'에 관심을 가진 흐름이 나타났다. 이들은 사회언어학과 마찬가지로, 당대 변형생성 문법이 띠고 있던 형식성이나 추상성에 대해 비판적인 입장을 가지고 언어가 발화되는 상황과 맥락을 중심으로 언어를 분석하고자 하였다. 즉, 언어 사용자와 그들이 처한 맥락을 철저히 배제하고 언어 구조 그 자체에만 집중한 진공 상태의 의미 현상이 아니라, 여러 유형의 맥락과 발화의 생산 및 전달, 해석에 관여하는 사회문화적 요인들을 종합적으로 고려한 언어의 사용을 다루고자 하였다. 이러한 언어학 이론을 일컬어 화용론(pragmatics)이라고 하는데, 화용론은 근본적으로 화자의 의도와 발화의 맥락을 탐구하는 것을 목표로 한다. 그러므로 여기에서 말하는 화용(話用)이란 언어적 의사소통에 참여하는 화자가 구체적 맥락에서 자신의 생각이나 느낌을 전달하기 위해 언어적 메시지를 생산하고, 이를 청자가 대화의 목적이나 방향에 맞추어 해석하는 과정을 포괄적으로 의미한다.

화용론은 주요 개념으로 맥락에서의 지시 표현의 사용과 기능(직시)에서부터 각종 언어 행위(화행), 함축과 전제, 대화의 원리 등을 설정한다. 이 중에서 한국어의 특성과 관련하여 화행을 간단히 짚어 보고자 한다.

화행(話行, speech act)이란 '집단의 한 구성원이 방해받지 않고 생산한 하나의 발언이 특정 기능(또는 행위)으로 다른 구성원들에게 받아들여지는 집단 상호작용 과정'이며, 대개 소그룹의 담화에서 대화의 턴(turn)을 각각의 단위로 하여 나타난다. 화행 이론은 존 오스틴(John Austin)이 처음 논의를 촉발시켰고 존 설(John Searle)이 이를 체계화하였다. 화행 이론은 언어 형식이 지시하는 표면적인 의미가 아닌 화자가 말하고자 하는 발화 의도를 범주화하고 체계화하여 살펴보려고 한다. 나아가 특정 언어 공동체 내에서 관습적으로 수용되고 해석되는 언어 외적인 표현과 언어 내적인 의도를 포함하여 하나의 화행이 된다고 본다.

화행 연구의 대표적인 분석 장면으로서 요청 화행, 거절 화행, 사과 화행을 들 수 있다. 한국어의 경우 요청 화행에서는 화자-청자의 관계를 중시하여 상하 관계나 상황에 따라 다양한 부탁 발화 표현이 나타나는 것을 볼 수 있다. 거절 화행에서는 최대한 정서적 마찰이 일어나지 않도록 대단히 우회적인 완곡 표현을 사용하는 경향이 나타난다. 또 사과 화행에서는 '미안하다, 사과하다' 등의 명시적인 사과 표현과 함께, 화자의 책임 인정, 해결책 또는 보상 제시, 재발 방지 약속, 원인 설명 등과 같은 다양한 전략이 사용된다.

이 외에도 화행에는 부탁, 불평, 칭찬, 감사 등 다양한 종류가 있다. 문화권 또는 언어권마다 각 화행에서 드러내는 언어적 표현이나 전략, 화자가 이러한 화행을 수행할 때 고려하는 요소 등이 상당히 다르다. 그러므로 언어권별로 화행을 비교해 보는 것은 한국어를 객관적으로 이해하는 데 의미가 있다.

**생각해 봅시다**

1. 한글의 창제 원리에 대해 초성과 중성으로 나누어 설명해 보자.

2. 문자적 특성, 표기 체계 등을 고려하여 한글의 장점에 대해 토의해 보자.

3. 한국어의 속담 중 더 이상 우리 일상생활에서 사용하지 않게 된 것들을 예로 들고, 그 이유가 무엇인지 분석해 보자.

4. 외국 영화, 드라마, 만화 등에 나오는 사과나 칭찬의 표현을 찾아보자. 한국어와 비교하여 언어권별로 서로 다른 점이 있다면 어떤 것들이 있는지 의견을 나누어 보자.

2부

# 한국어의 문장과
# 담화 표현

# 4강 한국어 문장의 성분과 구조

## 1 문장의 성분

문장을 구성하는 성분을 '문장 성분'이라고 한다. 한국어의 문장 성분에는 주어, 서술어, 목적어, 보어, 관형어, 부사어, 독립어가 있다.

(1) 가. 날씨가 참 좋다.
　　나. 동생이 맥주를 자주 마신다.
　　다. 내일이 졸업식이다.
　　라. 조카가 이번에 대학생이 되었다.
　　마. 나는 친구에게 작은 선물을 주었다.

주어는 문장에서 '무엇이'에 해당하는 성분이다. (1가)~(1마)의 '날씨가, 동생이, 내일이, 조카가, 나는'은 각각 주어에 해당된다. 서술어는 주어에 대해 '어떠하다, 어찌한다, 무엇이다'와 같이 서술하는 성분이다. 위 문장에서 '좋다, 마신다, 졸업식이다, 되었다, 주었다'가 서술어에 해당한다. 목적어는 서술어가 어떤 행위를 표현할 경우 그 대상이 되는 성분으로, 문장에서 '무엇을'에 해당하는 부분이다. (1나)에서 서술어 '마시다'에 따른 '맥주를'이, (1마)에서 서술어 '주다'에 따른 '선물을'이 목적어에 해당한다. 보어는 서술어가 주어를 보충해서 설명하는 부분을 필요로 할 때 나타나는 성분이다. (1라)에서 서술어 '되다'에 따른 '대학생이'가 보어에 해당한다. 주어, 목적어, 보어는 서술어 및 서술어가 반드시 요구하는 성분이기 때문에 문장의 주성분 또는 필수적 성분이라고 한다.

한편, 관형어와 부사어는 문장이 성립하는 데 필수적인 성분이 아니기에 부속 성분 또는 수의적 성분이라고 한다. 관형어는 체언을 수식해 주는 성분으로 체언의 앞에 위치한다. (1마)에서 체언 '선물'을 수식하는 '작은'이 관형어에 해당한다. 부사어는 서술어, 부사어, 관형어의 의미를 수식해 주는 성분이다. (1나)에서 서술어 '마신다'를 수식하는 '자주', (1라)에서 서술어 '되다'를 수식하는 '이번에'가 부사어에 해당한다. 독립어는 지금까지 살펴본 성분들과는 달리 문장의 다른 성분들과 직접적으로 관련을

## 한국어 문장 성분의 적용 단위

한국어 문장 성분의 역할은 단어 자체에는 부여될 수 없고, 일반적으로 체언이나 용언에 조사나 어미가 결합되든가 하여 문장에서 사용되는 형태로서 나타나야 한다.

(1) 꽃이 참 아름답게 피었다.
(2) 지금 1급 교실을 찾고 있어요.
(3) 저 건물 1층 카페가 제가 자주 가는 가게예요.

(1)을 보면 '꽃이', '참', '아름답게', '피었다'의 네 요소가 문장을 구성하고 있다. 이 중 부사 '참'은 단어 단독으로 문장에서 사용되어 문장 성분이 될 수 있지만, 명사 '꽃'과 형용사 '아름답다', 동사 '피다'는 그 자체로는 문장에서 사용되지 못하고 각각 조사 또는 어미와 결합한 어절로서 문장의 한 부분을 이루고 있다.

또한 두 단어 이상이 결합하여 형성된 구가 하나의 문장 성분 역할을 하기도 한다. (2)를 보면 '1급 교실'은 명사구로서 목적어의 역할을 하고 있으며, (3)에서 '건물 1층 카페'라는 명사구도 주격 조사 '가'가 결합되어 주어로서 사용되었다.

주어와 서술어가 결합된 절도 문장 성분의 역할을 할 수 있다. (3)에서 '제가 자주 가는'은 주어와 서술어 관계와 부사어 '자주'가 포함되어 있는 절로서, '가게'를 수식하는 관형어 역할을 하고 있다. 이렇게 문장 안에서 하나의 문장 성분 역할을 하는 절을 '성분절'이라고 한다. 이와 같이 구와 절도 문장 성분의 역할을 할 수 있다.  ☞ 6강 한국어 문장의 확대

맺지 않는 독립된 성분을 말한다. '와!, 어휴…'와 같이 감탄하는 말, '지원아, 선생님'과 같이 부르는 말 등이 해당되는데 이러한 독립어는 독립 성분이라고 부른다.

### 1) 주어

주어는 문장이 드러내는 사건이나 사태의 주체를 담당하는 문장 성분이다. 보통 체언에 주어를 나타내는 조사가 결합하여 나타난다.

(2) 가. <u>친구가</u> 나를 여기까지 데려다 주었다.
　　　나. <u>부모님께서</u> 다음 주에 우리 집에 오시기로 했다.
　　　다. <u>정부에서</u> 이번 사건과 관련된 논평을 곧 발표할 것이다.

(2가)에서 보듯이 일반적으로 주어를 표시하는 조사는 '이/가'이다. 주어에 대한 존경을 표할 때는 (2나)처럼 '께서'를 사용한다. 한편 (2다)와 같이 조사 '에서'를 사용하여 주어를 나타내기도 하는데, 구체적인 인물보다는 단체 등의 무정물을 주어로 내세울 때 사용한다. 이때의 '에서'는 장소를 나타내는 데 사용되는 부사격 조사 '에서'와는 다른 성격을 띠는 것이다.

한편 주어에 보조사가 결합하여 나타나는 경우도 있다. 보조사가 결합될 경우 주격조사는 생략되기도 한다.

(3) 가. <u>저는</u> 비빔밥 먹을게요.
　　　나. <u>제 동생도</u> 한국어를 공부해요.

다. 졸업까지 이제 한 과목 시험만 남아 있다.

라. 졸업까지 이제 한 과목 시험만이 남아 있다.

(3가), (3나), (3다)는 보조사 '는, 도, 만'이 결합되고 주격 조사는 나타나지 않는 경우이다. 이와 같이 일반적으로 한국어에서는 주격 조사, 목적격 조사 대신 보조사가 결합된 경우 격 조사는 나타나지 않는다. 하지만 (3라)와 같이 주격 조사가 같이 사용되는 경우도 있는데, 이는 해당 문장 성분이 주어임을 더욱 강조하는 기능을 한다고 볼 수 있다.

또한 한국어에서 주격 조사는 맥락에서 주어를 쉽게 파악할 수 있거나 주어 역할이 두드러지지 않는 경우 자주 생략된다.

## 이중 주어문

한국어에는 주어가 두 개인 것처럼 보이는 사례가 종종 나타난다.

(1) 내가 머리가 아프다.
(2) 이 식당이 불고기가 맛있다.

이러한 문장에 대해 먼저 '머리가 아프다, 불고기가 맛있다' 부분을 서술절로 보는 해석이 있다. '머리가 아프다, 불고기가 맛있다'는 주어-서술어 관계가 나타나기에 절로 볼 수 있는데, 이것이 전체 문장의 서술어의 역할을 하여 각각 '나'의 상태와 '그 식당'의 특성에 대해 서술하는 서술어 역할을 하고 있다는 것이다. 이러한 해석에 따르면 (1)과 (2)는 서술어로서의 절, 즉 서술절을 취한 문장으로 볼 수 있다.

한편 이렇듯 통사적으로 설명하지 않고 다소 담화적으로 접근하는 방식도 존재한다. 주제란 담화 안에서 전달하는 바의 주된 대상이 되는 요소를 가리키는데, 한국어에서는 조사 '은/는'이 명사구 뒤에 결합하여 주제를 표시하는 경우가 많다.

(3) A: 내일 뭐해?
　　B: 나는 내일은 친구 만날 거야.

(3)의 대화에서 공유하는 주된 주제가 내일 일정이기에 '내일'은 B가 대답하는 문장의 주제라고 할 수 있다. 따라서 이 문장에서 '내일'은 주제어이며 사건의 주체인 '나는'은 주어이다.

(4) A: 너 내일 모임 와?

　　B: 아니, 대신 동생이 가.


　친구와 대면하여 이야기하는 대화에서 (4)의 질문과 문장이 발화되었다면 '내일 모임에 오다'라는 사건의 주체가 '너'라는 사실이 쉽게 파악된다. 이러한 경우 '너'에 결합하는 주격 조사는 쉽게 생략된다. 반면 (4)의 질문에 대한 대답에서는 '나'가 아닌 '동생'이 간다는 사실이 중요하다. 이러한 경우 '대신 동생 가'보다는 '대신 동생이 가'와 같이 주격 조사를 갖추어 쓰는 것이 맥락상 자연스럽다.


## 2) 서술어

　서술어는 문장에서 어떤 사건이나 상태에 대한 서술을 담당하는 문장 성분이다. 보통 용언에 종결 어미가 결합하여 나타나며 문장 맨 뒤에 위치한다. 서술어는 문장이 전달하는 의미를 드러내는 데 주된 역할을 하는 요소이기에, 어떤 서술어를 취하느냐에 따라 문장의 의미는 물론 문장 구조도 다르게 나타난다.


(5) 가. 날씨가 좋다.

　　나. 바람이 분다.

　　다. 나는 매일 아침 우유를 마신다.

　　라. 선생님께서 생일을 맞은 친구에게 선물을 주셨다.

　　마. 오늘은 수요일이다.

(5가)는 서술어로 '좋다'라는 형용사, (5나)는 '불다'라는 자동사가 온 경우이다. 이 문장들은 의미상으로 주어 외에 별다른 문장 성분을 필요로 하지 않는다. 그러나 (5다)는 '마시다'라는 타동사가 서술어로 왔기에 일 반적으로 목적어를 두어 '무엇을' 먹는지를 문장 내에 밝혀야 한다. 또한 (5라)는 '주다'라는 동사를 서술어로 취했는데, '주다'가 의미하는 행위의 특성상 '주는 사람'과 '주는 물건', 그것을 '받는 사람' 모두가 필요해진다. 이에 따라 부사격 조사인 '에게'가 붙는 '받는 사람', 목적격 조사 '을/를'이 붙는 '주는 물건'의 요소가 문장 내에서 부사어와 목적어로서 나타나고 있 다. (5마)의 경우는 서술어로 의존 형용사 '이다'를 취하고 있는데, '이다'는 체언과 결합하여 서술어 역할을 하도록 한다. 체언과 '이다'를 서술어로 취 한 문장은 자동사나 형용사의 경우와 마찬가지로 주어 외에 별다른 문장 성 분을 필요로 하지 않는다.

서술어는 하나의 용언으로 구성되기도 하지만 다음과 같이 둘 이상의 용언이 서술어 역할을 하기도 한다.

(6) 가. 나는 오늘 라면이 먹고 싶다.
  나. 그 사람이 기억날 듯하다.
  다. 내가 운전할 수 있다.

### '이다'의 품사

'이다'는 체언에 결합하여 체언을 서술어로 만드는 역할을 하면서, 용언과 같이 활용하여 종결 어미로서 활용되는 독특한 존재이다. 이에 따라 '이다'를 '지정사', '계사'로 보는 등 여러 가지 관점이 있었는데 지금까지 학교 문법에서는 '이다'를 서술격 조사로 처리해 왔다. 이는 '이다'가 체언 뒤에 결합하여 서술어로 사용되도록 한다는 특성을 중시한 것인데, 사실 '이다'는 다른 조사들과 매우 이질적인 특성을 가지므로 이에 대한 논란은 계속되어 왔다. 최근 발간된 저서 『한국어 표준 문법』(유현경 외, 2019)에서는 '이다'를 용언에 포함시켜 '이다'의 품사를 의존 형용사로 처리하고 있다. ☞ 13강 한국어 단어의 분류

(6가)는 보조 용언 '-고 싶다'가 결합하여 '먹고 싶다'가 서술어 역할을 하고 있다. (6나) 역시 보조 용언 '-(으)ㄹ 듯하다'와 결합한 '기억날 듯하다'가 서술어이다. (6다)는 동사 '운전하다'에 의존 명사 '수'와 형용사 '있다'가 결합한 '-(으)ㄹ 수 있다' 표현이 사용되었다.

### 3) 목적어

목적어는 문장이 드러내는 의미의 대상이 되는 문장 성분이다. 보통 체언에 목적격 조사가 결합하여 나타난다.

(7) 가. 나는 보통 점심으로 김밥을 먹는다. 오늘은 여기에 떡볶이도 먹었다.
　　나. 오늘은 친구에게 줄 크리스마스카드를 만들어 보았다.

(7가)에서는 '먹는다'와 '먹었다'라는 서술어의 목적어로 각각 '김밥을'과 '떡볶이도'가, (7나)에서는 '만들어 보았다'라는 서술어의 목적어로 '친구에게 줄 크리스마스카드'가 나타난다.

---

**'을/를'의 보조사적 기능**

'을/를'이 목적격 조사가 아니라 보조사처럼 나타나는 경우가 있다.

(1) 네가 우릴 돕기를 하니, 그렇다고 네 일을 제대로 하기를 하니? 도대체 집에서 하는 일이 뭐니?
(2) 친구가 입맛이 없는지 요즘 도통 음식을 먹지를 않는다.

(1), (2)와 같은 용례에서는 '을/를'이 선행 요소를 강조하는 기능을 하고 있어 보조사로 쓰였다고 본다. 그렇기에 (1)에서와 같이 체언 뒤뿐만 아니라 (2)에서와 같이 연결 어미 '-지' 뒤에 나타나기도 한다.

주어와 마찬가지로 목적어도 보조사가 결합되어 나타나기도 하는데, (7가)의 '떡볶이도'에서 볼 수 있듯 이 경우 보통 목적격 조사는 생략된다. 또한 목적어도 주어와 마찬가지로 맥락을 통해 추측할 수 있으면 쉽게 생략된다. 하지만 목적어가 명확하지 않거나 맥락에서 중요한 의미를 표현할 때는 생략되지 않는다.

(8) A: 이거 볼까?

　　B: 이번에는 좀 재밌는 거를 골라 보자.

(8)의 질문에서는 '이거를'이 아닌 '이거'로 목적어를 나타내어 목적격 조사를 생략하는 데 반해, 그 대답에서는 '재밌는 거를'이라고 하여 목적격 조사를 드러냄으로써 대상을 강조하고 있다. 이와 같이 목적격 조사는 쉽게 생략되기도 하지만 맥락에 따라서는 이를 사용함으로써 목적어를 명시적으로 드러낸다.

## '보어' 개념의 한정적 위치

학교 문법에서는 보어를 서술어 '되다, 아니다' 앞에서만 나타나는 것으로 한정하고 있지만, 이 외에도 보어와 유사한 문장 성분을 필요로 하는 경우가 있다.

(1) 오늘 날씨가 꼭 동남아 날씨 같네요.
(2) 이것은 이 제품이 맞습니다.

(1)의 서술어 '같다'와 (2)의 서술어 '맞다'는 서술어의 내용을 보충해 주는 체언을 필요로 한다. 따라서 (1)의 '동남아 날씨', (2)의 '이 제품이'는 의미적으로 보어의 역할을 한다고 볼 수 있다. 하지만 이렇게 서술어에서 필수적으로 요구하는 보충적 문장 성분을 모두 보어라고 보면, 보어의 범위는 매우 넓어지게 된다. 이에 따라 현재 학교 문법에는 다소 인위적이기는 하지만 '되다, 아니다' 앞에 나타나는 필수적인 체언만을 보어로 한정하고 있다.

## 4) 보어

보어는 서술어의 의미를 보충해 주는 문장 성분을 말한다. 학교 문법의 정의에 따르면 서술어 '되다, 아니다' 앞에 나타나는 체언이 보어에 해당한다. 보어는 보통 체언에 '이/가'가 결합되어 나타난다.

(9) 가. 고기가 숯덩이가 되어 버렸다.

　　나. 저는 여기 직원이 아닙니다.

(9가)의 '숯덩이가'와 (9나)의 '직원이'가 각각 '되다'와 '아니다'의 의미를 보충해 주는 기능을 하고 있다.

## 5) 관형어

관형어는 체언을 수식하는 문장 성분이다. 관형사가 그대로 관형어로 사용될 수도 있고, 체언이나 용언에 관형격 조사나 관형사형 어미가 결합하여 관형어로 나타날 수도 있다.

(10) 가. 첫 눈이 내린다.

　　나. 그 분은 우리 시대의 참 위인이시다.

　　다. 이 식당 대표 메뉴는 김치찌개다.

　　라. 저는 이렇게 흐린 날씨를 좋아합니다.

　　마. 어제 길에서 우연히 만난 사람에게서 오늘 다시 연락이 왔다.

(10가)의 '첫', (10나)의 '그', (10다)의 '이'는 관형사로서 직접 체언을 수식한다. (10나)의 '의'는 관형격 조사로서 체언 뒤에 결합하여 후행 체언을 수식하도록 해 준다. 관형격 조사 '의'는 자주 생략되어 체언의 연속으로 나타나기도 한다. (10다)에서도 '대표 메뉴'가 '이 식당'에 해당하는 것임을 쉽게 알 수 있어, 관형격 조사 '의'가 생략되었다. 한편 용언은 관형사형 어미 '-(으)ㄴ/는'과 결합하여 후행하는 체언을 수식하는 관형어를 형성할 수 있다. (10라)에서는 형용사 '흐리다'에 관형사형 어미 '-ㄴ'이 결합하여 관형어 '흐린'으로 사용되었다. 이렇게 단일 서술어가 관형어로 사용된 경우 외에도, (10마)처럼 주어와 서술어가 결합된 절이 관형사절을 형성하기도 한다.

관형격 조사 '의'는 여러 가지 의미를 나타내므로, 좀 더 자세히 살펴보도록 하자.


(11) 가. 친구의 가방: 친구가 가진 가방

나. 엄마의 요리: 엄마가 만든 요리

다. 한국의 궁궐: 한국에 있는 궁궐

라. 꽃의 계절: 꽃이 많은 계절


동일한 '의'를 통해 (11가)에서는 물건의 소유자를, (11나)에서는 '엄마'라는 '요리'의 주체를, (11다)에서는 '궁궐'의 소재지를, (11라)에서는 '계절'의 속성을 드러내고 있다. 그런데 (11가)와 (11나)는 맥락에 따라 중의적으로 해석될 여지도 있다. '친구가 가진 가방'일 수도 있지만 '친구가 만든 가방'일 수도 있고, '엄마가 만든 요리'일 수도 있지만 '엄마가 주문한 요리'일 수도 있다. 이와 같이 '의'는 체언과 체언 사이에 수식 관계를 형성하면서 맥락에 따라 다양한 의미를 나타낼 수 있다.

관형어가 여러 개 출현할 경우에는 일반적으로 '지시 관형어+수량 관형어+성상 관형어'의 순서를 취한다.

(12) 가. 그 세 어린 아이

나. 내가 만든 그 예쁜 카드

(12가)를 보면 지시 관형어 '그', 수량 관형어 '세', 성상 관형어 '어린'의 순으로 나타난다. (12나)에서도 지시 관형어 '그'가 성상 관형어 '예쁜' 앞에 위치하고 있다.

## 6) 부사어

부사어는 문장의 다양한 층위에서 수식 기능을 한다.

(13) 가. 이 식당에 <u>자주</u> 가는 편이다.

나. 우리 선생님께서는 <u>정말</u> 부지런하시다.

다. <u>굉장히</u> 많은 사람들이 모여 있는 모습을 보았다.

라. <u>아직</u> 한 명이 오지 않았습니다.

마. <u>만약</u> 그 기사 내용이 거짓이라면 그 기사를 쓴 기자는 법적 책임을 피할 수 없을 것입니다.

먼저, 부사어는 여러 문장 성분을 수식할 수 있다. (13가)의 '자주'와 (13나)의 '정말'은 각각 서술어 '가다'와 '부지런하다'를 수식하고 있다.

(13나)의 '굉장히'는 관형어 '많은'을 수식한다. 이와 같이 문장 내 다른 성분을 수식하는 부사어를 '성분 부사어'라고 한다.

(13라)에 사용된 '아직'은 '한 명이 오지 않았다'는 의미에 대해 '예상보다 늦었다'는 의미를 더하고 있다. (13마)에서 '만약'은 '그 기사 내용이 거짓이다'라는 내용에 대해 가정하는 의미를 더하고 있다. 이처럼 문장 성분에 대해서가 아니라 절의 내용에 대해 뜻을 더해 주는 기능을 하는 부사어를 '절 부사어'라고 한다.

부사어는 필수 성분은 아니지만 문장에 따라서는 의미를 완성하는 데 필수적인 역할을 하기도 한다.


(14) 가. 저는 <u>오늘</u> <u>회의에</u> <u>못</u> 갑니다.
　　　나. 아기가 <u>무척</u> <u>예쁘게</u> 생겼다.


(14가)를 보면 '오늘, 회의에, 못'이 모두 부사어이다. '오늘'은 시간을, '회의에'는 서술어 '가다'의 대상이 되는 장소 또는 모임을 나타내는 부사어이다. '못'은 서술어 '가다'에 부정의 의미를 더해 준다. 이들 부사어는 전체 의미를 형성하는 데 매우 중요하다. 보통 서술어 '가다'를 사용할 때 '어디에' 가는지를 드러내는 부사어를 함께 사용하는 경우가 많다. 또 불가능을 나타내기 위해서는 부사어 '못'을 사용해야 한다. (14나)의 부사어는 '무척'과 '예쁘게'인데, 이 중 '예쁘게'는 서술어 '생기다'에 '어떻게'에 해당하는 의미를 더해 주어 문장의 의미에서 주된 부분을 형성한다. 이와 같이 부사어는 서술어가 무엇인지, 또 문장 전체 의미가 무엇인지에 따라 문장에서 필수적인 역할을 하기도 한다.

한편 문장과 문장, 단어와 단어 사이에서 둘을 접속해 주는 부사어도 있는데 이를 '접속 부사어'라고 한다.

> (15) 가. 고향에 가면 그리운 친구들을 만날 수 있을 것이다. <u>그리고</u> 고향
> 음식도 실컷 먹을 것이다.
> 나. 그 자리에는 김 선생님 <u>또는</u> 최 선생님께서 함께 가 주시면 좋겠
> 습니다.

(15가)에서 '그리고'는 문장과 문장을, (15나)에서 '또는'은 단어와 단
어를 이어 주는 접속 부사어이다.

부사어 자리에는 다양한 구성이 올 수 있다. 부사 자체가 부사어로 나
타나는 경우, 체언에 부사격 조사가 결합하거나 용언에 부사형 어미가 결
합하여 부사어가 되는 경우, '때, 바, 줄, 바람' 등의 의존 명사 형태가 부사
어로 나타나는 경우도 있다.

> (16) 가. <u>이리</u> 오세요.
> 나. <u>이쪽으로</u> 오세요.
> 다. <u>배부르게</u> 먹었다.
> 라. <u>내가 어렸을 때</u> 이 지역은 허허벌판이었다.

### 접속 부사어는 부사어인가

성분 부사어, 절 부사어 외에 '접속 부사어'를 설정하는 것에 대해서는 학자에 따라 여러 의
견이 있다. 여기에서 핵심은 접속 부사어를 과연 부사어라고 볼 수 있는가 하는 것이다. 부
사어라면 수식의 기능을 해야 할 텐데 접속 부사어는 앞 문장을 수식하는지 뒤 문장을 수
식하는지 모호하기 때문이다. 이에 따라 접속 부사어를 독립어의 일종으로 보기도 한다. 또
한 외국어 문법에서는 '접속사'라는 독립된 품사 범주를 설정하기도 한다.

☞ 13강 한국어 단어의 분류

(16가)에서 '이리'는 부사로, 그 자체가 '오다'라는 서술어를 꾸며 주는 부사어 역할을 하고 있다. 반면 (16나)에서 '이쪽으로'는 유사한 의미지만 지시 대명사인 '이쪽'에 방향을 나타내는 부사격 조사 '으로'가 결합되어 부사어를 형성하고 있다. (16다)에서 부사어 '배부르게'는 형용사 '배부르다'에 부사형 어미 '-게'가 결합된 것이다. (16라)의 '내가 어렸을 때'는 의존 명사인 '때'가 선행하는 '내가 어렸을'이라는 관형사절과 결합하여 부사어로 사용되고 있다.

이와 같이 부사어는 그 쓰임만큼이나 다양한 방식으로 성립된다. 부사격 조사를 살펴보면 다른 문장 성분의 격 조사에 비해 매우 다양하다.

- 처소: 에, 에서
- 출발점: 에서, (으)로부터
- 동반: 와/과, 하고
- 자격: (으)로서
- 변화: (으)로
- 도구: (으)로
- 지향점: (으)로
- 비교: 보다, 만큼
- 이유: (으)로, 에

### 부사 형성의 접미사 '-이'

부사형 어미로는 '-게'가 있다. 그런데 일부 부사와 형용사 어근에 파생 접사 '-이'가 결합하여 부사를 만들기도 한다. 파생 접사 '-이'가 결합하여 형성된 부사의 예로는 '곰곰이, 일찍이, 깊숙이, 높이' 등을 들 수 있다. 그런데 파생 접사 '-이'는 아래와 같이 부사형 어미처럼 사용되기도 한다.

(1) 이 제품은 그래프로 보시는 바와 같이 올해 들어 지속적인 성장을 기록하고 있습니다.
(2) 친구가 예전과는 달리 나를 다소 서먹하게 대하는 것이었다.
(3) 20년 전 저는 가진 거라고는 아무것도 없이 이 사업에 뛰어 들었습니다.

(1)~(3)에서 보듯이 '-이'는 형용사에 붙어 부사를 만들고 있다. 이와 같이 '-이'는 부사를 형성하는 파생 접사이지만 부사형 어미처럼 기능하기도 한다는 점에서 독특하다.

## 7) 독립어

독립어는 다른 문장 성분과 문법적인 관계가 없이 독립적으로 사용되는 성분이다. 독립어에는 감탄사, 호격어, 제시어 등이 있다.

(17) 가. 와! 정말 아름다운 풍경이다.

　　　나. 봄! 이토록 아름다운 계절은 또 없을 것이다.

　　　다. 엄마, 여기 좀 보세요.

　　　라. 진수야, 이리 와 봐.

　　　마. 이거는, 글쎄, 좀 생각 좀 해 봐야겠습니다.

　　　바. 우리 먼저 출발하지요, 뭐.

(17가)에는 감탄사, (17나)에는 문장의 주제를 분리하여 부각시키는 제시어가 나타난다. (17다)와 (17라)는 호격어의 사례인데, 한국어의 호격어는 친근한 사이에서 '아/야'의 호격 조사를 붙이기도 하나, 많은 경우 호칭어 자체가 호격어로 사용된다. 독립어의 위치는 문장의 처음에 오는 경우가 많지만 (17마)와 같이 문장의 중간이나 (17바)와 같이 뒤에 올 수도 있다.

---

**적용하기**　　　　　　　　　　　　　　　　　　　　　　**부사성 의존 명사**

한국어에서 '때, 채, 때문' 등의 부사성 의존 명사는 문장의 부사어로서 활발히 사용되는데, 선행절의 의미 및 형태에 대한 제약을 가진다.

(1) 그는 침대에 누운 채로 전화를 받았다.

(2) 주말에는 길이 막히기 때문에 빨리 출발하는 게 좋아요.

그러므로 한국어교육에서는 의존 명사 형태를 교육할 때 '-(으)ㄹ 때, -(으)ㄴ 채, -기 때문'과 같이 선행절 조건과 결합하여 교수하는 것이 좋다.

## 2 문장의 구조

### 1) 기본 문형

기본 문형이란 문장의 기본적인 구조를 말한다. 학교 문법에서는 기본 문형을 다음과 같이 제시한다.

(18) 가. 무엇이 무엇이다.

　　　나. 무엇이 어떠하다.

　　　다. 무엇이 어찌한다.

(18가)는 체언+'이다', (18나)는 형용사, (18다)는 동사가 서술어이다. 기본 문형을 서술어의 속성에 따라 나누는 데서 알 수 있듯이, 한국어 문장 구조에서는 서술어가 결정적인 역할을 한다. 즉, 한국어 문장은 서술어가 필수적으로 요구하는 성분을 갖추면서 문장의 구조가 결정된다고 할 수 있다.

(19) 가. 날씨가 좋다.

　　　나. 친구가 밥을 먹는다.

　　　다. 동생이 회사원이 되었다.

　　　라. 나는 학교에 간다.

　　　마. 나는 친구에게 케이크를 주었다.

(19가)의 '좋다'와 같은 서술어는 '무엇이' 좋은지, 즉 주어를 밝히는

것만으로도 문장의 의미가 성립된다. (19나)의 서술어 '먹다'는 일반적으로 먹는 대상이 목적어로서 함께 나타나야 의미가 통한다. (19다)의 서술어 '되다'는 '무엇이' 되었는지 나타내는 문장 성분을 요구하는데, 이는 한국어 문장 성분에서 보어에 해당한다. (19라)의 서술어 '가다'는 주어만으로는 주된 의미가 전달되지 않으며 '학교에'라는 부사어를 통해 도착점을 밝혀 주는 것이 자연스럽다. 이 예문을 보면 문장의 필수 주성분이 반드시 '주어, 서술어, 목적어, 보어'만은 아니라는 것을 알 수 있다. 이 문장에서는 부속 성분에 해당하는 '부사어'가 필수적으로 요구되고 있는 것이다. 이 경우에는 부사어가 부속 성분이 아니라 생략할 수 없는 주된 성분이다. 또한 (19마)는 목적어와 부사어가 모두 필수적으로 필요한 문장이다.

이와 같이 문장의 필수 구성 요소는 문장에서 주된 역할을 담당하는 서술어가 요구하는 성분이 무엇인지에 따라 결정된다. 서술어가 요구하는 필수적 성분이 몇 가지이냐를 서술어의 '자릿수'로 표현하기도 한다. 즉 (19가)는 주어만을 요구하므로 한 자리 서술어, (19나), (19다), (19라)는 두 자리 서술어, (19마)는 세 자리 서술어라고 할 수 있다. 또한 서술어가 요구하는 필수적인 성분을 언어학 개념으로는 '논항'이라고 한다. 그러므로 지금까지 설명한 내용을 정리하면, 서술어가 요구하는 논항에 따라 문장의 구조가 정해진다고 할 수 있다.


## 2) 어순과 성분 생략

한국어는 문장 성분의 배열에서 서술어가 맨 끝에 오는 특성을 띤다.

(20) 가. 나는 너를 사랑한다.

나. 我爱你。

다. I love you.

(20가)에서 보듯 한국어는 '주어+목적어+서술어' 순으로 문장이 구성된다. 이러한 어순은 SOV 언어에 속하는데, 이 특징은 여러 층위에서 문장의 구조에 영향을 미친다.

(21) 가. 어제 소포를 너한테 보냈다.

나. I send a parcel to you.

다. 이거 어제 내가 만든 빵이야.

라. This is the bread (that) I baked yesterday.

(21가)의 '너한테'처럼 한국어 문장의 경우 조사는 체언 뒤에 결합한다. 하지만 (21나)와 같이 SVO 언어인 영어에서 주된 문법 요소라고 할 수 있는 전치사 'to'는 수식하는 명사 'you'의 앞에 위치한다. (21다)와 (21라)에서도 같은 의미의 관형사절을 구성할 때, 중심이 되는 명사 '빵'과 'bread'의 위치가 한국어 문장에서는 뒤편에 위치하고 영어 문장에서는 앞에 위치하여 서로 다르다는 것을 알 수 있다.

이렇듯 어순이 다른 언어는 피수식어와 수식어의 순서, 문법 요소와 어휘 요소의 위치 등에서 다른 양상을 보인다. 그렇기에 모국어와 어순이 다른 외국어를 배울 때는 더 낯설고 어렵다. 반면 한국인이 일본어를 배울 때처럼 어순이 유사한 언어를 학습하는 것은 비교적 용이하다.

한편 한국어 문장은 상대적으로 어순이 자유롭다는 점이 또 다른 특징이다. 이는 한국어의 교착어적 성격에서 기인한다.

(22) 가. 내가 너를 좋아해.

　　나. 너를 내가 좋아해.

(23) 가. I like you.

　　나. *You like I.

(22)에서 볼 수 있듯 한국어 문장은 문장 성분의 순서를 바꿔도 문장의 주요 의미가 바뀌지 않는다. 한국어에서는 체언에 '가, 를'과 같은 조사가 결합되어 위치와 상관없이 문장에서의 역할이 표시되기 때문이다. 따라서 한국어는 상대적으로 어순이 자유로운 언어라고 할 수 있다. 반면, (23)에서 볼 수 있듯 영어의 경우 문장 성분의 위치가 바뀌면 의미가 달라지는 동시에 비문이 되어 버린다.

　한편 한국어는 문장 성분이 생략되는 경우도 빈번하다.

(24) 가. 이거 공항에서 샀어. 네가 좋아할 것 같아서.

　　나. I bought this at the airport because I think you'll like it.

(24가)에서는 '이거'를 산 주체인 주어와 '네가 좋아할' 대상인 목적어가 생략되어 있으나 의미를 이해하는 데는 어려움이 없다. 오히려 굳이 "내가 이거 공항에서 샀어. 네가 이걸 좋아할 것 같아서."라고 문장 성분을 모두 밝히는 편이 더 부자연스럽다. 그러나 (24나)와 같은 영어 문장에서는 주어나 목적어를 생략하면 비문이 된다. 이처럼 한국어에서는 문장의 주어나 목적어가 맥락에 따라 생략되기도 한다. 이는 한국어의 담화적 성격 때문이며, 특히 구어에서는 문장 성분의 생략이 더욱 빈번하게 나타난다.

**생각해 봅시다**

1. 다음 문장은 어떤 문장 성분으로 구성되어 있는지 분석해 보자.

---

가. 이 찌개를 참 맛있게 잘 끓였다.

나. 아무래도 내가 가 봐야겠어.

다. 다음 주부터 영업을 개시할 예정입니다.

라. 히말라야 안나푸르나에서 눈사태로 한국인 4명이 실종됐다.

---

2. 다음 예문을 활용하여 부사와 부사어의 차이에 대해 설명해 보자.

---

지금 서울과 수도권 곳곳에 상당히 많은 비가 내리고 있습니다. 오후 7시 40분에는 호우 특보가 없었던 서울에도 호우 경보가 갑자기 발령됐습니다.

---

# 한국어 문장의 종결과 종류

## 1 문장의 종결

문장의 종류는 문장 유형(sentence type)이라고도 한다. 한국어 문장의 종류는 문장 끝에 위치하는 '종결 어미'에 의해 실현된다. 종결 어미(終結語尾)란 한 문장을 종결짓도록 문장의 맨 마지막에 위치하는 어말 어미이다. 종결 어미의 주된 기능은 문장을 끝맺는 것이며, 청자에 대한 높임의 정도를 표시하는 상대 높임의 기능도 담당한다. 즉 종결 어미를 통해 문장의 끝맺음이 가능하며, '평서문, 의문문, 명령문, 청유문, 감탄문' 등 문장의 종류와 '하십시오체, 하오체, 하게체, 해라체, 해요체, 해체'와 같은 상대 높임이 표시된다.

(1) 가. 여행 가고 싶어요.

　　나. 자세한 소식은 잠시 후에 전해드리겠습니다.

(2) 가. 지혜는 주말에 무슨 계획이 있니?

　　나. 태풍의 진로가 바뀌었습니까?

(3) 가. 소식 궁금하니까 자주 연락해라.

　　나. 다음 물음에 알맞은 말을 쓰십시오./쓰시오.

(4) 가. 같이 가자.

　　　나. 같이 갑시다.

(5) 가. 하늘이 참 파랗네요.

　　　나. 아이고, 예뻐라!


　(1)~(5)의 문장은 각각 평서문, 의문문, 명령문, 청유문, 감탄문이다. 각 문장의 끝부분을 보면 동사나 형용사의 어간에 다양한 종결 어미가 결합하여 사용되었는데, (1)은 평서형 종결 어미 '-어요, -습니다', (2)는 의문형 종결 어미 '-니, -습니까', (3)은 명령형 종결 어미 '-여라, -으십시오/-으시오', (4)는 청유형 종결 어미 '-자, -ㅂ시다', (5)는 감탄형 종결 어미 '-네요, -어라'가 쓰였다.

　종결 어미 '-어요'로 표현된 (1가)의 문장은 비격식적 담화 상황에서 친밀함을 살리거나 화자와 청자의 심리적 거리가 비교적 가까운 사이에 주로 쓰인다. 반면, 종결 어미 '-습니다'로 표현된 (1나)의 문장은 격식적 담화 상황에서 화자가 청자에게 정중함을 드러내고자 할 때 주로 쓰인다. (2)의 의문문에서도 화자가 종결 어미를 선택하는 기준은 의사소통 상황 및 청자와의 관계이다. (2가)의 '-니'는 비격식적 담화 상황에서 매우 친밀한 사이에 사용하는 표현이며, (2나)의 '-습니까'는 격식적 담화 상황에서 대화 상대를 매우 높이는 표현이다. (3)은 명령문으로 (3가)의 '-어라'는 친밀한 청자에게 하대하여 요청하거나 명령할 때 사용하는 표현이다. (3나)는 시험 문제지에서 볼 수 있는 표현으로 '-으십시오'는 격식체의 아주 높임 등급에 해당하는 종결 어미이고 '-으시오'는 주로 신문이나 소설, 광고 등에 쓰이는 중립체이다. 대화 상대자가 특정한 대상이 아닐 경우에 청자를 높이지도 낮추지도 않는 중립 표현인 하라체가 쓰일 수 있다. (4나)의 '-ㅂ시다'는 격식체 청유형으로 높임 표현에 속하나, 특정 담화 상황에서는 적절한 표현이 아닐 수 있으므로 주의해야 한다. (5나)에 쓰인 감탄형 종결 어미 '-어라'는 형용사인 경우에 실현되며, 어간 끝음절의 모음이 'ㅏ, ㅗ'가 아닌 모음 뒤에 붙는다. 'ㅏ, ㅗ'가 올 경우에는 '-아라'(例 아, 달도 밝아라!)가, '-하다' 형용사 뒤에는 '-여라'(例 참으로 행복하여라!)가 사용된다. (3가)의 명령형 종결 어미 '-아라/어라/여라'나 (1가)의 평서형 종결 어미 '-아요/어요/여요'도 이렇게 용언 어간의 끝음절 모음에 따라 결합 양상이 달라진다.

이렇듯 종결 어미는 문장을 끝맺는 기능과 문장의 종류 및 상대 높임의 정도를 표시하는 기능을 한다. 종결 어미가 문장의 종류와 상대 높임을 동시에 표시하므로 종결 어미를 세분하기 위해서는 문장의 종류와 상대 높임의 등급을 함께 제시할 필요가 있다. 상대 높임의 등급은 대개 '하십시오체, 하오체, 하게체, 해라체'의 4원적 등급과 '해요체, 해체'의 2원적 등급으로 구성되며, 문장의 종류는 평서문, 의문문, 명령문, 청유문, 감탄문으로 구분된다. 표5-1은 종결 어미가 나타내는 문장의 종류와 상대 높임의 정도를 보여 준다.

문장의 종결은 화자가 자신의 생각을 문장을 통해 끝맺는 것인데, 한국어는 문장 끝에 위치하는 종결 어미에 의해 문장의 종류나 성격이 결정되므로 대화를 할 때 상대의 말을 끝까지 잘 듣는 자세가 필요하다. 종결 어미의 형태가 같다 하더라도 억양이나 사용 맥락에 따라 문장의 종류, 화자의 태도나 의미가 달라질 수 있기 때문이다. 이처럼 화자가 청자에 대한 자신의 태도를 종결 어미에 의해 표현하는 문법 체계를 문장 종결법이라고 한다.

표 5-1 종결 어미에 따른 문장의 종류와 상내 높임의 정도

| | | | 평서문 | 의문문 | 명령문 | 청유문 | 감탄문 |
|---|---|---|---|---|---|---|---|
| 격식체 | 아주 높임 | 하십시오체 | 하십니다 /합니다 | 하십니까? /합니까? | 하십시오 | 하시지요 | - |
| | 예사 높임 | 하오체 | 하(시)오 | 하(시)오? | 하(시)오 /하구려 | 하십시다 /합시다 | 하는구려 /하오 |
| | 예사 낮춤 | 하게체 | 하네 /함세 | 하나? /하는가? | 하게 | 하세 | 하네 /하는구먼 |
| | 아주 낮춤 | 해라체 | 한다 | 하느냐? /하니? | 해라/하렴 /하려무나 | 하자 | 하는구나 |
| 비격식체 | 두루 높임 | 해요체 | 해요 /하세요 | 해요? /하세요? | 해요 /하세요 | 해요 /하세요 | 해요 /하세요 |
| | 두루 낮춤 | 해체 (반말) | 해 | 해? | 해 | 해 | 해 |
| 중립 (신문, 소설) | | 하라체 | 한다 | 하는가? | 하라 | 하자 | - |

☞ 11강 한국어의 높임 표현

## 문장 종결법

종결 어미로 문장을 끝맺고 문장의 종류를 표시하는 문법 체계인 문장 종결법은 국어학자들 사이에서 마침법, 의향법, 서법, 문체법 등으로도 기술되어 왔다. 이 중 의향법이라는 용어는 문장 종결이 청자에 대한 화자의 태도, 즉 상대 높임의 정도를 동시에 표시하기 때문에 청자에 대한 화자의 의향을 실현한다고 보아 붙여진 이름이다. 여기에서는 대개 화자가 청자에게 대답이나 행동을 요구하는지의 여부에 따라 하위 범주 체계를 정립하였다. 문장 종결법은 현행 학교 문법이나 규범 문법에서 평서법, 감탄법, 의문법, 명령법, 청유법 등으로 체계화되어 있다.

## 2 문장의 종류

### 1) 평서문

평서문은 평서형 종결 어미에 의해 실현되는 문장으로, '서술문'이라고도 한다. 화자가 청자에게 자신의 생각, 느낌, 정보를 전달하거나 사태에 대해 기술하는 문장이다. 문장에서 서술어 기능을 하는 동사, 형용사, '~이다', '-하다'의 어간 뒤에 평서형 종결 어미를 결합하여 평서문을 만들 수 있다.

대표적인 평서형 종결 어미로는 '-ㅂ니다/습니다, -소/오, -네, -다/ㄴ다/는다, -아요/어요/여요, -아/어/여' 등이 있다.

(6) 가. 이상으로 발표를 마치겠습니다.

　　나. 자네를 이해하네.

　　다. 한국 사람들은 설날 아침에 떡국을 먹는다.

　　라. 집안일이 정말 힘들어요.

　　마. 은미 씨는 성격이 정말 좋아.

(6)의 문장은 모두 대화 상대를 높이는 정도와 격식의 정도는 다르지만 평서형 종결 어미로 표현된 평서문이다. (6가)는 하십시오체의 '-습니다'가 쓰인 격식체의 가장 정중한 표현으로, 주로 예를 갖추어야 하는 상황이나 처음 만난 대화 상대에게 쓰인다. 또한 공식적인 담화 상황인 뉴스, 회의, 발표 등에서 사용된다. (6나)는 하게체의 '-네'가 쓰인 문장인데, 하오체의 '-소'와 같이 현대 한국어에서는 제한적으로 사용된다. (6다)의

'-는다'는 해라체의 종결 어미로, 개인이 쓰는 일기나 공적인 글인 신문, 교과서 등에서 주로 볼 수 있다. (6라)는 대화 상대를 보통으로 두루 높이는 표현인 해요체의 '-어요'를 사용하여 정보 전달의 기능을 하는 평서문이다. (6마)는 흔히 반말이라고 하는 해체의 '-아'로 끝난 평서문인데, 일상생활에서 심리적으로 아주 친밀한 사이에 주로 쓰인다.

한국어교육계에서는 '-ㅂ니다/습니다'와 '-아요/어요/여요' 중 어느 것을 먼저 교수·학습해야 하는지에 대해 서로 다른 의견이 존재한다. 최근에는 말뭉치 분석 자료와 학습자 요구 등을 근거로 일상생활에서 좀 더 많이 쓰이는 비격식체의 '-아요/어요/여요'를 먼저 제시하는 추세이다. 그러나 '-아요/어요/여요'가 상대적으로 용언 활용이 복잡해 초급 수준의 학습자에게는 어렵게 느껴진다는 점, 기존의 말뭉치 분석 자료가 주로 '-ㅂ니다/습니다'와 같은 격식체나 문어체를 중심으로 이루어져 왔다는 점 등을 들어, '-ㅂ니다/습니다'를 먼저 제시해야 한다는 의견도 있다.

## 2) 의문문

의문문은 의문형 종결 어미에 의해 실현되는 문장으로, 화자가 청자에게 자신의 생각, 정보, 사태에 대한 질문을 함으로써 대답을 요구하는 기능을 한다. 문장에서 서술어 기능을 하는 동사, 형용사, '~이다', '-하다'의 어간 뒤에 의문형 종결 어미를 결합하여 의문문을 만들 수 있다.

의문문의 대표적 종결 어미로는 '-ㅂ니까/습니까, -(으)오, -(으)ㄴ가/는가, -(으)니, (으)냐, -아요/어요/여요, -아/어/여' 등이 있다.

(7) 가. 이 대리, 회의 준비는 잘 <u>됩니까?</u>

나. 숙제는 다 했니?

다. 여행 계획은 다 세웠어?

라. 출장은 잘 다녀오셨어요?


(7)은 모두 대화 상대를 높이는 정도와 격식의 정도는 다르지만 의문형 종결 어미가 쓰인 의문문이다. 이 중 (7나)~(7라)에서는 주어의 생략이 눈에 띈다.

(7가)는 동사 '되다'에 종결 어미 '-ㅂ니까'가 붙은 격식체 의문문인데, 굳이 상대가 상급자가 아니어도 회사와 같은 공식적인 담화 상황에서 격식적으로 쓰이는 표현이다. (7나)는 청자를 아주 낮추는 종결 어미 '-니'가 쓰인 격식체 의문문이다. 주로 부모가 자식에게 혹은 심리적으로 아주 가까운 사이에 사용하는데, '-(으)니'는 구어체에서 '-(으)냐'보다 더 빈번히 쓰이며 부드러운 느낌을 준다. 이유, 근거나 발견 등의 의미를 지닌 연결 어미 '-(으)니'와 형태는 같으나 기능은 전혀 다르다. (7다)는 반말인 해체에 속하는 '-어'가 쓰였는데, 비격식적 담화 상황에서 심리적으로 매우 가까운 대화자 사이에 빈번히 쓰인다. '-어요'가 쓰인 (7라)는 청자를 두루 높이는 표현으로, 비교적 덜 격식적이다. '하다'가 붙은 용언의 어간 뒤에는 '-여요'가 붙는데, 이 경우 '하여요'의 줄임말 형태인 '해요'가 일반적으로 사용된다. 구어체에 주로 쓰이는 '-아/어/여, -아요/어요/여요'는 평서문과 의문문의 형태가 같아 억양에 주의할 필요가 있다.

한편 의문문은 크게 세 가지로 나뉜다. 청자로부터 '예/아니요' 등의 긍정 혹은 부정의 대답을 요구하는 판정 의문문, 화자가 청자에게 구체적 설명을 요구하는 설명 의문문, 문장 형태는 의문문이지만 청자에게 대답을 요구하기 보다는 강한 긍정 혹은 부정의 수사적 효과를 나타내거나 명령의 기능을 하는 수사 의문문이 있다.

(8) 가. A: 영화가 재미있었어요?

    B: 네.

나. A: 학교에 왜 안 갔어요?

    B: 아파서 못 갔어요.

다. A: 누가 알겠어?

    B: …

(8가)는 청자로부터 '네'의 대답을 끌어낸 판정 의문문이다. (8나)는 화

---

**적용하기**

## 문장의 종류와 억양

문장의 종류는 종결 어미에 의해 정해지기도 하지만, 억양에 따라 결정되기도 한다. 종결 어미로 화자의 의도를 전달할 때에도 억양을 활용하여 표현하면 의미가 더 명확해진다. 또한 동일한 종결 어미 '-아/어/여'가 쓰인 아래의 문장이 각각 평서문, 의문문, 명령문, 감탄문으로 구별될 수 있는 이유는 억양의 차이 때문이다.

(1) 도서관에 가. ↘
(2) 도서관에 가? ↗
(3) 도서관에 가. →
(4) 도서관에 가! ↺

(1)처럼 문장 끝을 내려서 발화하면 평서문, (2)처럼 끝을 올려서 발화하면 의문문, (3)처럼 문장 끝에 힘을 주어 강한 어조로 발화하면 명령문, 그리고 (4)처럼 화자가 자신의 느낌을 살려 감탄조로 발화하면 감탄문이 될 수 있다. 따라서 외국인을 대상으로 하는 한국어교육을 할 때 문장 끝부분의 억양에 주의해 화자의 의도가 청자에게 명확히 전달될 수 있도록 교수·학습이 이루어질 필요가 있다.

---

자가 의문사 '왜'를 사용함으로써 청자로부터 학교에 가지 않은 이유를 듣고자 발화한 의문문이다. 이러한 설명 의문문은 대개 '누가, 언제, 어디, 무엇, 어떻게, 왜' 따위의 의문사가 함께 쓰인다. (8다)는 실제로 청자에게 대답을 요구하는 것이 아니라 '아는 사람이 아무도 없다'는 뜻을 강조하기 위해 의문문의 형태를 사용하였다. 이러한 수사 의문문은 속담이나 격언 등에서 자주 쓰인다. 이 밖에도 여러 선택항 중에서 하나를 선택하여 답하기를 요구하는 선택 의문문, 어미 '-지, -지 않-'에 의해 실현되는 확인 의문문 등이 있다.

### 3) 명령문

명령문은 명령형 종결 어미에 의해 실현되는 문장으로, 화자가 청자에게 무엇을 시키거나 어떤 행동을 요구하는 기능을 한다. 문장에서 서술어 기능을 하는 동사의 어간 뒤에 명령형 종결 어미를 결합하여 명령문을 만들 수 있다. 명령형 종결 어미는 기본적으로 동사만 결합할 수 있다는 점이 특징적이며, 영어와 마찬가지로 대개 주어는 생략된다.

명령문의 대표적 종결 어미로는 '-(으)십시오, -(으)시오, -구려/는구려, -게, -아라/어라/여라, -아/어/여, -아요/어요/여요, -(으)세요' 등이 있다.

(9) 가. 먼저 드십시오.
　　나. 여기에 앉으세요.
　　다. 다음 주까지 숙제를 끝내라.
　　라. 천천히 먹어.

(9)의 표현에서 보듯, 명령문은 화자가 대화 상대자를 향해 어떤 행동을 요구하는 기능을 한다. 이때 문장의 주어는 항상 청자를 향해 있으므로 주어가 생략되는 경우가 많다. 먼저 (9가)는 윗사람에게 공손히 명령하거나 제안하는 문장으로, 끝에 위치한 종결 어미 '-십시오'는 높임의 '-시-'와 명령을 나타내는 '-ㅂ시오'가 결합하여 쓰인 형태이다. '*-십시요'의 형태로 잘못 쓰이는 경우가 많은데, 가령 '어서 *오십시요'는 잘못된 표현이며 '어서 오십시오'가 맞다. '-(으)십시오'는 정중한 권유의 표현으로 쓰이기도 하는데, 가령 관용적인 인사말인 '새해 복 많이 받으십시오'는 화자가 대화 상대에게 무엇을 시키거나 어떤 행동을 요구하는 것이 아닌 청자를 향한 정중한 소망의 표현으로 볼 수 있다.

(9나)의 '-으세요'는 구어체에서 많이 쓰이며 청자를 두루 높이는 해요체의 명령문이다. '-으시어요'의 준말이므로 '-으셔요'로 바꿔 쓸 수도 있

### 형용사의 명령형

아래의 예문과 같은 형용사의 명령형은 이를 형태적 오류로 볼 것인지 담화적 차원에서 용인 가능한 것으로 볼 것인지가 논란이 된다.

(1) *건강하십시오. / *건강하세요.
(2) *행복하십시오. / *행복하세요.

명령형이나 청유형 종결 어미는 주로 (발화 주체의 의지에 의해 실현 가능한) 동사와만 결합한다는 문법적 제약이 있다. 그러나 위의 문장처럼 '건강하다, 행복하다'와 같은 형용사에 '-(으)십시오', '-(으)세요' 등의 명령형 종결 어미를 결합하여 사용하는 사례가 빈번하다.

이렇듯 문법적 모호성을 보이는 언어 현상에 대해 규범적 관점에서 정오를 따지기 보다는 실제 언어 사용자의 언어 현상을 설명하려는 관점에서 접근해 볼 수 있다. 이러한 관점에서 '하다' 형용사의 모호한 활용형을 분석한 연구들에 따르면 형용사의 명령형은 동사와 형용사를 구별하는 기준인 [+동작성]과 [+상태성]의 경계가 모호한 경우가 발생한다.

나아가 '행복하다, 건강하다' 등의 형용사는 인지언어학적 관점에서 보면 형용사의 일반적 원형에서 벗어나 동사의 범주에 근접해 있다는 견해도 있다. 실제로 동사와 형용사를 각각 다른 품사로 설정할 것인지에 대해서는 학자마다 이견을 보여 왔다. '행복하다, 건강하다'라는 형용사의 명령형, 청유형에 관해서도 이러한 관점에서 생각해 볼 수 있다.

다. 동사의 어간에 받침이 없거나 'ㄹ'로 끝날 때는 '-세요'를 쓰며, 'ㄹ' 받침을 제외한 모든 받침으로 끝날 때는 '-으세요'를 쓴다. '-(으)세요'의 경우 일부 다른 종결 어미와 마찬가지로 'ㄹ 탈락'과 관련하여 어미 활용이 까다로울 수 있어, '창문을 *열으세요, 전화를 *걸으세요'와 같은 형태적 오류가 빈번하다. (9다)와 (9라)는 윗사람이 아랫사람에게 무엇을 시키는 기능을 하는 대표적인 명령문 형태이다.

의문문, 명령문 등 문장의 종류는 해당 성질을 지닌 종결 어미의 형태로 결정되는 것이 일반적이나 그렇지 않은 경우도 있다. 다음 (10)의 예문은 통사적 형태로는 명령문이 아니나, 화자의 의도나 의사소통 상황에 따라서는 명령문이 될 수 있다.

(10) 가. 손님, 여기에 앉<u>으시지요</u>.
　　　나. 저와 함께 가지 <u>않겠어요</u>?
　　　다. 고객 설문 조사를 실시하면 <u>어떨까 싶은데요</u>.

(10)의 문장은 모두 화자가 청자로 하여금 어떤 행동을 요구하는 화행의 기능을 지니지만, 명령형 종결 어미가 쓰인 문장에 비해 다소 정중하고 부드러운 느낌을 준다.

이처럼 화자가 청자의 감정을 고려해 좀 더 간접적이고 동의를 구하는 어조로 표현하는 방법인 완곡어법 등의 사용은 원활한 인간관계를 위해 꼭 필요한 언어 사용법이므로 중·고급 수준의 학습자 대상 한국어교육에서도 중요하게 다루어질 필요가 있다.

## 4) 청유문

청유문은 청유형 종결 어미에 의해 실현되는 문장으로, 화자가 청자에게 어떤 행동을 함께 하기를 요청하는 기능을 한다. 문장에서 서술어 기능을 하는 동사의 어간 뒤에 청유형 종결 어미를 결합하여 청유문을 만들 수 있다. 청유형 종결 어미는 명령문과 마찬가지로 대개 동사와만 결합하며, 문장의 주어는 화자와 청자 모두를 포함한다.

청유문의 대표적 종결 어미로는 '-(으)시지요, -(으)ㅂ시다, -(으)세, -자, -아요/어요/여요, -(으)ㄹ까요, -(으)ㄹ래요, -아/어/여' 등이 있다.

(11) 가. 선생님, 식당으로 (함께) 가<u>시지요</u>.

　　　나. (우리) 여기에 앉<u>읍시다</u>.

　　　다. (우리) 남도 구경하러 가<u>세</u>.

　　　라. (우리) 주말에 시내에서 만나<u>자</u>.

　　　마. (우리) 커피 한 잔 할<u>까요</u>?

　　　바. (우리) 오늘은 좀 색다른 음식을 먹<u>어요</u>.

(11)은 모두 화자가 청자에게 어떤 행동을 함께 하기를 권유하는 기능을 하는 문장으로, 발화문의 주어는 대개 대화 참여자 모두를 포함한다. (11가)는 '-시지요'가 쓰여 격식적인 상황에서 대화 상대를 매우 높이는 청유형임을 알 수 있다. (11나) 또한 격식적 의사소통 상황에서 상대를 높이는 등급에 속하는 '-읍시다'가 쓰였으나, 일상생활에서 '-(으)ㅂ시다'는 사회적으로 대등한 관계에 있는 상대나 아랫사람에게 어떤 행동을 요청할 때 주로 쓰인다. (11다)는 주로 구어체에서 쓰이는 하게체의 종결 어미

'-세'가 쓰인 청유문으로, 윗사람이 아랫사람에게 사용하거나 노년층과 장년층에서 사회적·심리적으로 가까운 사이에 쓰이는 것이 일반적이다. (11라)는 사회적·심리적으로 매우 가까운 화자 사이에 주로 쓰이는 청유 문의 형태이다. (11마)에 사용된 종결 어미 '-ㄹ까요'는 '-(으)ㅂ시다'보다 완곡한 표현으로, 화자–청자 간 사회적 관계의 제약에서 비교적 자유롭 다. 또한 (11바)에서 확인할 수 있듯이, 평서문, 의문문, 명령문 등에 두루 쓰이는 종결 어미 '-어요'는 동사와 결합했을 때 제안의 의미를 지니기도 한다. 가령 '점심 때 식사하러 가요.'라는 문장은 억양이나 화자의 의도에 따라 대화 상대에게 함께 점심을 하러 가자는 청유문이 된다.

모든 의사소통 맥락이 그러하지만, 특히 청유형이나 명령형의 문장은 언어 표현의 미세한 의미 차이를 고려하여 발화될 때의 담화 상황이나 청 자와의 관계를 종합적으로 판단해 표현을 선택할 필요가 있다. 이처럼 실 제 언어 사용 상황에서는 화자의 담화 구성 능력에 더해 사회언어학적 능 력과 전략적 능력이 모두 요구되므로 한국어교육에서도 이를 반영한 문 법교육이 이루어져야 한다.

### 종결 어미의 다의성

같은 형태의 종결 어미일지라도 실제 언어 사용 상황에서는 다양한 의미 기능을 하면서 문 장의 종류를 결정짓기도 한다. 본문에서 언급했듯 종결 어미 '-아요/어요/여요'는 제안의 기 능을 하기도 하고, '-지요' 역시 화자가 자신의 생각을 진술하거나 동사와 결합하여 명령, 권 유, 제안하는 기능을 할 수 있다. 또한 '-(으)ㄹ까요'는 의사소통 맥락에 따라 추측, 제안, 확 인 등의 다양한 담화 기능을 한다. 다만, 동사/형용사에 따라 어미 결합에 제약이 있다.

특히 '-(으)세요'는 명령형으로도 쓰이고 주체 높임의 현재형으로도 쓰여 학습자가 혼 란스러워하는 경우가 많다.

(1) 할머니께서 병원에 가세요.
(2) 할머니, 병원에 가세요.

(1)은 평서문으로 이때의 '-세요'는 주체인 할머니를 높이는 용법이고, (2)는 명령문으 로 이때의 '-세요'는 할머니께 병원에 가시길 청하는 용법이다.

에서는 형용사와 결합하여 감탄형으로 사용된 것을 확인할 수 있다. 또한 (12마)의 '어머'에서 볼 수 있듯 감탄문은 문장 맨 앞부분에 감탄사가 함께 쓰이기도 한다.

☞ 13강 한국어 단어의 분류

---

**적용하기**

## 호응 관계와 한국어교육

(1) *저는 2월에 한국에 <u>왔다.</u>
(2) <sup>?</sup>선생님, 같이 식사하러 갑시다.

(1), (2)의 문장은 실제 중급 수준의 외국인 한국어 학습자가 생산한 중간언어적 표현이다. 평서문으로 종결 어미 '-다'가 쓰인 (1)의 문장은 주어('저는')와 술어('왔다')가 호응하지 않는다. 화자가 자신을 낮추는 1인칭 대명사 '저'를 사용하였으므로 청자를 향한 문장의 종결형 역시 높임 등급의 표현인 '-ㅂ니다/습니다, -아요/어요/여요' 등을 사용하거나 주어를 '나는'으로 해야 자연스럽다.

한편 '-(으)십시오'와 '-(으)ㅂ시다'는 격식체 높임 등급의 명령형과 청유형에서 사용하는 가장 대표적인 형태이나 특정 담화 상황에서는 화용론적으로 공손하지 않은 표현으로 여겨질 수 있으므로 주의해야 한다. 실제 한국어 모어 화자들은 예를 갖추어야 하는 상대에게 (2)와 같은 문장을 사용하지 않는다. 그러므로 외국인 학습자들이 문법 형태에 기반하여 이러한 표현을 사용함으로써 중요한 자리에서 실수하지 않도록 교육해야 한다. 보다 부드럽고 자연스러운 표현인 '-(으)시지요, -(으)ㄹ까요'를 사용하여 "선생님, 같이 식사하러 가시지요./같이 식사하러 가실까요?"와 같은 표현으로 연습할 수 있도록 교수안을 설계할 필요가 있다. 이때 역할극 시연, 드라마·영화 등의 영상 매체 자료를 활용할 수 있다.

격식체와 비격식체, 높임과 낮춤을 구별하여 사용하는 것은 어떤 언어권의 학습자든지 어려워할 수 있는데, 실제로 외국인 한국어 학습자들에게 이러한 오류가 빈번하게 나타난다. 따라서 다양한 의사소통 맥락에서 언어 사용을 학습하여 적절한 표현이 체화(體化)될 수 있도록 해야 한다. 또한 이를 위해서는 문장 차원 이상의 담화적 능력이 요구되므로, 담화 문법 및 의미 중심의 형태 초점(focus on form) 교육이 필요하다.

---

## 생각해 봅시다

1. 한국어 문장 종결법의 종류와 기준에 대해 정리해 보자.

2. 억양에 따라 달라지는 문장의 종류를 제시해 보자.

3. 한국어 학습자 글쓰기에서 흔히 나타나는 오류 양상 가운데 하나가 종결 어미와 주어-술어 호응의 문제이다. 아래의 학습자 글에서 어색한 부분을 찾아 그 이유를 설명하고, 적절하게 수정해 보자. 그리고 이러한 오류를 교수·학습하는 방안에 대해 토론해 보자.

> 저는 캐나다 밴쿠버에서 태어났다. 어렸을 때부터 지금까지 부모님께서는 늘 내 뜻을 존중해 주셨다. 그 덕분에 저는 자립심을 가진 아이로 성장할 수 있었다.
>
> 내 꿈은 훌륭한 미술 교사가 되는 것입니다. 초등학교 때 우리 집에서 동양 미술을 본 적이 있는데, 그것이 나에게 큰 감명을 주었기 때문이다. 그 때부터 저는 예술가가 되겠다는 꿈을 꾸기 시작했다. 내가 예술가가 되겠다고 했을 때 부모님께서는 지원을 많이 하셨다.
>
> 저는 꿈을 이루기 위해서 지금은 한국에서 살고 있다. 한국어가 어려울 뿐만 아니라 한국 생활도 힘들지만 꿈을 이루기 위해서 열심히 노력하지 않으면 안 된다고 생각하다.

# 한국어 문장의 확대

문장(文章, sentence)은 완결된 생각이나 감정을 표현하는 최소의 언어 단위로서 의미적으로 완결성을 갖추고 있으며 형식적으로 다른 언어 단위에 포함되지 않는 자립성을 가지고 있다. 절(節, clause)은 문장과 마찬가지로 주어와 서술어를 갖추고 있지만 자립적으로 사용되지 못한다는 점에서 문장과 구분된다.

## 문장의 정의

의미적 완결성과 형식적 자립성을 문장을 정의하는 주요 기준으로 본다면, 다음의 "김밥."은 표면적으로 주어와 서술어가 없이 단어만으로 구성되어 자립성을 갖추지 못했고 의미적으로도 완결되지 못했기 때문에 문장으로 인정하기 어렵다.

A: 점심에 뭐 먹었어?
B: 김밥.

그러나 대화의 맥락을 살펴보면, "김밥."이라는 대답에는 '나는', '점심에', '을', '먹었어' 등이 생략되어 있다고 추론할 수 있다. 생략된 부분을 복원해 보면 "나는 점심에 김밥을 먹었어."와 같이 의미적 완결성과 형식적 자립성을 갖춘 문장이 된다. 이러한 점에 주목하면 문장은 문법 원리에 따라 생략된 부분이 없이 완전하게 구성된 완전문(完全文, full sentence)과 맥락에 따라 추론 가능한 부분을 생략하여 주어와 서술어의 관계를 완전하게 갖추지 못한 소형문(小型文, minor sentence)으로 구분할 수 있다. 문장의 개념에 대해 정의할 때는 실제 의사소통의 맥락에서 사용되는 소형문이 아니라, 이론적 논의를 위한 기준점으로서 생략된 부분이 없이 온전하게 표현된 완전문을 전제로 한다는 것을 기억할 필요가 있다.

(1) 가. 동생은 치킨을 좋아한다.

　　 나. 동생은 치킨을 좋아하고, 언니는 회를 좋아한다.

　　 다. 동생이 좋아하는 음식은 치킨이다.


　한국어의 문장은 (1가)와 같이 하나의 절로 이루어진 문장인 단문(홀문장, simple sentence)과 두 개 이상의 절로 이루어진 문장인 복문(겹문장, complex sentence)으로 구분할 수 있다. 복문은 다시 접속문(conjoined sentence)과 내포문(embedded sentence)으로 구분된다. 접속문은 절과 절이 대조, 나열, 인과 등의 의미 관계를 맺으며 나란히 연결된 문장으로 (1나)가 이에 해당한다. (1나)는 '동생은 치킨을 좋아한다'와 '언니는 회를 좋아한다'가 연결 어미 '-고'에 의해서 대등하게 이어져 하나의 문장으로 만들어진 접속문이다. 내포문은 (1다)와 같이 문장 내에서 주어, 목적어, 관형어 등의 문장 성분으로 기능하는 절을 안고 있는 문장이다. (1다)는 '동생이 음식을 좋아한다'라는 절이 전성 어미 '-는'과 결합하여 '동생이 좋아하는'의 형태로 모문 '그 음식은 치킨이다' 중 '음식'의 성질을 제한해 주는 관형어의 역할을 한다. 이처럼 절이 모문에서 문장 성분의 하나로 기능하도록 안겨 있는 문장이 내포문이다. 절과 절을 결합하여 복문으로 만드는 것을 '문장의 확대'라고 하는데, 이는 복잡한 인간의 사고를 표현해 내는 유용한 언어적 장치이다.

# 1 문장의 접속

접속문은 두 절이 나란히 이어져서 형성된 문장으로 '이어진문장'이라고도 한다. 접속문은 '-고, -지만, -(으)나, -아서/어서/여서, -(으)면'과 같은 연결 어미와 '-기 때문에, -(으)ㅁ에도 불구하고, -(으)ㄹ 뿐만 아니라' 등의 우언적 구성(迂言的 構成, periphrastic construction)이 선행절 용언의 어간에 붙어 형성된다.

접속문은 대등 접속문과 종속 접속문으로 구분된다. 대등 접속문은 (2가)와 같이 선행절과 후행절이 대등하게 연결된 문장이며, 종속 접속문은 (2나)와 같이 선행절이 후행절에 독립적이지 않고 의미적·통사적으로 종속되어 있는 문장이다.

(2) 가. 동생은 국어학을 전공하고, 언니는 생물학을 전공한다.

　　나. 나는 영화를 보러 매주 영화관에 간다.

접속문의 구분은 단순히 연결 어미의 형태뿐만 아니라 선행절과 후행절의 의미 관계에 의해 결정되며, 동일한 문장의 의미도 맥락에 따라 다르게 이해될 수 있다. 예를 들어 '-고'로 연결된 '밥을 먹고 영화를 봤다'와 같은 문장은 맥락에 따라 밥을 먹은 사건과 영화를 본 사건을 단순히 나열하는 의미로 이해할 수도 있고, 연결 어미가 선행절과 후행절의 시간적 관계를 표현하였다고 보고 밥을 먹은 다음에 영화를 봤다는 의미로 이해할 수도 있다. 이 경우 전자는 대등 접속문으로, 후자는 종속 접속문으로 구분한다.

대등 접속문과 종속 접속문은 의미적 종속성의 차이로 인해 서로 다른 통사적 특성을 보인다. 대등 접속문은 선행절과 후행절의 순서를 자유롭게 바꿀 수 있지만, 종속 접속문은 그렇지 않다. 종속 접속문은 선행절이 후행절에 의미적으로 의존하고 있기 때문에 선행절과 후행절의 순서를 바꾸면 비문법적인 문장이 될 뿐만 아니라 문장의 의미가 달라진다.

(3) 가. 언니는 생물학을 전공하고, 동생은 국어학을 전공한다.

나. <sup>?</sup>매주 영화관에 가러 나는 영화를 본다.

대등 접속문인 (2가)의 선행절과 후행절의 순서를 바꾸어 (3가)와 같이 표현하여도 문법적으로 적합하며, 명제적 의미에도 차이가 없다. 물론 순서가 바뀌면서 화자가 강조하고자 하는 초점적 의미는 달라지지만, 표현하고자 하는 명제적 의미는 동일하다. 그러나 종속 접속문 (2나)의 선행절과 후행절의 순서를 바꾼 (3나)는 비문법적이며 문장의 의미 또한 달라진 것을 확인할 수 있다.

또한 (4가)에서 볼 수 있듯이 대등 접속문은 선행절이 후행절 속으로 이동할 수 없지만, 종속 접속문은 (4나)와 같이 상대적으로 자연스럽게 이동할 수 있다.

(4) 가. *동생은 언니는 생물학을 전공하고 국어학을 전공한다.

나. 나는 매주 영화관에 영화를 보러 간다.

대등 접속문은 선행절과 후행절의 의미가 독립적인 반면, 종속 접속문은 선행절과 후행절의 의미가 의존적이어서 상대적으로 강한 결속력을 보이기 때문에 이러한 통사적 특성이 나타난다.

## 1) 대등 접속문

대등 접속문은 선행절과 후행절의 의미 관계가 대등하게 결합된 문장으로, '대등하게 이어진문장'이라고도 한다. 대등하게 이어진 절은 나열, 대조, 선택의 의미 관계를 맺는다.

(5) 가. 나는 아침에 간단히 빵을 먹고 점심에 삼계탕을 먹었다. [나열]
   나. 나는 아침에 간단히 빵을 먹지만 내 동생은 꼭 밥을 챙겨 먹는다.
     [대조]
   다. 나는 아침에 간단히 빵을 먹거나 굶는다. [선택]

(5가)는 선행절과 후행절이 나열의 의미로 이어진 문장으로 선행절 용언의 어간에 '-고, -(으)며'와 같은 연결 어미나 '-(으)ㄴ/는 데다가, -(으)ㄹ 뿐만 아니라'와 같은 우언적 구성이 결합하여 형성된다. (5나)는 선행절과 후행절의 내용이 대립적으로 연결된 문장으로 '역접(逆接)'이라고도 하며, 선행절 용언의 어간에 연결 어미 '-지만, -(으)나, -(으)ㄴ/는데', 우언적 구성 '-(으)ㄴ/는 반면에, -(으)ㄴ/는 데 반해서' 등이 결합하여 만들어진다. (5다)는 선행절과 후행절이 선택의 의미로 이어진 대등 접속문으로 연결 어미 '-거나, -든지', 우언적 구성 '-(으)ㄴ/는 대신에, -기 보다는, -(으)ㄹ 게 아니라' 등이 선행절 용언의 어간에 붙어 형성된다.

## 2) 종속 접속문

종속 접속문은 선행절과 후행절이 의미적으로 서로 의존적인 관계를 맺고 있는 문장으로 '종속적으로 이어진문장'이라고도 한다. 후행절에 대해 선행절이 갖는 의미를 기준으로 배경, 이유, 목적, 조건, 양보, 선행, 동시 등으로 구분할 수 있다.


(6) 가. 어제 친구와 영화를 봤는데 너무 지루했어요. [배경]

　　 나. 제가 좋아하는 영화가 재개봉해서 보러 갈 거예요. [이유]

　　 다. 친구와 영화를 보러 시내에 갔어요. [목적]

　　 라. 공포 영화를 좋아하면 이 영화를 좋아할 것 같아요. [조건]

　　 마. 제 친구는 아무리 슬픈 영화를 봐도 절대 울지 않아요. [양보]

　　 바. 친구와 영화를 보고서 근처에서 맥주를 마셨어요. [선행]

　　 사. 영화를 보면서 팝콘을 먹었어요. [동시]


(6가)의 예문은 의미상 선행절이 후행절의 배경이 되며, 이러한 의미는 선행절 서술어의 어간에 연결 어미 '-(으)ㄴ/는데, -(으)니'와 우언적 구성 '-(으)ㄹ 텐데, -고 보니'가 결합하여 표현된다. (6나)는 선행절과 후행절이 이유 혹은 원인과 결과의 의미 관계를 맺고 있는 문장으로서, 연결 어미 '-아서/어서/여서, -(으)니까' 등과 '-기 때문에, -(으)로 인해, -는 바람에' 등의 우언적 구성을 통해 표현할 수 있다. (6다)는 선행절이 후행절의 목적이 되며, '-(으)러, -고자, -도록'과 같은 연결 어미와 '-기 위해서, -(으)ㄹ 양으로'와 같은 우언적 구성에 의해 실현된다. (6라)는 선행절이 후행절의 조건이 된다는 의미로 해석이 되며, 연결 어미 '-(으)면, -거든, -다면/ㄴ다면/는다면' 등과 '-는 한, -는 경우에' 등의 우언적 구성이 선행절 서술어의 어간에 결합하여 형성된다. (6마)는 선행절의 내용을 인정하고 가정함을 뜻하는 양보의 의미를 가지며, '-아도/어도/여도,

-더라도' 또는 '-(으)ㄹ지라도, -(으)ㅁ에도 불구하고' 등을 통해 표현된다. (6바)와 (6사)는 선행절과 후행절이 시간적 관계로 이어진 문장이다. (6바)는 선행절의 사건이 먼저 발생한 후에 후행절의 사건이 발생했음을, (6사)는 선행절과 후행절의 사건이 동시에 발생했음을 의미하며, 각각 '-고, -아서/어서/여서, -자마자', '-고 나서, -(으)ㄴ 후에'와 '-(으)며, -(으)면서', '-는 동안에, -는 사이에, -는 길에' 등의 접속 표현에 의해 실현된다.

## 접속문의 유형

접속문의 종류는 연결 어미의 종류와 밀접한 관련을 맺고 있다. 연결 어미의 경우, 대등적 연결 어미, 종속적 연결 어미, 보조적 연결 어미로 구분되기 때문에 이러한 어미 체계에 따르면 접속문의 종류가 대등 접속문, 종속 접속문, 보조 접속문이 되어야 할 것이다. 그러나 보조적 연결 어미 '-아/어/여, -게, -지, -고'는 '앉아 있다, 먹고 있다'와 같이 문장에서 하나의 단위로 인식되는 합성 서술어를 만들기 때문에 문장의 확대에 관여하지 않는다.

　　(1) 동생이 야식을 먹고 있다.
　　(2) 동생은 야식을 먹고, TV를 보았다.
　　(3) 동생은 야식을 먹고, 나는 옆에서 게임을 했다.

　　(1)의 '먹고 있다'에 사용된 연결 어미 '-고'는 보조 용언 '있다'와 결합하여 주체의 행위가 진행 중임을 표현하는 상적 표지의 기능을 한다. 보조적 연결 어미가 합성 서술어를 형성함에 따라 이 문장은 주어와 서술어가 한 번만 출현하는 단문이 된다. 반면 (2)의 '먹고'에 사용된 연결 어미 '-고'는 '동생은 야식을 먹었다'와 '동생은 TV를 보았다'라는 두 개의 절을 시간적 선후 관계에 따라 종속적으로 이어 주는 기능을 한다. 또한 (3)의 연결 어미 '-고'는 '동생은 야식을 먹었다'와 '나는 옆에서 게임을 했다'는 두 절을 대등하게 이어 주는 기능을 한다. 즉, 문장의 확대에는 (2)와 같은 종속적 연결 어미와 (3)과 같은 대등적 연결 어미만이 관여한다. 따라서 접속문의 종류에는 보조 접속문이 존재하지 않고, 대등 접속문과 종속 접속문으로 구분된다.

## 2 문장의 내포

내포문은 문장이 절의 형식으로 변화되어 다른 문장의 문장 성분으로 기능하는 문장으로서 '안은문장'이라고도 한다. 절이 문장 성분으로 기능하기 위해서 절의 용언 어간에 전성 어미, 파생 접미사, 인용격 조사 등이 결합한다. 안긴 절이 문장에서 하는 역할에 따라 명사절 내포문, 관형사절 내포문, 부사절 내포문, 인용절 내포문, 서술절 내포문으로 구분된다.

### 1) 명사절 내포문

명사절은 문장 내에서 명사와 같이 주어, 목적어, 보어, 부사어 등으로 기능하는 절이다. 명사절 내포문은 이러한 명사절을 안은 문장이다. 일반적으로 명사절은 명사형 전성 어미 '-기, -(으)ㅁ'이 결합하여 형성된다.

(7) 가. 텃밭 가꾸기는 생각보다 어렵지 않다.
　　나. 나는 텃밭 가꾸기를 좋아한다.
　　다. 요즘 텃밭 가꾸기에 푹 빠져 있다.

(8) 가. 그가 거짓말을 하고 있음이 분명하다.
　　나. 나는 그가 거짓말을 하고 있음을 안다.
　　다. 그가 거짓말을 하고 있음에 분노했다.

(7)과 (8)에서 공통적으로 (가)는 명사절이 주어의 역할을 하며, (나)는 목적어, (다)는 부사어의 역할을 한다. 명사형 전성 어미 '-기'는 대체

로 일반적이고 사실로 정해지지 않은 혹은 결정되지 않은 미정(未定)의 사태를 표현할 때 사용된다. '바라다, 기대하다, 희망하다, 원하다' 등의 원망(願望)의 의미를 갖는 동사나 '좋아하다, 싫어하다, 좋다, 싫다, 지루하다'와 같이 사태에 대한 호불호(好不好)를 평가하는 용언 등과 함께 어울려 사용되는 경향이 있다. 반대로 '-(으)ㅁ'은 구체적이고 사실로 확인된 혹은 이미 발생한 기정(旣定)의 사태를 표현할 때 사용된다. '보다, 느끼다' 등의 지각 동사, '알다, 모르다, 깨닫다' 등의 인식 동사, '분명하다, 확실하다, 당연하다'처럼 사태에 대한 확신을 표현하는 동사와 함께 사용되는 경향이 있다.

또한 명사절은 '-냐/으냐/느냐, -(으)ㄴ/는가, -(으)ㄴ/는지' 등의 의문형 종결 어미가 결합되어 형성되기도 한다.

(9) 가. 나는 윤주가 어떤 말을 했는지가 궁금하다.

　　나. 우리 회사는 결과보다도 어떤 태도로 임했느냐를 중요하게 생각한다.

(9가)에서는 '-는지'가 결합하여 만들어진 명사절이 문장에서 주어의 역할을 하며, (9나)에서는 '-느냐'가 결합하여 형성된 명사절이 목적어의 역할을 한다.


## 2) 관형사절 내포문

관형사절은 문장 내에서 관형사와 같이 명사, 대명사 등의 체언을 수식하는 기능을 하는 절로, 관형사절 내포문은 이러한 관형사절을 안은 문장이다. 관형사절은 서술어의 어간에 관형사형 전성 어미 '-는, -(으)ㄴ, -(으)ㄹ, -던'이 결합하여 형성된다.

(10) 가. <u>가장 친한</u> 친구가 결혼식 축가를 불러 주었다.
　　　나. <u>차를 좋아하는</u> 사람에게 찻잔은 좋은 선물이 된다.
　　　다. <u>학창 시절에 즐겨 듣던</u> 노래가 라디오에서 나왔다.

　관형사형 전성 어미는 서술어로 사용되는 용언의 종성 존재 여부, 품사, 시제에 따라서 선택된다. 예를 들어 (10나)의 '좋아하다'와 같이 용언의 종성이 없는 동사의 경우, 현재 시제에서는 '-는', 과거 시제에서는 '-ㄴ', 미래 시제에서는 '-ㄹ'이 사용된다. 한편 '먹다'와 같이 용언의 종성이 있

### '-(으)ㄴ/는 것'

'-(으)ㄴ/는 것'은 관형사형 전성 어미 '-(으)ㄴ/는'과 의존 명사 '것'이 결합된 것으로, 관형사절이 의존 명사 '것'을 수식하는 구조를 취하고 있다. 그러나 기능의 측면에서 보면 '-(으)ㄴ/는 것' 구성은 용언의 어간에 결합하여 절이 명사와 같이 주어, 목적어, 보어의 역할을 할 수 있도록 만드는 역할을 한다. 결합할 수 있는 용언의 제약이 있는 '-(으)ㅁ'이나 '-기'와 달리, '-(으)ㄴ/는 것'은 별다른 제약 없이 대부분의 용언과 결합되어 사용될 수 있으며, 구어와 문어에서 모두 활발하게 사용된다.

(1) 가. 나는 <u>텃밭 가꾸기를/<sup>?</sup>텃밭 가꿈</u>을 좋아한다.
　　나. 나는 <u>텃밭 가꾸는 것</u>을 좋아한다.

(2) 가. <u>그가 거짓말을 하고 있음이/*그가 거짓말을 하기</u>가 분명하다.
　　나. <u>그가 거짓말을 하고 있는 것</u>이 분명하다.

　이러한 이유로 형태 중심의 분석적 접근보다는 의미 기능에 중심을 두는 한국어교육에서는 '-(으)ㄴ/는 것'을 명사형 전성 어미 '-(으)ㅁ, -기'와 마찬가지로 명사절을 만드는 문법적 장치로 보고, 단일한 문형으로 제시하는 경향이 있다. 전성 어미 '-(으)ㄴ/는'은 결합되는 용언의 품사와 시제에 따라 '-는'(동사 현재 시제), '-(으)ㄹ'(동사 미래 시제, 형용사 미래 시제), '-던'(회상)으로 실현된다.

는 동사의 경우, 현재 시제에서는 '-는', 과거 시제에서는 '-은', 미래 시제에서는 '-을'이 선택적으로 사용된다. ☞ 7강 한국어의 시간 표현

관형사절은 두 절에서 공유하고 있는 공통된 논항의 존재 여부에 따라 관계 관형사절과 동격 관형사절로 구분된다.

(11) 가. 친구에게 내가 직접 만든 향초를 선물했다.
　　 나. 친구에게 내가 직접 향초를 만든 이야기를 했다.
　　 다. 친구에게 내가 직접 향초를 만들었다는 이야기를 했다.

(11가)는 '내가 직접 향초를 만들었다'와 '친구에게 그 향초를 선물했다'가 결합하여 만들어진 문장으로, 두 문장에는 공통적으로 명사 '향초'가 존재한다. 두 문장 중 '내가 직접 향초를 만들었다'에서 공통되는 명사 '향초'가 생략되고 이것이 '내가 직접 만든'이라는 형태의 절이 되어 모문의 명사 '향초'를 수식하고 있다. 이처럼 모문에서 수식을 받는 명사를 공유하는 관형사절을 관계 관형사절 혹은 관계절이라고 한다. 이때 관계 관형사절은 모문과 공유하는 명사를 생략하였기 때문에 절을 구성하는 필수 성분을 완전히 갖추지 못한 형태로 실현된다.

반면 (11나)와 (11다)는 '내가 직접 향초를 만들었다'와 '(내가) 친구에게 그 이야기를 했다'가 결합하여 만들어진 문장으로, 두 문장에는 공유되는 명사가 존재하지 않는다. '내가 직접 향초를 만든'과 '내가 직접 향초를 만들었다는'의 형태로 실현되는 관형사절은 수식을 받는 모문의 명사 '이야기'의 내용을 풀어 제시하는 역할을 하며, 이를 동격 관형사절 또는 보문절이라고 한다. 동격 관형사절은 모문과 공유되는 성분이 생략되는 현상이 발생하지 않기 때문에 절을 구성하는 필수 성분을 모두 갖춘

완전한 형태로 실현된다. 이때 동격 관형사절은 (11나)와 같이 종결 어미가 없는 형태로 실현되는 짧은 동격 관형사절과 (11다)와 같이 종결 어미가 존재하는 완전한 문장 뒤에 '-는'이 결합되어 형성되는 긴 동격 관형사절로 구분된다. 전자는 주로 '기억, 사건, 경험, 까닭, 경우' 등의 명사를 수식하고, 후자는 '소문, 소식, 약속, 보고, 말, 주장, 생각, 질문' 등의 명사를 수식한다.

### 3) 부사절 내포문

부사절은 문장 내에서 부사와 같이 서술어를 수식하는 기능을 하는 절이다. 부사절 내포문은 이러한 부사절을 안은 문장이다. 부사절은 서술어의 어간에 '-게, -이, -도록, -듯이' 등이 결합하여 형성된다.

(12) 가. 친구가 <u>연락도 없이</u> 찾아왔다.
　　　나. 친구가 <u>기분 나쁘게</u> 말했다.
　　　다. 친구들이 <u>밤이 새도록</u> 떠들었다.

(12가)에서는 접미사 '-이'가 결합하여 형성된 부사절 '연락도 없이'가 서술어 '찾아왔다'를 수식하는 기능을 한다. '-이'는 '없다, 같다, 다르다' 등의 일부 형용사와만 결합하여 부사절을 만든다. (12나)와 (12다)는 어미 '-게'와 '-도록'이 결합하여 형성된 부사절 '기분 나쁘게'와 '밤이 새도록'이 각각 '말했다'와 '떠들었다'를 수식하는 기능을 한다.

부사절 내포문과 종속 접속문은 경계가 모호하여 연구자에 따라 부사절 내포문을 인정하지 않고 두 가지를 모두 종속 접속문으로 보기도 하고,

## 부사절 내포문과 종속 접속문

부사절 내포문과 종속 접속문을 동일한 유형으로 설정하는 입장에서는 대등 접속문과 비교할 때 부사절 내포문과 종속 접속문은 두 절의 순서를 바꾸어도 의미에 변화가 없다는 교호성과 두 절이 구조적·의미적으로 대칭된다는 대칭성을 갖지 않으며, 문장 내 이동이 자유롭다는 점에 주목한다.

(1) 가. 인생은 짧고 예술은 길다.
　　나. 예술은 길고 인생은 짧다.
　　다. *예술은 인생은 짧고 길다.

(2) 가. 기분이 나빠도 나는 표현하지 않는다.
　　나. ?나는 표현하지 않아도 기분이 나쁘다.
　　다. 나는 기분이 나빠도 표현하지 않는다.

(3) 가. 기분 나쁘게 친구가 말했다.
　　나. ?친구가 말하게 기분 나빴다.
　　다. 친구가 기분 나쁘게 말했다.

(1가)는 대등 접속문으로, (1나)에서처럼 대칭되는 두 절의 순서를 바꾸어도 의미 변화가 없다. 하지만 종속 접속문인 (2가)와 부사절 내포문인 (3가)는 각각 (2나)와 (2다)에서 확인할 수 있듯이, 두 절이 의미적·구조적으로 대칭되지 않으며 절의 순서를 바꾸면 의미가 달라진다. 또한 (1다)와 같이 대등 접속문의 절은 문장 내 이동이 제한되는 반면, (2다), (3다)와 같이 종속절과 부사절은 상대적으로 자유롭다.

그러나 부사절 내포문과 종속 접속문은 절의 시제 결합 제약에서 차이를 보이기 때문에 이 점에 주목하는 입장에서는 둘을 구분하여 별개의 문장 유형으로 설정한다.

(4) 가. 기분이 나빴어도 나는 표현하지 않았다.
　　나. *기분 나빴게 친구가 말했다.

(4가)와 같은 종속절에서는 '-았/었/였-, -겠-'과 같은 시제 선어말 어미의 결합이 가능하지만, (4나)와 같은 부사절의 경우 시제 선어말 어미의 결합이 불가능하다. 또한 부사절이 용언을 수식하는 기능을 하는 것과 달리, 종속절은 이유, 목적, 양보, 가정 등의 의미를 가지고 후행절과 연결된다는 차이도 있다.

이처럼 부사절 내포문과 종속 접속문은 절과 절 간의 의미 관계가 분명하게 구분되지 않고, 통사적으로도 대등 접속문과 구별되는 공통된 특성이 있어 이 점에 주목하면 이들을 동일한 문장 유형으로 설정할 수 있다. 반면, 문장 내에서 절의 역할과 시제 결합 따위의 통사적 제약에 주목하면 이들을 별개의 문장 유형으로 설정할 수 있다. 이 책에서는 부사절과 종속절의 차별적 특성에 주목하여 이들을 구분하여 기술한다.

반대로 종속 접속문을 인정하지 않고 이들을 모두 부사절 내포문으로 설명하기도 한다. 또는 '내 동생은 예쁘게 생겼다'의 '생겼다'와 같이 부사어를 필수적으로 요구하는 일부 서술어를 수식하는 경우에만 부사절 내포문으로 인정해야 한다고 보기도 한다.

그러나 한국어교육 현장에서는 전체적인 문법 체계보다는 개별 문법 항목의 의미와 용법을 중심으로 접근하기 때문에 부사절 내포문과 종속 접속문에 관한 논의에서 상대적으로 자유로운 편이다. 따라서 부사절 내포문과 종속 접속문의 전형적인 특성이 드러나는 용례를 중심으로 하여 둘을 차별적으로 인식하도록 가르치는 것이 좋다. 다만 '<u>강의실 뒷자리까지 들리게 볼륨을 높였다</u>'와 같이 둘의 경계에 있는 문장의 경우에는 맥락에 기반하여 '-게'의 다의적 용법을 탐구하는 데 초점을 두어 지도한다.

### 4) 인용절 내포문

인용절은 화자 자신 또는 다른 사람의 말이나 생각을 전달하는 기능을 하는 절로서, 인용절 내포문은 이러한 인용절을 안은 문장이다. 인용절은 인용격 조사 '라고, 고, 하고' 등이 붙어서 형성된다. 절의 내용이 '말하다, 묻다' 등의 서술어를 수식하는 형태로 보면 통사적으로는 부사절 내포문으로 볼 수 있다. 그러나 '인용'이라는 의미적 특이성을 고려하면 별도의 문장 유형으로 설정할 수 있다.

(13) 가. 어제 후배가 나에게 **"어제 영화관에 갔다가 우연히 선배님의 누님을 뵈었어요."**라고 말했다.

나. 어제 후배가 나에게 **그저께** 영화관에 갔다가 우연히 **우리 누나**를 **만났다**고 말했다.

인용절은 (13가)와 같이 다른 사람이 말한 내용을 직접적으로 그대로 전달하는 직접 인용절과 (13나)와 같이 다른 사람이 한 말을 화자의 관점에서 바꾸어 전달하는 간접 인용절로 구분된다. 들은 내용을 있는 그대로 생동감 있게 전달하고자 할 때에는 직접 인용을, 화자의 관점에서 내용을 해석하여 전달하고자 할 때에는 간접 인용을 선택한다. 간접 인용절은 화자의 관점에서 다른 사람의 말을 옮기기 때문에 (13나)에서 볼 수 있듯 대명사(선배님의→우리), 시간 표현(어제→그저께), 높임 표현(누님→누나, 뵈었어요→만났다) 등이 현재의 화자를 중심으로 표현된다.

직접 인용절은 서술어의 어간에 조사 '라고, 하고' 등이 결합하여 형성되며, 간접 인용절은 문장의 종결 유형에 따라 (14)와 같이 각각 다른 형태의 표지가 결합하여 형성된다.

(14) 가. 친구가 나에게 나를 좋아한다고 말했다.
    나. 친구가 나에게 내가 찍은 사진이 정말 멋있다고 말했다.
    다. 친구가 나에게 무엇을 좋아하느냐고 물었다.
    라. 친구가 나에게 밥을 빨리 먹으라고 말했다.
    마. 친구가 나에게 여행을 가자고 말했다.

일반적으로 평서문과 감탄문은 (14가), (14나)와 같이 '-다고/ㄴ다고/는다고', 의문문은 (14다)와 같이 '-냐고/으냐고/느냐고', 명령문은 (14라)와 같이 '-(으)라고', 청유문은 (14마)와 같이 '-자고'가 붙어 간접 인용절이 형성된다.

그런데 간접 인용절의 경우, 전달하고자 하는 내용의 의도에 대한 화자의 해석에 따라 다른 형태의 표지를 사용하여 인용절을 만들 수도 있다.

(15) 가. 동생이 "언니 가방 좀 빌려 줄 수 있어?"라고 말했다.
　　　나. 동생이 내 가방 좀 빌려 줄 수 있느냐고 말했다.
　　　다. 동생이 내 가방 좀 빌려 달라고 말했다.

(15가)를 보면 동생의 본래 발화는 의문문의 형식을 취하고 있다. 그러나 간접 인용절은 화자가 해당 발화를 이해한 방식을 기준으로 (15나)와 같이 본래 형식을 유지하여 의문문 형태로 실현될 수도 있고, (15다)와 같이 발화의 기저에 담긴 의도를 파악하여 명령문의 형식으로 실현될 수도 있다.

## 5) 서술절 내포문

서술절은 문장 내에서 행위나 상태를 기술하는 절로서, 서술절 내포문은 이러한 서술절을 안은 문장이다. 그런데 서술절은 명사절이나 관형사절 등과는 달리, 서술절임을 나타내는 문법 표지가 없다는 점에서 절로 인정될 수 없다고 보기도 한다. 서술절을 인정하지 않는 입장에서는 서술절을 내포한 문장은 일반적으로 문장 내에 주어가 두 번 나타난다는 점을 들어 이를 이중 주어문으로 보기도 한다. 그러나 이 경우 이중 주어문이라는 예외적인 새로운 문형을 설정해야 하는 부담이 있다. 또한 문장에서 서술어로 기능하는 서술절의 특성상 별도의 표지 없이 문장 종결형

으로 실현된다는 특수성을 고려하면 서술절 및 서술절 내포문을 설정할
수 있다.

(16) 가. 코끼리는 코가 길다.

　　 나. ?코가 코끼리는 길다.

(17) 가. 우리 집 강아지가 나이가 많다.

　　 나. ?나이가 우리 집 강아지가 많다

(18) 가. 은주가 스타일이 바뀌었다.

　　 나. ?스타일이 은주가 바뀌었다.

또한 (16)~(18)에서 볼 수 있듯이 구어 담화 상황에서 휴지와 강세를
통해 실현되는 일부 상황을 제외하면, 문장의 다른 성분이 서술절의 내부
로 이동하는 데 제약이 있음을 확인할 수 있다. 이는 서술절이 경계를 가
진 독립적인 단위로 인정될 수 있는 근거가 된다. 다만 서술절이 실현될
수 있는 맥락은 '코끼리의 코, 우리 집 강아지의 나이, 은주의 스타일'과
같이 소유격으로 대체될 수 있는 경우로 한정된다.

# 한국어교육에서 연결 어미

한국어 문법교육의 목적은 학습자들이 학습한 문법을 즉각적으로 의사소통에 활용할 수 있도록 하는 것이기 때문에 개별 문형을 중심으로 교육 내용이 구성된다. 따라서 문장의 유형을 다룰 때에도 체계에 기반하여 거시적으로 접근하기보다 연결 어미, 관형사형 전성 어미, 인용격 조사 등의 개별 문법 표지를 중심으로 교육한다. 이때 여러 의미를 가지고 있는 접속 표현을 가르치는 경우에는 의미가 명확한 예문을 선정하거나 작성하는 데 주의를 기울여야 한다.

(1) 다리를 건너서 좌회전하세요.
(2) 시간이 촉박해서 택시를 탔다.
(3) 걸어서 학교에 갔다.

예를 들어 연결 어미 '-아서/어서/여서'가 결합되어 형성되는 선행절의 경우 후행절의 '이유, 선행, 방법' 등의 의미를 갖는다. (1)의 '-아서/어서/여서'는 선행, (2)는 이유, (3)은 방법으로 해석된다.

(4) 돈을 모아서 세계여행을 할 거야.
(5) 부모님과 함께 여행을 가서 호텔에 묵었다.

그러나 (4)는 돈을 모은 다음에 세계여행을 할 것이라는 시간적 선후 관계를 맺고 있는 문장으로 해석될 수도 있고, 세계여행이라는 계획을 실천하기 위한 구체적인 방법으로써 돈을 모을 것이라는 의미로 해석될 수도 있다. (5) 역시 여행을 가는 행위 뒤에 호텔에서 묵는 행위가 이어졌다는 시간적 선후 관계의 의미로 해석될 수도 있고, 부모님과 함께 갔기 때문에 비싸더라도 편안하고 시설이 좋은 호텔을 선택했다는 인과 관계의 의미로 해석될 수도 있다.

이처럼 다의적인 연결 어미의 경우 맥락에 따라서 둘 이상의 의미로 해석이 될 수 있기 때문에 문법 제시 단계에서는 하나의 분명한 의미로 해석되는 예문을 선정하여 제시할 필요가 있다.

## 생각해 봅시다

1. 문장의 확대에 따른 문장의 종류를 설명하고, 각 유형의 문장에 해당하는
   예를 들어 보자.

2. "친구에게 빨간 꽃을 선물했다."와 "꽃이 아름답게 피었다."와 같은 문장
   을 단문으로 보는 입장과 내포문으로 보는 입장이 있다. 각각의 입장에 대
   해 근거를 들어 설명해 보자.

3. 아래의 학습자 글에서 어색한 부분을 찾아 그 이유를 설명하고, 적절하게 수
   정해 보자. 그리고 이러한 오류를 교수·학습하는 방안에 대해 토론해 보자.

> 지난 주말에 제 친하는 친구들이 한국에 왔습니다. 오랜만에 친구를 만
> 났어서 얼마나 반가웠는지 모릅니다. 친구들이 치킨을 먹고 싶다고 했으니
> 까 같이 한강에 가고 치킨을 배달시키고 먹었습니다. 친구들은 공원에서 배
> 달 음식을 먹을 수 있기가 매우 신기하다고 하였습니다. 치킨을 다 먹고 자
> 전거도 탔는데, 친구들이 정말 재미있구나고 말해서 행복했습니다.

# 한국어의 시간 표현

## 1 시제의 개념과 특징

한국어에서 시제(時制, tense), 상(相, aspect), 양태(樣態, modality)는 모두 언어 사용자가 문장이 나타내는 사건에 대해 어떻게 인식하여 표현하는지와 관련된 문법 범주이다. 이 세 요소들은 형식적·내용적으로 밀접하게 관련되어 있다. 여기에서는 시제를 중심으로 살펴보고, 인접 범주로서 상과의 연관성에 대해 알아보고자 한다. 양태와 관련된 내용은 다음 장에서 자세히 다룰 것이다. ☞ 8강 한국어의 양태 표현

시제는 언어 사용자가 특정한 상황과 사건을 시간과 관련하여 어떻게 인식하여 표현하는지를 나타내는 문법 요소이다. 국어학 연구에서는 이를 문장이 표현하고자 하는 어떤 사건(event)이나 상태(state)의 시간적 선후 관계를 표시하는 지시 범주의 문법 요소, 즉 일정한 시점을 기준으로 사태의 시간적 위치를 나타내는 범주로 규정한다. 이때 문장에서 서술 대상의 동작이나 상태가 전달되는 시점을 발화시라 하고, 동작이나 상태가 일어나는 시점을 사건시라고 한다. 정리하면, 화자가 발화시를 기준으로 사건시의 앞뒤를 제한하는 문법 기능을 시제라 한다.

(1) 가. 학생들은 어제 학교에서 시험을 <u>봤어요</u>.

나. 아이들이 지금 식당에서 밥을 <u>먹는다.</u>

다. 내일 눈이 많이 <u>오겠어요.</u>

(1가)는 학생들이 시험을 본 시간이 '어제'이기 때문에 발화시를 기준으로 사건시가 앞에 위치한다. 이와 같이 사건시가 발화시에 선행하는 시간 표현을 과거 시제라고 한다. (1나)는 아이들이 식당에서 밥을 먹고 있는 시간이 발화시인 '지금'과 일치한다. 이처럼 사건시와 발화시가 같은 경우를 현재 시제라고 한다. (1다)는 눈이 많이 올 가능성이 있는 시간인 사건시가 발화시보다 뒤에 위치하는 '내일'이다. 이렇듯 사건시가 발화시보다 늦을 때 이를 미래 시제라 한다.

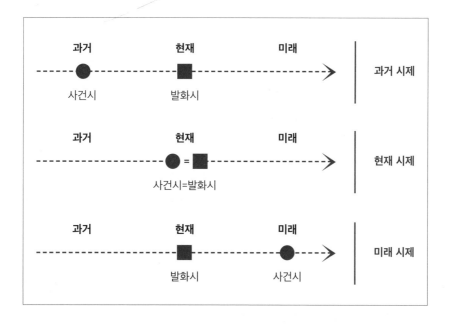

그러나 시제를 결정하는 기준시가 항상 발화시인 것은 아니다.

(2) 가. 어제 <u>만든</u> 빵을 어머니가 <u>좋아하셨다</u>.

　　나. 나는 공원에서 자전거를 <u>타는</u> 사람을 <u>보았다</u>.

　　다. 할아버지께 <u>드릴</u> 선물을 <u>샀다</u>.


　　(2가)의 '빵을 만든 사건'과 '어머니가 좋아한 사건'은 모두 과거에 일어난 일이다. 따라서 '만든'의 경우 절대 시제도 과거이고 상대 시제도 과거가 된다. 반면에 (2나)의 경우 '보았다'를 기준으로 하면 이 문장은 과거의 이야기를 하고 있으므로 '타는'이 절대 시제 과거로 해석된다. 즉, 주문장의 시제인 과거의 시간선상에서 종속절의 시제인 과거로 해석하여 절대 시제 과거가 되는 것이다. 그러나 발화시를 기준으로 해석하는 것이 아니라 '어떤 사람이 자전거를 타는 사건'과 '그것을 본 사건'이 동일한 시간에 일어난 상황에서 이 행위를 본 시간을 기준으로 해석하면 '타는'은 상대 시제 현재가 될 수 있다. (2다)에서 '드릴'은 미래 시제 관형사형 전성 어미 '-ㄹ'이 결합되어 있다. '샀다'를 기준 시점으로 할 때 과거에 일어난 사건이므로 '드릴'은 절대 시제는 과거로 해석되나 아직 선물을 드리지 않은 시간을 기준으로 해석하면 상대 시제 미래로 볼 수 있다.

　　이처럼 한국어의 시제는 발화시가 기준이 되기도 하고 문장 안에 있는 다른 사건들이 일어난 시점이 기준이 되기도 한다. 발화시를 기준으로 결정되는 문장의 시제를 절대 시제라 하고, 주문장의 사건시에 의하여 상대

### 시제의 3분법 체계와 2분법 체계

대부분의 언어는 시간과 관련을 맺는 문법적 관념인 시제가 존재한다. 일반적으로 시제는 '과거-현재-미래'로 구분하는 3분 체계로 보지만, '과거-비과거'로 구분하는 2분 체계로 규정하는 논의들도 있다. 2분 체계에서는 한국어의 '-겠-'이나 '-(으)ㄹ 것이다' 등의 주된 의미 기능이 순전히 미래를 표현하는 것이라기보다는 '추측'이나 '의지'의 양태를 드러내는 것이라 본다. 그러나 추측이나 양태가 미래라는 의미와 밀접한 관련이 있기에 시제를 확장한 것으로 보는 것이 적절하다는 의견도 있다. 이 책에서는 3분 체계를 따라 설명하고자 한다.

적으로 결정되는 시제를 상대 시제라 한다. 절대 시제는 주로 종결형에 의해 실현되며, 상대 시제는 안은문장이나 이어진문장의 사건시를 기준으로 연결 어미와 관형사형 전성 어미에 의해 실현된다는 특징이 있다.

한편, 시제는 연결 어미와 결합할 때 제약이 있다. 앞뒤 문장의 시제가 과거 또는 미래일 때 연결 어미에 과거 시제를 나타내는 '-았/었/였-'이나 미래 시제를 나타내는 '-겠-'을 반드시 써야 하는 것이 있는 반면, 절대로 쓸 수 없는 것도 있다. 또한 어떤 연결 어미는 시제 표현을 쓸 수도 있고 쓰지 않을 수도 있다.

(3) 가. 저녁은 <u>먹었지만</u> 계속 배가 고팠다.

　　가′. 저녁은 *<u>먹지만</u> 계속 배가 고팠다.

　　나. 동생은 텔레비전을 <u>보면서</u> 밥을 먹었다.

　　나′. 동생은 텔레비전을 *<u>봤으면서</u> 밥을 먹었다.

　　다. 나는 친구를 <u>만나고</u> 언니는 집에 있었다.

　　다′. 나는 친구를 <u>만났고</u> 언니는 집에 있었다.

앞의 예시는 모두 두 문장이 연결 어미로 이어진 문장이다. (3가)와 (3가′)는 뒷문장의 시제가 과거인 경우 연결 어미에 과거 시제를 써야 하는 사례를 보여 준다. (3나)와 (3나′) 역시 뒷문장의 시제가 과거인 것은 동일하지만, 연결 어미에 과거 시제를 쓰면 틀린 문장이 된다. (3다)와 (3다′)의 경우는 과거를 나타내는 어미를 사용하든 사용하지 않든 정문(正文)이 된다.

## 2  시제 표현과 상 표현

### 1) 한국어의 시제

앞서 살펴본 것처럼 한국어 시제에는 현재 시제, 과거 시제, 미래 시제가 있다. 각 시제는 시간 부사어나 선어말 어미, 관형사형 전성 어미 등에 의해 표현된다.

① 현재 시제

일반적으로 현재 시제는 사건시와 발화시가 일치하는 시제를 말한다. 현재 시제는 현재 시제 선어말 어미와 관형사형 전성 어미에 의해 실현된다.

(4) 가. 윤아는 한국 음식을 자주 먹는다.

    나. 어머니는 요즘 매우 바쁘시다.

    다. 수진은 내 동생이다.

(4)는 종결형에 의해 현재 시제가 표시된 문장이다. 표시 방법은 품사에 따라 다르게 나타난다. (4가)는 해라체 평서형 어미 '-다'에 현재 시제 선어말 어미 '-는-'이 결합되었다. 현재를 표현하는 선어말 어미 '-ㄴ/는-'은 '먹다'와 같이 자음으로 끝나는 어간에서는 '-는-'이, '쓰다'와 같이 모음으로 끝나는 어간에서는 '-ㄴ-'이 사용된다. 그러나 형용사의 종결형인 (4나)와 서술격 조사인 '이다'의 종결형인 (4다)는 유표적인 시제 형태가 나타나지 않는다.

(5) 가. 동생은 지금 집에 <u>와요</u>.

　　　나. 친구는 회사에 <u>다녀요</u>.

　　　다. 요즘 매일 도서관에서 <u>공부해요</u>.

　　　라. 저는 지금 영화관에서 영화를 <u>봅니다</u>.

　　　마. 한국어 책을 <u>읽습니다</u>.


　　(5)는 평서문 높임 표현의 현재 시제를 보여 준다. (5가)~(5다)는 비격식체를, (5라)~(5마)는 격식체를 사용하고 있다. 평서문에 사용되는 비격식체 높임 표현인 '-아요/어요/여요'는 (5가)와 같이 어간 끝모음이 'ㅏ, ㅗ'인 경우에는 '-아요'를, (5나)와 같이 끝모음이 'ㅏ, ㅗ' 이외의 모음인 경우에는 '-어요'를 연결한다. 다만 (5다)에서 볼 수 있듯 어간이 '하-'로 끝날 때에는 '-여요'가 연결되어 '해요'로 나타난다. 평서문에 사용되는 격식체 높임 표현인 '-ㅂ니다/습니다'는 (5라)와 같이 어간의 끝음절에 받침이 없으면 '-ㅂ니다'를, (5마)와 같이 어간의 끝음절에 받침이 있으면 '-습니다'를 사용한다.

　　그런데 현재 시제 형태가 발화시와 사건시의 일치만을 표현하는 것은 아니다.


**적용하기**

## 현재 시제의 영 형태소

한국어교육에서는 비격식 평서문의 현재 시제와 격식 평서문의 현재 시제의 형태를 구분하여 제시하지 않는다. 예를 들어 "미나는 지금 밥을 먹습니다."라는 문장에는 현재 시제를 나타내는 형태소가 드러나 있지 않다. 즉, 이것이 현재 시제라는 것을 유표적으로 제시하지 않는다는 의미이다. 학자에 따라 이러한 영 형태(∅)의 존재를 인정하는 태도가 다르나, 3분법 체계에서는 현재 시제의 영 형태소를 설정하여 설명한다.

(6) 가. 모든 사람은 <u>죽는다</u>.

　　나. 이번 주 토요일에 제주도에 <u>간다</u>.


(6가)와 같이 시간의 제약을 받지 않는 보편적인 진리를 나타내기 위해 현재 시제가 사용되기도 한다. 또한 (6나)와 같이 아직 일어나지 않은 미래의 일이지만 일어날 것이 이미 정해져 있으면 현재 시제를 사용하여 나타내기도 한다.

한편, 안긴 문장의 경우 관형사형 전성 어미를 사용하여 현재 시제를 표시할 수도 있다.


(7) 가. 저기 <u>요리하는</u> 분이 우리 어머니이시다.

　　나. 이 가게는 <u>예쁜</u> 옷이 많다.


## 현재 시제의 역사적 현재

과거에 일어난 사건이나 역사적 사건을 생생하게 묘사하기 위하여 현재 시제를 사용하여 서술하는 경우가 있다. 이때 사용되는 현재 시제를 '역사적 현재'라고 한다. 역사적 사건의 진행을 두드러지게 표현하거나 소설에서 과거에 일어난 사건을 생동감 있게 묘사할 때 현재형을 사용하는 것을 예로 들 수 있다.

(1) 정조는 대대적인 개혁을 <u>실시한다</u>.

(2) 뙤약볕이 내리쬐는 한여름에는 실개천이 합쳐져서 냇물이 된 동구 밖까지 원정을 나갈 때도 있었다. 서울 아이들은 소나기가 하늘에서 오는 줄 알겠지만 우리는 저만치 앞벌에서 소나기가 군대처럼 쳐들어온다는 걸 알고 있었다. 우리가 노는 곳은 햇빛이 쨍쨍하건만 앞벌에 짙은 그림자가 짐과 동시에 소나기의 장막이 우리를 볼 수가 있었다. 우리는 아무도 이해할 수 없는 기성을 지르며 마을을 향해 도망치기 <u>시작한다</u>.
　　　　　　　　　　　　　　　　　　　　(박완서, 『그 많던 싱아는 누가 다 먹었을까』)

(1)과 (2)에서 볼 수 있듯이, 과거에 일어난 사건이더라도 현장감을 강조하기 위해 현재형을 사용할 수 있다.

안긴 문장의 관형사형 시제는 주문장의 사건시를 기준으로 결정되는 상대 시제이다. (7가)에서 보듯이 동사의 어간 뒤에는 '-는'을, (7나)에서 보듯이 '예쁘다'처럼 어간 끝음절에 받침이 없는 형용사 뒤에는 '-ㄴ'을 사용한다. 어간 끝음절에 받침이 있는 형용사 뒤에는 '-은'을 붙여 나타낸다.

② 과거 시제

과거 시제는 발화시를 기준으로 앞서 일어난 사건이나 상황을 표현한다. 과거 시제는 과거 시제 선어말 어미와 관형사형 전성 어미에 의해 실현된다.

(8)  가. 나는 어제 백화점에 갔다.
    나. 지난주는 날씨가 매우 추웠다.
    다. 친구는 전에 군인이었다.

(8)은 선어말 어미 '-았/었/였-'에 의해 과거 시제가 실현된 문장이다. (8가)와 같이 어간 끝모음이 'ㅏ, ㅗ'인 경우('하-' 제외)에는 '-았-'을, (8나)와 같이 어간 끝모음이 'ㅏ, ㅗ' 이외의 모음인 경우에는 '-었-'을 사용하며, 어간이 '하-'로 끝나는 경우에는 '-였-'을 사용하여 나타낸다. (8다)와 같이 체언과 서술격 조사 '이다'의 결합에서 과거 시제가 실현될 때는 체언의 끝음절에 따라 '이다'의 형태가 달라지는데, 체언의 끝음절에 받침이 있는 경우에는 '이었다'를, 받침이 없는 경우에는 '였다'를 사용하여 나타낸다. 또한 (8)의 문장을 보면 '어제, 지난주, 전'과 같은 시간 부사어를 통해서도 과거 시간을 표현하고 있다는 것을 알 수 있다.

한편, 관형사형 전성 어미로도 과거 시제를 표시할 수 있다.

(9) 가. 어제 <u>마신</u> 커피는 정말 비쌌다.

　　나. 이곳이 내가 <u>찾은</u> 장소이다.


(9)에서 보듯이 안긴문장의 과거 시제는 서술어가 동사일 경우 어간 뒤에 '-은' 또는 '-ㄴ'을 붙여 만든다. 먼저 (9가)와 같이 어간 끝음절이 모음이나 '-ㄹ'로 끝날 때는 관형사형 전성 어미 '-ㄴ'을, (9나)와 같이 어간 끝음절이 '-ㄹ' 이외의 자음으로 끝날 때는 '-은'을 붙여 나타낸다. 그리고 안긴문장의 서술어가 형용사일 때는 '<u>좋던</u> 시절이 다 갔어'와 같이 과거 시제의 관형사 전성 어미 '-던'이 쓰인다. 그리고 '-던' 앞에 과거 시제 선어말 '-았/었/였-'이 결합되어 '-았던/었던/였던'의 형태로 실현될 수도 있다. 이때에는 과거 사건의 내용이 현재와 대조가 되거나 현재와 달라졌음을 나타낸다.

　　과거의 어느 때를 기준으로 그때에 새롭게 알게 된 사실이나 경험을 되돌아보며 전달할 때 선어말 어미 '-더-'가 사용된다. '-더-'를 사용한 시제 표현은 몇 가지 사용상의 제약이 있다. ☞ 8강 한국어의 양태 표현


(10) 가. *나는 방에서 <u>공부하더구나</u>.

　　나. *이렇게 늦게 다니면 영희는 <u>무섭더구나</u>.

　　다. *1950년 6월 25일에 한국 전쟁이 <u>일어났더구나</u>.


첫째, 화자가 이미 알고 있는 사실에 대해서는 쓰지 못한다. 따라서 일반적으로 주어가 1인칭일 때에는 이를 사용할 수 없다. (10가)에서도 주어인 '나'가 자신이 공부하고 있다는 사실을 새롭게 알게 된 것처럼 표현할 수 없기 때문에 문장이 성립하지 않는다. 다만, "내가 그때는 공부를 <u>했</u>

더라."처럼 자신의 의지가 나타나지 않은 상태에서 자신의 일을 다른 사람에게 객관적으로 전달할 때는 가능하다. 둘째, 심리 상태를 표현할 때는 1인칭만 사용할 수 있다. "이렇게 늦게 다니면 나는 무섭더구나."와 같은 문장은 성립하지만 3인칭인 (10나)의 문장은 비문이다. 마지막으로, (10다)와 같이 '-더-'의 경우 화자가 직접 경험한 것에 한정하여 사용할 수 있기 때문에 역사적 사건 등을 서술하는 문장에서는 성립할 수 없다.

'-더라'는 흔히 과거에 목격한 어떤 사실이나 상황을 떠올리는 회상법으로 규정된다. '-더구나'와 의미에 큰 차이가 없어 교체하여 사용할 수 있다. 또한 비종결형인 '-던데'와 종결형인 '-던데(요)'는 경험을 전달한다는 점에서 의미가 유사하나, 종결형인 '-던데(요)'의 경우에는 경험하거나 인식한 과거의 일이 놀랍다는 의미를 내포하고 있다.

관형사형으로 과거 시제를 표시하는 '-(으)ㄴ'과 '-던'은 다음과 같은 차이를 보인다.

(11) 가. 동생이 어제 찾은 것은 할머니께서 주신 반지였다.
　　　나. 동생이 어제 찾던 것은 할머니 반지였다.

### 과거 시제의 미래 상황 표현 용법

과거 시제는 동일한 형태라 할지라도 쓰임이 같지 않기 때문에 이를 잘 이해할 필요가 있다. 예를 들어 아래의 (1)과 (2)는 동일하게 '-았/었/였-'을 사용하고 있지만 그 의미는 서로 다르다.

(1) 드디어 해야 할 일을 다 했다.
(2) 할 일이 이렇게 많은데 오늘 잠은 다 잤다.

(1)은 사건시가 발화시보다 앞섬을 나타내는 시제로 쓰인 반면, (2)는 발화 시점에서 현재 또는 미래의 일을 나타내는 데 사용되고 있다. (2)에서와 같은 쓰임은 아직 발생하지 않은 미래의 일을 확정하여 단정적으로 표현하기 위한 것이다.

(11가)와 (11나)는 모두 과거의 일을 나타내는 문장이다. 그러나 두 문장을 비교해 보면 의미에 차이가 있다. (11가)에서 '찾은'은 '반지를 찾는 행위가 이미 완료되었음'을 표현하는 데에 반해, (11나)의 '찾던'은 '반지를 찾는 행위가 아직 완료되지 않고 진행됨'을 나타낸다.

발화시보다 훨씬 오래 전에 일어나 현재와는 더 강하게 단절된 사건을 표현하기 위해 '-았었/었었/였었-'과 같은 겹친 형태를 쓰기도 한다.

(12) 가. 어머니는 결혼하시기 전에 부산에 사셨었다.
　　　나. 나는 전시회에 갔었다.
　　　다. 지난주 수요일에 친구를 만났었다.

(12가)와 (12나)는 각각 "어머니는 결혼하시기 전에 부산에 사셨다."와 "나는 전시회에 갔다."라는 문장에 비해, 과거와 현재의 단절을 강하게 드러낸다. 즉, 과거와 현재 사이에 상황이 변화했음을 더욱 분명하게 표현하는 것이다. 그러나 (12다)와 같이 '-았었/었었/였었-'은 상황의 변화를 드러내는 의미가 아닌 과거의 사건을 강조하는 의미로 쓰이기도 한다.

또한 '-았/었/였-'은 과거 시제뿐 아니라, 사건이 완결된 것을 표현하기도 한다.

(13) 가. 우빈은 학교에 가다가 집에 돌아왔다.
　　　나. 민수는 학교에 갔다가 집에 돌아왔다.

(13가)와 (13나)를 비교해 보면, '-았/었/였-'이 사용되지 않은 (13가)는 학교에 가는 도중에 집에 돌아왔다는 의미로 완료되지 않은 사건을 지

시하고 있다. 반면에 (13나)는 학교에 가는 행위가 완료된 후에 집에 돌아왔다는 의미이다. 이처럼 '-았/었/였-'을 사용하여 행위의 완결성을 표시할 수 있다.

③ 미래 시제

미래 시제는 발화시를 기준으로 사건시가 후행하는 것을 뜻한다. 관형사형 전성 어미와 의존 명사가 합쳐진 '-(으)ㄹ 것이다'나 선어말 어미 '-겠-'을 사용하여 장차 일어날 일 또는 추측이나 의지를 표현한다. '내일, 다음에'와 같은 말과 함께 사용되면 미래 시제의 의미가 더 분명해진다.

(14) 가. 민수는 이번 주말에 집에서 쉴 거예요.

　　　나. 열차가 곧 들어오겠습니다.

(14)는 모두 사건시가 발화시보다 뒤에 있는 미래 시제를 보여 준다. (14가)는 다가오는 주말의 계획을, (14나)는 조금 후에 일어날 사건을 표현하고 있다.

그런데 '-겠-'은 미래 시제뿐 아니라, 추측과 의지를 나타내기도 한다.

(15) 가. 이 옷은 동생이 좋아하겠다. [추측]

　　　나. 내일은 꼭 일찍 오겠습니다. [의지]

(15가)와 같이 '틀림없이' 등과 함께 쓰이면 추측의 뜻이, (15나)와 같이 '꼭, 반드시' 등과 함께 쓰이면 화자가 미래에 하려는 행위에 대한 의지의 뜻이 분명해진다.

(16) 가. 내일은 눈이 <u>오겠습니다.</u>

　　　나. 내일은 눈이 <u>올 것입니다.</u>

(16)의 두 문장은 모두 미래 시제를 나타내는데, 이처럼 '-겠-'과 '-(으)ㄹ 것이다'는 서로 교체하여 사용해도 문법적으로 문제가 없다. 그러나 두 문장은 미래에 어떠한 일이 일어날 거라고 추측하는 근거가 달라 의미에 차이가 있다. 즉, 화자의 주관적인 근거에 의해서 말할 때는 (16가)처럼 '-겠-'이 사용되는 반면, 객관적인 근거에 의해 판단을 내려 표현할 때는 (16나)처럼 '-(으)ㄹ 것이다'가 쓰인다. ☞ 8강 한국어의 양태 표현

한편, 미래 시제는 선어말 어미 '-겠-' 대신 '-(으)리-'로 실현되기도 한다.

(17) 그 일을 제가 <u>하리라고</u> 생각하지 못했어요.

미래 시제는 관형사절로 안길 때 관형사형 전성 어미 '-(으)ㄹ'로 실현된다.

(18) 이번 주에 모임에 <u>갈</u> 사람들은 미리 신청하시기 바랍니다.

## 2) 한국어의 상

시간 표현과 관련된 또 다른 문법 기능으로는 시간의 흐름 속에서 동작이 일어나는 모습을 나타내는 것이 있다. 대표적으로 상(aspect)을 들 수 있는데, 상이란 어떤 사태의 내적인 시간 구성을 가리키는 문법 범주이다. 상의 형태는 보조 용언 구성, 의존 명사 구성에 의해 실현된다.

① 문법상

문법상은 크게 진행상과 완료상으로 구분할 수 있다. 진행상은 발화시를 기준으로 동작이 계속 이어지는 모습을, 완료상은 동작이 막 끝난 모습을 나타낸다.

진행상은 어떤 사건이 일정한 시간 내에 계속 이어지고 있음을 나타낸다. 진행상의 대표적인 형태로 '-고 있다'를 들 수 있다.

(19) 가. 민수는 지금 집에 <u>오고 있다</u>.

　　나. 소중한 문화유산을 <u>지켜 왔다</u>.

　　다. 동생은 음악을 <u>들으면서</u> 청소를 한다.

(19가)는 '-고 있다'에 의해 진행상이 표현된 문장이다. '-고 있다'는 '오고 있었다, 오고 있겠다'와 같이 과거나 미래를 표현하는 선어말 어미와 함께 쓰일 수 있다. (19나)에서 확인할 수 있듯, 진행상은 '-고 있다' 외에도 '-아/어/여 가다, -아/어/여 오다'와 같이 보조 용언 구성으로 표현하기도 한다. 또한 (19다)와 같이 연결 어미 '-(으)면서'를 사용하여 두 동작이 동시에 진행되는 모습을 나타낼 수 있다.

완료상은 어떤 사건이 끝났거나 끝난 후에 그 결과가 지속되고 있음을 나타낸다.

(20) 가. 민수는 지금 의자에 <u>앉아 있다</u>.

　　나. 정원에 꽃이 <u>피어 있다</u>.

　　다. 휴대전화 소리를 <u>듣고서</u> 잠에서 깼다.

(20가)와 (20나)는 '-아/어/여 있-'에 의해 완료상이 실현되었다. 두 문장은 행위가 끝난 뒤 그 동작과 상태가 지속되고 있음을 나타낸다. (20다)는 연결 어미 '-고서'를 사용하여 완료상을 나타내고 있는데, 이 경우 선행절의 동작이 끝나고 그 결과가 후행절에 이어졌음을 의미한다.

② 어휘상

어휘상은 특정한 어휘가 상적인 특성을 가지고 있으면 실현된다. 상적 특성을 구성하는 대표적인 자질로 '상태성, 순간성, 완성성'을 들 수 있다. 형용사는 [+상태성]을, 동사는 [-상태성]을 가지고 있다. 또한 행위가 순간적으로 이루어지면 [+순간성]을, 그렇지 않고 서서히 이루어지면 [-순간성]을 가진다. 마지막으로 행위가 다 완료된 후에 상태의 변화를 수반하는 경우에는 [+완성성]을, 그렇지 않을 경우에는 [-완성성]을 가진다. 한국어의 어휘상의 분류와 예는 다음과 같다.

(21) 가. 상태 동사(state verb): 예쁘다, 좋다 등

　　　[+상태성, -순간성, -완성성]

　　나. 행위 동사(activity verb): 뛰다, 걷다 등

　　　[-상태성, -순간성, -완성성]

　　다. 완성 동사(accomplishment verb): 짓다, 만들다 등

　　　[-상태성, -순간성, +완성성]

　　라. 달성 동사(achievement verb): 태어나다, 도착하다 등

　　　[-상태성, +순간성, +완성성]

이러한 상적 특성에 따라, 동일한 문법 형태의 상과 결합하여도 다른

의미를 나타내기도 한다.

(22) 가. 미나는 지금 울고 있다.　　　[진행상]
　　　나. 민수는 손을 잡고 있다.　　　[완료상]

　　(22가)에 사용된 동사 '울다'는 [−상태성, −순간성, −완성성]의 자질을 가지고 있다. 다시 말해 '울다'라는 행위는 서서히 이루어지며, 행위가 다 끝나지 않아도 의미가 성립한다. 따라서 '-고 있다'가 결합하면 진행상의 의미로 해석된다. 반면, (22나) 동사 '잡다'는 [−상태성, +순간성, +완성성]의 자질을 가진다. '잡다'라는 행위는 순간적으로 일어나며, 행위가 완료된 후에 의미가 성립하는 것이다. 그러므로 동일하게 '-고 있다'가 결합하더라도 진행상의 의미보다는 결과의 상태가 완료된 완료상의 의미로 해석하는 것이 적합하다. 어휘상은 이처럼 어휘 내적인 본질적 특성에 의해 결정되므로, 동일한 문법 표현이 사용된 경우에도 해석에 주의를 요한다.

## 생각해 봅시다

1. 다음 문장들의 시제를 분류해 보고, 한국어 시제의 특성에 대해 이야기해 보자.

> 가. 학생들이 지금 도서관에서 공부한다.
> 나. 해는 동쪽에서 뜬다.
> 다. 내일도 날씨가 따뜻하겠습니다.
> 라. 동생이 어제 친구를 만났다.
> 마. 그날이 곧 오리라.
> 바. 작년에 내가 재미있게 읽은 책을 다시 읽었다.
> 사. 대학에서 학생들을 가르치고 있다.
> 아. 이제 나는 죽었다.

2. 다음 문장에서 시제의 사용이 잘못된 부분을 고쳐 보고, 잘못된 이유에 대해 설명해 보자.

> 가. 그 사람의 집에 갔더니 악기가 많은 것을 보고 노래를 잘하리라 생각한다.
> 나. 성공한 확률이 낮을지라도 한 번 도전해 보세요.
> 다. 한국에 안 왔다고 치면 내가 완전히 다른 인생을 살고 있다.

3. 한국어 시제 교육에서 언어 수준별로 중요하게 다루어야 할 요소는 무엇인지 토의해 보자.

# 8강 한국어의 양태 표현

## 1 양태의 개념과 특징

### 1) 양태의 개념

양태(modality)란 명제와 사태에 대한 화자의 주관적 태도를 나타내는 의미 범주이다. 이때 명제(proposition)는 '개는 동물이다'와 같이 참과 거짓을 명확히 판별할 수 있는 문장을 가리키는데, 필모어(Fillmore, 1968)는 이에 덧붙여 실현되는 모든 요소가 양태를 실현하는 것으로 보았다. 양태에 관한 문법 연구에서는 이와 같이 명제에 양태적 의미를 더하는 언어적 요소를 다룬다.

양태의 하위 범주는 크게 명제에 대한 태도를 나타내는 명제 양태(propositional modality)와 사태에 대한 태도를 나타내는 사건 양태(event modality) 두 가지로 구분할 수 있다.

이 중 명제 양태는 다시 인식 양태(epistemic modality)와 증거 양태(evidential modality)로 나뉜다. 인식 양태는 명제에 대한 화자의 판단, 증거 양태는 명제와 관련해 화자가 가지고 있는 증거의 유형과 관련되는 범주이다. 또한 사건 양태는 당위 양태(deontic modality)와 동적 양태(dynamic modality)로 구분된다. 당위 양태는 외부적 상황, 동적 양태는 화자의 내적 상태의 표현과 관련되는 범주이다.

① 인식 양태

인식 양태는 명제 내용의 진리치, 즉 명제의 확실성(certainty), 개연성(probability), 가능성(possibility)에 대한 화자의 태도를 나타내는 범주이다.

(1) 가. 비가 와.
　　　나. 비가 <u>오는 것 같아</u>.

현재 상황을 서술하는 (1가)는 명제 '비가 오다'의 진리치에 대한 화자의 태도가 개입되지 않으므로 비양태적인 문장이다. 이에 비해 (1나)는 '비가 오다'라는 명제에 '-는 것 같다'라는 우언적 구성이 결합하여, 명제의 실현 가능성에 대한 화자의 주관적 판단을 드러낸다. 청자는 이러한 발화를 통해, 화자가 밖에서 들려오는 빗소리 등의 정보를 바탕으로 비가 오는 사태를 추측하였음을 알 수 있다.

## 증거 양태와 증거성

증거 양태는 정보가 직접 경험에 따른 것인지 추론 등에 의한 것인지에 대한 화자의 인식을 나타내는 범주이다. 이러한 증거 양태는 학자에 따라 인식 양태의 하위 범주로 분류되거나, 인식·동적 양태와 동등한 층위의 범주로 파악되기도 한다. 또한 이를 양태가 아니라 증거성(evidentiality)이라는 독립적인 문법 범주로 보는 견해도 있다.

증거 양태를 인식 양태의 하위 범주로 설정하는 경우에는, 화자가 직접 경험하여 알게 된 정보임을 나타내는 '-더-' 등을 증거 양태의 문법적 장치로 본다. 예를 들어 '비가 오더라'와 같은 문장에서, '-더-'는 '비가 오다'라는 사태가 시각이나 청각과 같은 화자의 감각을 통해 직접적으로 인지하게 된 정보임을 나타내는 표지로 파악된다.

이 외에 직접 증거 양태를 나타내는 표현으로는 '-네, -구나/는구나, -길래' 등이, 추론을 통한 증거 양태를 나타내는 표현으로는 '-겠-, -지, -(으)ㄹ 것이다, -(으)ㄴ가/는가 보다' 등이, 전언이나 전달 및 인용을 통한 보고 표현으로는 '-대/ㄴ대/는대, -다지/ㄴ다지/는다지' 등이 논의된다.

② 당위 양태

당위 양태는 사태의 당위성, 즉 의무(obligation)와 허용(permission)에 대한 화자의 태도를 나타내는 범주이다.

(2) 가. 비가 와.

　　나. 비가 <u>와야 돼</u>.

　　다. 비가 <u>와도 돼</u>.

(2가)는 '비가 오다'라는 명제에 대한 화자의 태도를 드러내지 않는다. (2나)의 '-아야 되다'는 비가 오는 사태가 꼭 일어나야 한다는 화자의 인식을 표현한다. (2다)에서는 '-아도 되다'를 사용하여 비가 오는 사태가 발생하더라도 아무런 부담이 없으므로 상관없다는 화자의 인식을 나타낸다.

③ 동적 양태

동적 양태는 사태의 발생 가능성에 관련된 행위주의 능력(ability), 의향(intention), 바람(wish)을 나타내는 범주이다.

(3) 가. (나는) 한국어로 말해.

　　나. 한국어로 <u>말할 수 있어</u>.

　　다. 한국어로 <u>말할게</u>.

　　라. 한국어로 <u>말하고 싶어</u>.

(3가)는 '한국어로 말하다'라는 사태에 대한 화자의 태도를 드러내지 않는다. (3나)의 '-ㄹ 수 있다'는 '한국어로 말하다'라는 사태를 실현할 능

력이 있다는 의미를, (3다)의 '-ㄹ게'는 그 사태를 실행하겠다는 의향을, (3라)의 '-고 싶다'는 그 사태가 가능해지기를 원하는 바람을 표현한다.

## 2) 양태 표현의 범주

한국어의 양태 의미는 강세와 억양 등의 초분절적 요소(suprasegmental feature), 문법적 기능을 수행하는 형태소인 문법소(tagmeme), 그리고 복수의 문법소나 어휘소가 강한 공기(共起, co-occurrence) 현상을 보이며 사용되는 형식인 우언적 구성(迂言的 構成, periphrastic construction) 등 여러 언어적 요소에 의해 실현된다. 그러므로 양태에 관한 문법 연구에서 다루는 양태 표현의 범주 역시 연구자의 관점에 따라 매우 다양하게 설정된다.

양태를 시제, 서법, 상 등과 구분되는 문법적 범주로 보는 관점에서는 '-구나/는구나, -네, -지, -더-, -겠-' 등과 같은 문법소만을 양태 표현으로 파악한다. ☞ 5강 한국어 문장의 종결과 종류

또한 연구자에 따라서는 위와 같은 문법소에 더해, 문법화 정도가 높은 '-(으)ㄹ 것이다, -(으)ㄹ 거예요, -(으)려고 하다, -(으)ㄹ까 하다, -(으)ㄹ 것 같다' 등의 우언적 구성까지를 양태 표현의 범주에 포함하는 경우도 있다.

이 외에도 양태를 시제, 서법, 상 등의 문법 범주를 아우르는 상위 개념으로 파악하여, 명제가 담고 있는 시간적·화행적 정보를 포괄적으로 논의하는 연구도 있다. 이러한 연구에서는 선어말 어미와 종결 어미, 우언적 구성 외에도 명사, 동사, 부사 등의 어휘와 초분절적 요소 등 다양한 언어적 범주를 다룬다. ☞ 7강 한국어의 시간 표현

## 2 양태 표현

다음으로는 한국어에서 양태 의미를 실현하는 문법소, 그리고 한국어 문법 교수·학습 항목으로 다뤄지는 우언적 구성을 중심으로 그 의미와 통사를 살핀다.

### 1) 종결 어미와 선어말 어미의 양태 표현

한국어에서 양태 의미를 실현하는 문법소로는 '-구나/는구나, -네, -지' 등의 종결 어미와 '-더-, -겠-' 등의 선어말 어미를 꼽을 수 있다.

(4) 가. 비가 와.
　　나. 비가 오는구나.
　　다. 비가 오네.
　　라. 비가 오지?
　　마. 비가 오더라.
　　바. 비가 오겠어.

(4나)의 해체 종결 어미 '-구나/는구나'는 해당 표현과 결합된 명제가 화자가 처한 시점에서 화자의 지각과 추론을 통해 새로 알게 된 정보임을 나타내는 인식 양태 표현이다. 따라서 (4나)는 화자가 비가 오는 것을 직접 보았거나, 비가 오는 소리를 듣고 비가 오는 것을 알았거나, 다른 이를 통해 '비가 온다'라는 정보를 얻은 경우 발화할 수 있는 문장이다.

(4다)의 해체 종결 어미 '-네'는 해당 표현과 결합된 명제가 화자가 처

한 시점에 화자의 지각을 통하여 새로 알게 된 정보임을 표현하는 인식 양태 표현이다. 따라서 (4다)는 비가 오는 것을 화자가 직접 본 순간에 즉시적으로 발화할 수 있는 문장이다.

'-구나/는구나'는 화자가 처한 시점에 새로 알게 된 정보임을 즉시적으로 나타낸다는 점에서 그 의미가 '-네'와 유사하다. 그러나 '-구나/는구나'의 경우, 발생한 사태에 대해 사유를 동반한 인식이 이루어졌다는 의미를 내포한다는 점에서 '-네'와 의미적 차이를 갖는다.

(5) 가. 지혜가 어디 갔지? 아, 화장실에 갔<u>구나</u>.
　　나. <sup>?</sup>지혜가 어디 갔지? 아, 화장실에 갔<u>네</u>.


(5가)는 지혜가 자리에 없음을 목격한 후, 지혜의 행동 패턴이나 습관에 대한 기존의 지식을 바탕으로 추론하여 내린 즉시적 판단을 나타낸다. 그러나 '-네'의 경우 이러한 사유 과정을 통한 인식의 의미를 포함하지 않으므로 (5나)는 어색한 문장이 된다.

(4라)의 해체 종결 어미 '-지'는 의문문에서 화자가 이미 알고 있는 정보를 청자도 알고 있음을 확인하는 인식 양태 표현이다. 그런데 '-지'가 평서문에 사용될 경우에는 해당 표현과 결합된 명제가 (6가)와 같이 평소 화자가 익히 알고 있던 사실이거나 (6나)와 같이 확신의 정도가 높은 화자의 주관적 상념임을 표현한다. 화자는 이러한 사실과 상념이 청자에게도 이미 공유되고 있는 것임을 미약하게나마 가정하는 상황에서 '-지'를 사용한다.

(6) 가. 커피를 마시면 잠이 안 오<u>지</u>.

나. 아이스커피는 커피 맛을 모르는 사람이나 마시는 거지.

그런데 (7)과 같이 청자가 어떤 행위를 수행하기를 바라는 화자의 심리적 태도를 표현하는 데 '-지'가 사용되는 경우도 있다. 연구자에 따라서는 이러한 경우의 '-지'를 동적 양태 표현으로 보기도 한다.

(7) 왜 먼저 갔어? 나 좀 기다려 주지.

(4마)의 선어말 어미 '-더-'는 화자가 어떤 사태를 지각한 시점이 발화시 이전이었으며, 사태를 지각한 시점에서 해당 사태는 화자에게 새롭게 인지된 정보였음을 의미하는 인식 양태 표현이다. 화자가 이야기하는 정보가 청자에게는 새로운 것임을 전제하는 표현이기도 하다.

(8) 가. 이 불고기 맛있다.
    나. 이 불고기 맛있더라.

따라서 '-더'를 사용한 (8나)의 발화에서 여러 정보를 짐작할 수 있다. (8나)의 화자는 청자와 불고기를 먹는 현시점 이전에 동일한 불고기를 맛본 경험이 있고, 그때 화자는 이 불고기가 맛있다는 사실을 깨달았으며, 청자는 불고기가 맛있다는 사실을 아직 모르고 있을 것이다.

(4바)의 '-겠-'은 '비가 오다'라는 사태가 일어날 가능성에 대한 화자의 인식을 나타내는 양태 표현이다. 이러한 '-겠-'의 인식 양태적 의미는 우언적 구성인 '-(으)ㄹ 것이다'와 함께 자주 논의된다.

(9) 비가 올 거야.

(4바)의 '-겠-'은 하늘의 먹구름 등 화자가 발화 현장에서 발견한 근거를 바탕으로 한 주관적 판단을 나타낸다. 반면 (9)의 '-(으)ㄹ 것이다'는 일기 예보 등을 통해 이미 알고 있던 정보를 근거로 내린 객관적 판단을 나타낸다. '-겠-'과 '-(으)ㄹ 것이다'가 나타내는 상대적 확실성의 강도에 대해서는 '-겠-'이 보다 강한 화자의 확신을 나타낸다는 견해(이기용, 1978)와 '-(으)ㄹ 것이다'가 보다 강한 확실성을 나타낸다는 견해(서정수, 1978)가 대립한다.

'-겠-'은 또한 (10)과 같이 의향의 의미를 나타내는 동적 양태 표현으로서도 사용된다.

(10) 오늘은 일찍 자겠어.

'-겠-'이 이러한 동적 양태 표현으로 사용될 때는 주로 동사와 결합한다.

## 2) 우언적 구성의 양태 표현

여기에서는 비교적 문법화 정도가 높은 것으로 파악되는 우언적 구성 중 '-(으)ㄹ 것이다, -(으)려고 하다, -(으)ㄹ까 하다, -(으)ㄹ 것 같다'의 양태적 의미를 살펴본다.

'-(으)ㄹ 것이다'는 화자의 추측을 나타내는 인식 양태 표현으로 사용된다.

(11) 가. **영호**는 집에 갈 거예요.

　　나. **저**는 집에 갈 거예요.


그러나 '-(으)ㄹ 것이다'는 (11가)와 같이 3인칭 주어와 함께 쓰여 현재나 과거 사태를 가리키며 사용될 경우에만 추측을 나타내는 인식 양태 표현으로 실현된다. (11나)와 같이 주어가 1인칭일 때 사용되는 '-(으)ㄹ 것이다'는 화자의 의도를 나타내는 동적 양태 표현이다.

인식 양태 표현으로서의 '-(으)ㄹ 것이다'는 과거 사태에 대해 사용될 때 '-았/었/였-'과 결합한다. 또한 (12나)와 같이 과거 사태를 가정하여 자신의 행동 가능성을 추측하는 경우라면 주어가 1인칭일 경우라도 인식 양태적 의미로 사용될 수 있다.


(12) 가. **영호**는 집에 갔을 거예요.

　　나. (그런 일이 있었다면) 아마 **저**는 집에 갔을 거예요.


또한 (13)~(15)에서 볼 수 있듯이 '-(으)ㄹ 것이다'는 '-겠-'과 달리, '-더-, -네, -지' 등 다른 인식 양태 표현과 함께 사용되어 추측의 의미를 나타낼 수 없다.


(13) 가. 비가 오겠더라.

　　나. *비가 올 거더라.

(14) 가. 비가 오겠네.

　　나. *비가 올 거네.

(15) 가. 비가 <u>오겠지</u>.

　　나. *비가 <u>올 거지</u>.

　앞서 언급한 바와 같이, '-(으)ㄹ 것이다'는 1인칭 주어와 함께 쓰여 화자의 의도를 나타내는 동적 양태 표현으로도 사용된다. 이는 한국어교육에서 주로 초급 단계에 제시되는 우언적 구성 중 '-(으)려고 하다, -(으)ㄹ까 하다'와 거의 유사한 의미를 나타낸다. 그러나 '-(으)ㄹ까 하다'는 다양한 선택의 가능성이 있는 상황에서 사용된다는 점에서 '-(으)려고 하다, -(으)ㄹ 것이다'와 그 의미가 구분된다.

(16) 가. 저는 방학에 고향에 <u>갈 거예요</u>.

　　나. 저는 방학에 고향에 <u>가려고 해요</u>.

　　다. 저는 방학에 고향에 <u>갈까 해요</u>.

　(16가)는 실행 계획이 보다 구체화된 경우, (16나)는 화자가 고향에 갈 내적 의향을 가지고 있는 경우, (16다)는 다양한 선택지 사이에서 고민 중인 상황으로 해석될 수 있다.

　또한 '-(으)려고 하다, -(으)ㄹ까 하다'는 '-았/었/였-'과 결합하여 과거 시점에서의 화자 의도를 표현하지만, '-(으)ㄹ 것이다'는 주로 발화시의 화자 의도를 표현하는 데 사용된다. (17가)는 '-(으)ㄹ 것이다'와 '-았/었/였-'이 결합한 형태의 표현을 사용하였기 때문에 부자연스럽다. 반면 (17나)와 (17다)는 문장이 자연스럽게 성립한다.

(17) 가. *저는 영화를 <u>볼 거였어요</u>.

나. 저는 영화를 <u>보려고</u> 했어요.

다. 저는 영화를 <u>볼까</u> 했어요.

'-(으)ㄹ 것 같다'는 명제의 개연성과 가능성에 대한 화자의 판단을 나타내는 인식 양태 표현으로 사용된다. 이 경우 결합되는 관형사형 전성 어미에 따라 추측되는 사태의 사건시가 구분된다.

(18) 가. 비가 <u>온</u> 것 같아.

　　나. 비가 <u>왔던</u> 것 같아.

　　다. 비가 <u>오는</u> 것 같아.

　　라. 비가 <u>올</u> 것 같아.

　　마. 비가 <u>왔을</u> 것 같아.

　　바. 비가 <u>오고 있을</u> 것 같아.

(18가)와 (18나)는 화자가 비가 온 후의 젖은 땅 등을 보고 '비가 오다'라는 과거의 사태를 추측하는 경우, (18다)는 비가 오는 소리 등을 듣고 '비가 오다'라는 현재의 사태를 추측하는 경우, (18라)는 흐린 하늘 등을 보고 '비가 오다'라는 미래의 사태를 추측하는 경우에 사용될 수 있다. 또한 비현실적 서법 표지인 '-(으)ㄹ'은 과거 시제 선어말 어미 '-았/었/였-'과의 결합을 통해 (18마)와 같이 과거 사태에 대한 추측을 표현하거나 (18바)와 같이 현재 상황에 대한 추측을 표현할 수도 있다. 이 경우 화자의 판단은 직접적인 근거보다는 사유를 통한 추론의 결과로 내려진 것으로, 명제의 개연성과 가능성에 대한 화자의 확신은 (18마)가 (18가)에 비해, (18바)가 (19다)에 비해 약하게 드러난다.

**생각해 봅시다**

1. 다음 표현들을 활용하여 인식 양태나 당위 양태를 나타내는 문장을 만들어 보자.

> -구나/는구나, -네, -지, -더-, -겠-, -(으)ㄹ 것이다,
> -(으)려고 하다, -(으)ㄹ까 하다, -(으)ㄹ 것 같다

2. '-겠-'의 인식 양태와 동적 양태 의미 교수 시 이를 제시하기에 적절한 예 문을 작성해 보자.

| | |
|---|---|
| 인식 양태 | |
| 동적 양태 | |

3. 다음 대화에서 웨이의 대답이 자연스러운지 생각해 보고, 그렇게 생각한 이유에 대해 설명해 보자.

> 민아: 나 오늘 아침에 밥 세 그릇이나 먹고 왔어.
> 웨이: 와, 밥을 세 그릇이나 먹었네.

# 한국어의 피동 표현과 사동 표현

## 1  피동 표현

### 1) 피동의 개념

피동(被動)은 문장의 주어가 제 힘이 아닌 다른 사람 또는 사물의 영향을 입거나 그 힘으로 동작을 하게 됨을 뜻한다. 이 때문에 문장의 주어가 스스로의 힘으로 동작이나 행위를 수행함을 나타내는 능동과 대비되어 설명되곤 한다. 피동과 능동의 형식 및 의미 차이는 다음 예문을 통해서 확인할 수 있다.

(1) 가. 영수가 물고기를 잡았다.  　　[능동]
　　 나. 물고기가 영수에게 잡혔다.  　[피동]

(1가)는 문장의 주어인 영수가 물고기를 잡는 능동적 행위를 표현한다. 이에 비해 (1나)는 주어인 물고기가 영수에 의해 잡힌 행위를 나타낸다. 이처럼 능동태와 피동태는 누구의 힘에 의해 행위가 일어나며, 그 행위의 방향이 어디에서 어디로 향하는가를 나타낸다. 이때 능동문은 피동문과 대응 관계를 이루는데, 능동문에서의 주어(행위자)와 목적어(행위 대상)가

피동문에서는 부사어와 주어로 바뀌는 양상을 보인다. 그러나 능동문과 피동문의 대당(對當) 관계가 반드시 성립하는 것은 아니다. 능동태로는 적합한 문장이 피동태로는 부적합한 문장일 수 있으며, 그 반대의 경우도 성립될 수 있다.

(2) 가. 아이가 연을 쫓고 있다.   [능동]

　　나. <sup>?</sup>연이 아이에게 쫓기고 있다. [피동]

(3) 가. <sup>?</sup>돌부리가 나를 걸었다.  [능동]

　　나. 내가 돌부리에 걸렸다.   [피동]

(2)와 (3)에서 능동형 동사 '쫓다'와 '걸다'는 피동형 동사 '쫓기다', '걸리다'와 각각 짝을 이뤄 존재한다. 그러나 이 두 가지 형태가 모든 문맥에서 자연스럽게 사용될 수 있는 것은 아니다. (2가)의 능동 표현은 자연스럽게 사용될 수 있지만, 통상적 상황에서 (2나)의 피동 표현은 부자연스럽다. 이와 달리 (3가)의 능동 표현은 부자연스럽고, (3나)의 피동 표현은 자연스럽게 사용될 수 있다.

### 주어의 유정성

한국어 문장에서 주어는 유정성의 정도에 따라 선택될 수도 있고 선택되지 않을 수도 있다. 앞의 본문에서 제시한 (2나), (3가)의 예문이 이를 뒷받침한다. 즉, (2나)와 (3가)에서는 '연'과 '돌부리'가 행위자인 '아이', '나'와 달리 무정성을 지니고 있어, 이를 주어로 하는 문장이 성립되기 어렵다.

　　주어 선택 시 유정성의 제약을 받는 정도는 언어마다 다르다. 가령 위에서 제시한 바 있는 (2나)와 (3가) 문장을 영어로 표현한 다음 (2다), (3다)의 경우는 자연스럽게 사용될 수 있다.

(2) 다. The kite is being chased by the child.

(3) 다. The jagged stone caught me.

능동 및 피동의 개념은 언어들 간에 통용될 수 있으나, 능동문과 피동문의 적합성 여부에 대한 판단과 그것을 표현하는 방식은 다를 수 있다. 이 때문에 위 (2나), (3가)와 같은 문장이 한국어로는 부자연스럽지만 이에 대당하는 다른 언어로는 자연스럽게 사용될 수도 있다.

한국어 피동문의 정의와 범위 설정에 대해서는 연구자에 따라 여러 의견이 있다. 먼저, 통사적 차원에서 접미사에 의해 파생된 피동사를 서술어로 취하는 문장만을 피동문으로 한정하는 견해가 있다. 이와 달리, 의미 차원에서 '-아/어/여지다', '되다'류 등에 의한 표현 모두를 아울러 피동문으로 보기도 한다. 이 장에서는 피동을 보다 광의의 관점에서 정의하고, 한국어에서는 피동 표현이 다음과 같은 세 가지 유형으로 나뉘어 실현된다고 본다.


① 피동사에 의한 피동 표현
② '-아/어/여지다'에 의한 피동 표현
③ '되다'류에 의한 피동 표현


## 2) 피동 표현의 유형

### ① 피동사에 의한 피동 표현

가장 전형적인 피동문은 타동사의 어간에 접미사 '-이/히/리/기-' 등이 결합된 피동사를 서술어로 취하는 문장이다. 피동의 접미사가 결합될 수 있는 타동사는 한정적이며, 이를 규칙화하기도 어렵다. 그러나 피동사 파생이 어려운 경우의 조건은 다음과 같이 제시할 수 있다.

- '이기다, 던지다, 지키다' 등과 같이 어간이 '이'로 끝나는 동사
- '-하다'가 결합하는 동사
- '배우다, 바라다, 느끼다'와 같은 경험 동사
- '주다, 받다, 드리다'와 같은 수여 동사
- '얻다, 잃다, 찾다, 돕다'와 같은 수혜 동사
- '닮다, 만나다, 싸우다'와 같은 대칭 동사
- '먹이다, 입히다, 늦추다' 등과 같은 사동사

위와 같은 유형의 동사 어간에는 피동의 접미사가 결합되기 어렵다. 대신, 접미사의 결합이 아닌 다른 방식으로 피동의 의미를 나타낸다. '청소하다-청소되다'와 같이 '-하다'가 결합하는 동사에 대해서는 '-되다' 결합형을 활용하여 피동의 의미를 나타내며, '주다'에 대해서는 '받다'의 피동 표현이 대응된다.

피동사에 의한 피동문은 다음과 같은 문장 형식을 취한다.

(4) 가. 창문이 열렸다. [NP이/가 V]
　　나. 범인이 경찰에게/에 의해 잡혔다. [NP이/가 NP에게/에 의해 V]
　　다. 영희가 일등으로 뽑혔다. [NP이/가 NP로 V]

## 자동사 어간에 피동의 접미사가 결합하는 경우

통상적인 경우 피동사는 타동사 어간에 피동의 접미사가 결합되어 생성된다. 그런데 자동사 어간에 피동의 접미사가 결합되어 피동사가 파생되는 경우도 있다.

　(1) 자동차 경적이 크게 울렸다.
　(2) 먼지가 심하게 날렸다.

　(1)에서 '울리다'는 자동사 '울다' 어간에 피동의 접미사 '-리-'가 결합되어 파생되었다.
(2)에서 '날리다'는 자동사 '날다' 어간에 피동의 접미사 '-리-'가 결합되어 파생되었다.

(4가)는 서술부가 '열리다'라는 피동사만으로 구성된 경우이다. 그런데 (4나)와 (4다)에서처럼 피동사 앞에 명사구가 필요한 경우도 있다. 피동사에 필요한 명사구에는 '에게, 에 의해, (으)로' 등의 조사가 결합하여 부사구를 형성하는데, 이러한 부사구는 상황 맥락에 따라 생략되기도 한다. 가령, (4나)에서 범인을 잡은 행위자가 자명하게 드러났거나 고의적으로 이를 나타내지 않으려고 하는 경우, '경찰에게/에 의해'를 생략할 수도 있다.

② '-아/어/여지다'에 의한 피동 표현

타동사 어간에 '-아/어/여지다'를 결합한 서술어를 통해서도 피동을 나타낼 수 있다. '-아/어/여지다'는 타동사뿐만 아니라 자동사나 형용사 어간에도 결합될 수 있다. 그러나 이 경우는 피동이 아닌 '상태 변화'를 나타낸다는 점에서 피동과 구별하기도 한다.

(5) 가. 칠판 위의 글씨가 깨끗하게 지워졌다.
　　 나. 새로운 등을 달자 방안이 밝아졌다.

### 목적어가 있는 피동

피동사는 자동사이므로 목적어를 가질 수 없으나, 목적어를 갖는 경우도 있다.

(1) 영희는 팔목을 잡혔다.
(2) 아이가 모기에 발등을 물렸다.

(1)의 '잡히다', (2)의 '물리다' 모두 피동사인데, 각각 '팔목', '발등'이라는 명사를 목적어로 취하고 있다. 이처럼 목적어가 있는 피동문의 목적어는 문장 주어의 신체나 소유의 일부인 경우가 많다. 이처럼 피동사가 목적어를 취하는 문장을 피동문으로 볼 수 있는가에 대해서는 연구자들 간에 이견이 존재한다. 그럼에도 불구하고, 해당 문장에 문법적 오류가 없고 서술어로 능동사가 아닌 피동사를 사용하고 있다는 점 등을 고려하여 (1), (2)와 같은 문장도 피동문으로 인정하는 경우가 많다.

다. 그로 인해 새로운 사실이 밝혀졌다.

(5가)는 타동사 '지우다'의 어간에 '-어지다'가 결합하여 남의 힘에 의해 글씨의 흔적이 없어졌음을 의미한다. (5나)는 '밝다'라는 형용사 어간에 '-아지다'가 결합하여 이전과 달리 방안이 밝아진 상태로 변화했음을 나타낸다. (5다)는 형용사에서 타동사로 바뀐 파생 동사 '밝히다'의 어간에 '-어지다'가 결합하여 피동의 의미가 더해진 경우이다. 이와 같이 '-아/어/여지다'에 의해 생성되는 피동 표현은 피동사에 의한 피동 표현과 상보적 관계를 이루는 경우가 많다. 그러나 일부 타동사는 이 두 가지 방식 모두를 활용하여 피동 표현을 생성하기도 한다.

(6) 가. 가르다 - 갈리다/갈라지다
    나. 쓰다 - 쓰이다/써지다
    다. 꺾다 - 꺾이다/꺾어지다

(6)에서 '가르다, 쓰다, 꺾다'는 각각 접미사에 의한 피동사 파생도 가능하며, 타동사 어간에 '-아/어/여지다'를 결합한 피동 표현도 가능하다. 다만 이들 각각의 형식은 의미 차이를 보이는데, 피동사에 비해 '-아/어/여지다'에 의한 피동 표현이 '고의성'을 더 많이 드러내는 것으로 본다.

한편, 일부 피동사에 '-아/어/여지다'가 다시 결합하는 이중 피동 표현도 있다. 이러한 표현은 피동 의미가 강조되는 형식으로 보기도 하고, 피동 의미가 나타나는 표현 기제가 잉여적이라는 점에서 비문법적인 표현으로 보기도 한다.

(7) 가. 찢다 – 찢기다/찢겨지다

　　나. 읽다 – 읽히다/읽혀지다


(7가)와 (7나)의 '찢겨지다, 읽혀지다'는 '찢다, 읽다'의 어간에 피동 접미사가 결합하여 '찢기다, 읽히다'라는 피동사를 형성한 후, 이 피동사의 어간에 또다시 '-어지다'가 결합한 소위 '이중 피동 표현'에 해당한다.


③ '되다'류에 의한 피동 표현

'되다, 받다, 당하다' 등을 통해 피동을 표현하는 경우를 '되다'류에 의한 피동 표현이라고 한다. 통사 차원에서는 '되다'류 피동 표현을 피동 범주에서 제외하기도 하지만, 의미 차원에서는 이들 모두를 포괄하여 피동 표현으로 다룰 수 있다.


(8) 가. 어제 제기한 문제가 모두 해결되었다.

　　나. 그 책은 널리 읽힌 바가 되었다.

　　다. 영수가 돈을 잃게 되었다.


## '-어 있다' 구성과 결합하는 피동사

'있다'는 주로 동사 뒤에서 '-어 있다'의 구성으로 쓰이는데, 앞말의 행동이나 변화가 끝난 상황의 지속을 나타낸다. 이러한 구성에 피동사가 본동사로 결합하는 경우가 많다.

　(1) 문이 열려 있다.
　(2) 도서관 불이 켜져 있다.
　(3) 사과가 식탁 위에 놓여 있다.

　(1), (2), (3)은 각각 '열리다, 켜지다, 놓이다'에 '-어 있다'가 결합하여 변화가 종료된 이후 그 상태가 지속되고 있음을 표현한다. 이처럼 피동사가 '-어 있다'와 결합하여 상태의 지속을 나타낼 수 있는 것은 피동사가 동작성이 아닌, 탈동작성 또는 상황 의존성을 나타내기 때문이다.

'-되다'는 명사 뒤에 붙어 피동의 뜻을 더하고 동사를 만드는 생산성이 높은 접미사이다. (8가)에서는 '되다'가 명사 '해결' 뒤에 붙어 동사를 만들고 피동의 뜻을 나타낸다. (8나)에서는 '되다'가 본동사로 쓰였는데 이 동사 자체가 피동의 의미를 드러낸다. 그런데 (8다)에서 '잃게 되다'의 '-게 되다'는 보조 용언으로서 피동의 의미보다는 '예정'의 동작상을 나타낸다.

(9) 가. 아이들이 함께 일할 것을 <u>강요받았다/강요를 받았다</u>.

　　 나. 그는 전학생이라는 이유로 <u>외면당하다/외면을 당했다</u>.

---

**적용하기**　　　　　　　　　　　　　　　　　**피동 표현의 사용**

한국어 학습자 언어(중간언어)는 한국어 피동 표현을 습득할 때 어려워하는 지점이나 그러한 어려움을 야기하는 요소를 설명해 주기도 한다.

(1) *아기가 할머니 품에 <u>안아서</u> 편안히 자고 있어요.
(2) *아기가 할머니 품에 <u>안혀서</u> 편안히 자고 있어요.
(3) *아기가 할머니 품에 <u>안아져서</u> 편안히 자고 있어요.

한국어에서 피동은 피동 접미사에 의해 파생된 피동사나 '-아/어/여지다' 등에 의해 표현될 수 있다. 이 때문에 한국어 학습자들은 여러 개의 접미사 가운데 무엇을 선택해야 하는지, 피동사에 의한 피동과 '-아/어/여지다'에 의한 피동의 차이는 무엇인지를 변별하여 맥락에 맞게 사용하는 데 어려움을 겪는다. 즉, 위 문장에 적합한 피동사 '안기다' 대신 (1)의 '안다'와 같이 능동형을 사용하는 경우, (2)의 '안히다'와 같이 부적절한 피동 접미사를 결합하는 경우, (3)과 같이 '-아/어/여지다'를 잘못 결합하여 사용하는 경우 등이 나타난다. 이러한 점을 고려하여 한국어교육에서는 피동사나 '-아/어/여지다'에 의한 피동 표현을 어휘 차원에서뿐만 아니라, 의미 · 화용 차원에서도 접근하여 교수 · 학습해야 한다.

---

(9가)의 '강요받다', (9나)의 '외면당하다'에서처럼 '-받다' 또는 '-당하다'라는 접미사가 결합되어 피동의 의미를 나타낼 수 있다. '강요를 받다, 외면을 당하다'에서와 같이 본동사로 쓰이면서 피동의 의미를 드러내기도 한다. 이처럼 '강요'나 '외면'과 같은 명사들은 '받다'와 '당하다' 모두를 발화 의도에 따라 선택적으로 취할 수 있다.

(10) 가. 협박하다 – 협박받다/협박당하다

　　　나. 주목하다 – 주목되다/주목받다/주목당하다

(10가)의 '협박'도 '협박받다'와 '협박당하다' 모두 가능하다. (10나) '주목'의 경우에는 '-되다, -받다, -당하다' 모두 결합될 수 있다. 그렇다고 해도 이들 모두가 동일한 의미를 전달하는 것은 아니다. '되다, 받다'에 비해 '당하다'라는 표현에는 부정적인 의미가 더 많이 내포되어 있다.

## 2 사동 표현

### 1) 사동의 개념

사동(使動)은 사동주가 피사동주에게 어떠한 행위를 하게 하거나 어떠한 상황에 처하도록 만드는 것을 의미한다. 한국어에서 사동을 표현하는 전형적인 방법으로는 사동 접미사에 의한 사동 표현이 있다.

(11) 가. 언니가 동생에게 책을 <u>읽혔다</u>.

　　　나. 화가가 사람들에게 그림을 들어 <u>보였다</u>.

(11가)는 사동주인 언니가 피사동주인 동생으로 하여금 책을 읽는 행위를 하게 만든 것을 표현한다. (11나)도 사동주인 화가가 피사동주인 사람들에게 그림을 볼 수 있게 허용함을 나타낸다. 이처럼 사동 표현은 사동주가 피사동주에게 무엇인가를 하도록 시키거나 허용하는 상황 또는 그러한 행위를 나타낸다. 한국어에서 사동 표현은 다음과 같은 유형으로 실현된다.

---

**사동과 피동의 관계**

사동과 피동은 형태, 통사, 의미 측면에서 차이를 보인다. 그러나 사동사와 피동사를 파생하는 접미사의 형태가 동일한 경우도 있으며, 의미·화용 측면에서도 넘나드는 바가 있어 중의적으로 해석되는 경우가 있다.

　　영희는 순희에게 발목을 <u>잡혔다</u>.

　　'잡히다'는 '(그림을/그림이) 보이다, (칼을/칼이) 갈리다, (눈을/눈이) 감기다' 등과 같은 피동·사동 동형 동사 중 하나이다. 이 때문에 위의 문장은 사동문과 피동문 둘 다로 해석될 수 있다.

① 사동사에 의한 사동 표현

② '-게 하다'에 의한 사동 표현

③ '시키다'류에 의한 사동 표현


## 2) 사동 표현의 유형

① 사동사에 의한 사동 표현

타동사, 자동사, 형용사의 어간에 사동 접미사 '-이/히/리/기-'나 '-우/구/추-'가 결합된 사동사에 의해 사동문이 생성될 수 있다. 이 유형은 후술하는 다른 유형의 사동 표현보다 사동주가 피사동 사건에 관여하는 양상이 더욱 직접적이라는 점에서 '직접 사동'이라고 칭하기도 한다.


(12) 가. 간호사가 환자에게/환자를 약을 <u>먹였다</u>.

　　　나. 영수가 바지를 <u>줄였다</u>.

　　　다. 어머니가 차를 <u>세웠다</u>.

　　　라. 영희가 불을 <u>밝혔다</u>.


### 피사동주 표지의 의미 차이

사동사에 의한 사동문 중에는 피사동주의 격 표지가 다른 두 가지 문형이 가능한 경우가 있다. 이들 각각의 문형을 자세히 살펴보면 다음과 같다.

　　(1) 간호사가 환자에게 약을 <u>먹였다</u>. [NP이/가 NP에게 NP을/를 V]
　　(2) 간호사가 환자를 약을 <u>먹였다</u>. [NP이/가 NP을 V]

　　(1)과 (2)는 피사동주를 표시하는 격 표지 사용에서 차이를 보인다. 이는 피사동주의 '통제력' 차이로 설명될 수 있다. 즉, 피사동주를 나타내는 격 표지가 여격인 경우와 대격인 경우, 전자보다는 후자가 행사하는 통제력이 더 약하다(연재훈, 2011: 39-45). 이러한 견지에서 (2)의 피사동주 '환자'가 발휘할 수 있는 통제력이 (1)의 피사동주보다 더 약하다고 해석할 수 있다.

(12가)는 '먹다'라는 타동사의 어간에 사동의 접미사가 결합된 '먹이다'를 서술어로 사용하고 있다. 이때 피사동주인 '환자'는 '환자에게'와 같은 처소의 부사어구나 '환자를'과 같은 목적어 명사구로 나타낼 수 있다. (12나)는 자동사 '줄다'의 어간에 사동의 접미사 '-이-'를 결합한 '줄이다'를, (12다)는 '서다'의 어간에 접미사 '-이-, -우-'를 결합한 '세우다'를 서술어로 삼고 있다. (12라)는 형용사 '밝다'의 어간에 '-히-'가 결합된 사동사 '밝히다'가 문장의 서술어이다. 이처럼 개별 동사와 형용사에 따라 접미사의 결합 여부 및 선택이 달라진다. 그러나 사동사의 파생 조건을 일관된 규칙으로 제시하기는 어렵다. 다만 사동 접미사의 결합이 어려운 경우의 조건은 다음과 같이 제시할 수 있다.

- '주다, 받다'와 같은 수여 동사
- '만나다, 닮다, 싸우다'와 같은 대칭 동사
- '생각하다, 청소하다, 공부하다'와 같이 '-하다'가 결합되는 동사

② '-게 하다'에 의한 사동 표현

동사나 형용사 어간에 연결 어미 '-게'와 보조 동사 '하다'를 결합하여 사동의 의미를 표현할 수 있다. '-게' 대신에 '-도록'을, '하다' 대신에 '만들다'를 사용할 수도 있다.

(13) 가. 어머니가 아기에게/아기를 우유를 마시게/먹도록 하였다/만들었다.
    나. 어머니가 아기가 우유를 마시게/마시도록 하였다/만들었다.

(13가)를 보면, '마시게 하다, 마시게 만들다, 마시도록 하다, 마시도록 만들다'와 같은 표현이 모두 가능하다는 것을 알 수 있다. 이때 피사동주인 '아기'를 '아기에게'처럼 처소의 부사구로 나타낼 수도 있고, '아기를'처럼 목적어 명사구로 나타낼 수도 있다. 또한 (13나)의 '아기가'와 같이 주어 명사구로도 나타낼 수 있다.

사동 접미사에 의한 사동사 생성에 많은 제약이 따르는 것과 달리, '-게 하다'에 의한 사동 표현은 사용에 제약이 적다. 그러나 일부 동사와 형용사는 어간에 '-게 하다'가 결합할 때 부자연스러운 경우가 있다.

(14) ?가. 영희가 두 사람의 거리를 <u>좁게 했다</u>.

　　나. 영희가 두 사람의 거리를 <u>좁혔다</u>.

(15) 영희가 장학금을 받아서 어머니를 <u>기쁘게 했다</u>.

(14)를 보면 '좁다'의 어간에 '-게 하다'가 결합한 '좁게 하다'는 부자연스러운 반면, 사동사 '좁히다'는 자연스럽다. 이는, (15)에서 형용사 '기쁘다'의 어간에 '-게 하다'가 결합된 '기쁘게 하다'가 자연스러운 것과도 비교가 된다.

'-게 하다'에 의한 사동 표현은 사동주가 피사동주에게 가하거나 주는 영향 관계가 직접적으로 드러나지 않아, 사동사에 의한 사동 표현을 뜻하는 직접 사동과 대비하여 '간접 사동' 또는 '장형 사동'으로 명명하기도 한다. 다만 사동 표현의 직접성과 간접성은 절대적인 개념이 아니라 상대적인 개념이며, 이와 결합하는 용언의 의미 특성에 따라 정도를 달리한다.

(16) 가. 아버지가 아이에게 신발을 <u>신긴다</u>. (아버지가 신발을 신기는 행동을 함)

　　　나. 아버지가 아이에게 신발을 <u>신게 한다</u>. (아버지는 말이나 행동을 통해 아이가 신을 신도록 함)

(17) 가. 친구가 영미를 <u>웃긴다</u>. (친구가 직접적인 행동으로 영미가 웃도록 하거나 그렇게 만듦)

　　　나. 친구가 영미를 <u>웃게 한다</u>. (친구가 영미를 웃게 하는 상황을 만듦)

　(16가)에서 '신기다'는 사동주가 피사동주에게 직접적으로 행위를 가할 수 있는 사동사이므로 직접 사동의 의미를 나타낸다. 그런데 (17가)의 '웃기다'는 사동주가 피사동주에게 직접적인 행위를 가할 수 없고, 말이나 행동 등의 방법으로 웃음을 유발해야 한다는 점에서 직접성이 떨어진다. 그리고 (17나)의 사동은 (17가)에 비해 상대적으로 더욱 간접적이다. 즉, (17가)의 '친구'가 피사동주인 '영미'의 웃음 유발에 더욱 직접적인 원인을 제공하며, (17나)의 '친구'는 간접적이거나 우회적인 방법으로 기여하고 있다.

　③ '시키다'류에 의한 사동 표현
　'시키다'류에 의한 사동 표현은 몇 가지 유형으로 나뉜다. 어근에 '-시키다'가 결합하는 경우, '-게 하다' 대신 '-게 시키다'가 사용되는 경우, '시키다'가 본동사로 사용되는 경우가 있다.

　(18) 가. 영미가 영순에게 <u>청소시켰다</u>.

나. 영미가 영순에게 <u>청소하게 시켰다.</u>

다. 영미가 영순에게 작업을 <u>시켰다.</u>

(18)과 같이 '시키다'류에 의해서 생성되는 문장이 사동문인가에 대해서는 이견이 있다. 특히 (18다)와 같이 '시키다'가 본동사로 사용되는 경우에 대해 문제를 제기하면서 이를 사동의 문법 범주에서 제외하는 경우가 많다. 그러나 이 장에서는 사동의 의미 전달이라는 측면에서 이 유형까지 사동 표현의 범주에 넣어 설명하였다.

---

**적용하기**        **사동과 피동 표현의 형식 및 의미 교육**

한국어 학습자들은 한국어 사동 및 피동 표현의 의미를 이해하고 정확한 형식을 사용하는 데 어려움을 겪는 경우가 많다. 특히 한국어 사동사와 피동사를 파생하는 접미사가 동일한 경우도 있어, 이들 동사 간의 대치 오류가 많이 발생한다. 다음과 같은 학습자 언어 자료에서 그 일단을 살펴볼 수 있다.

(1) *아이가 어렸을 때 아무거도 몰라서 밥을 <u>먹혀</u>(✓먹여) 줘야 합니다.
(2) *토끼가 호랑이에게 <u>먹였다.</u> (✓먹혔다)

(1)에서처럼 '먹다'의 사동사('먹이다')와 피동사('먹히다') 간에 혼동을 느끼고 '먹이다' 대신에 '먹히다'를 잘못 사용하는 학습자가 많다. 또한 (2)와 같이 피동사 '먹히다'를 써야 하는 자리에 사동사 '먹이다'를 잘못 사용하는 사례도 흔하다. 이처럼 부적합한 동사 파생 오류를 줄이기 위해서는 먼저, 한국어 사동 및 피동 표현이 갖는 의미와 사용 맥락을 충분히 이해하도록 해야 한다. 사동과 피동의 생성 원리를 가르치되, 그 결과로 파생된 사동사 및 피동사를 어휘 교육 차원에서 접근하여 교수·학습할 필요가 있다.

---

## 생각해 봅시다

1. 피동사에 의한 피동 표현과 '-아/어/여지다'에 의한 피동 표현의 차이를 형식과 의미 측면에서 설명해 보자.

2. 직접 사동 표현과 간접 사동 표현의 차이를 형식과 의미 측면에서 설명해 보자.

3. '-아/어/여지다'에 의한 피동 표현과 '되다'류에 의한 피동 표현이 피동문의 범주에 포함되지 않는다는 견해가 있다. 이러한 견해를 뒷받침하는 근거를 설명하고, 이에 대한 자신의 견해를 밝혀 보자.

4. 피동·사동 동형 동사의 예를 제시하고, 피동과 사동의 관계성에 대해 토의해 보자.

# 한국어의 부정 표현

## 1  부정의 개념

부정(否定)은 문장 및 발화의 의미를 반대로 만드는 것을 뜻한다. 일반적으로 용언의 활용형인 '-지 아니하다, -지 못하다, -지 말다', 부사 '안, 못'과 같은 부정소, 특수한 짝으로 이루어진 용언인 '모르다(↔알다), 없다(↔있다), 아니다(↔이다)' 등의 부정어를 사용하여 표현한다.

부사 '안, 못'을 사용한 부정은 비교적 짧은 형태이기 때문에 단형 부정이라 부르고, '-지 아니하다, -지 못하다' 형태를 사용한 부정은 비교적 긴 형태이기 때문에 장형 부정이라 부른다.

문장 내에서 부정소가 어떤 요소를 부정하는지 명확하지 않을 때, 부정은 중의적으로 해석될 수 있다.

### 부정의 범위

부정의 범위에 대해서는 여러 견해가 있는데, 첫 번째로 부정 극어(否定極語, negative polarity item)와 어울리는 것만을 부정으로 보는 의견이 있다. 이 의견에서는 부정문과 어울리는 '절대로, 결코, 전혀, 하나도, 아무도, 비단, 추호도'와 같은 부정 극어가 문장에 출현해야 부정으로 간주한다. 따라서 이 의견에서 제시하는 부정소는 '안/아니하다, 못/못하다, 말다' 및 어휘적 부정인 '모르다, 없다, 아니다' 등으로 제한된다.

두 번째로는 위의 견해에 더해 비(非), 반(反), 불(不), 미(未)와 같은 접두사도 부정으로 보는 의견이 있다. 이러한 접두사가 붙은 단어가 있는 문자의 경우, 통사적 부정소가 존재하지 않는다 하더라도 부정의 의미를 지니기 때문이다. 그러나 부정의 '의미'를 갖는 것들의 범위를 어디까지 볼 것인지 정하기 어려우므로 이 장에서는 부정 극어가 존재하는 문장만을 부정으로 본다.

(1) 숙제를 다 하지 못했다.

(2) 학생들이 다 안 왔다.

'-지 못하다'를 사용한 장형 부정인 (1)의 경우, '숙제 중 일부'가 완료되지 않았다고 해석할 수도 있고, '모든 숙제를 하나도' 하지 않았다고 이해할 수도 있다. 또한 부사 '안'을 사용한 단형 부정인 (2)의 경우, 오지 않은 것이 '학생들 중 일부'인지 아니면 '모든 학생들'인지 명확하지 않다. 이처럼 중의적으로 해석되는 부정은 장형 부정과 단형 부정 모두에서 가능하다.

특정한 어휘들은 단형 부정이나 장형 부정의 형태를 사용하지 않고 반의어를 사용하여 부정을 나타내기도 한다. 예를 들어, '명사+이다'의 부정은 '안/못+명사+이다'가 아니라 '명사+이/가+아니다'이다.

(3) 가. 나는 학생이다.
　　나. *나는 안 학생이다.
　　다. 나는 학생이 아니다.

(3나)에서 확인할 수 있듯이, '학생이다'의 부정을 '안 학생이다'로 나타내면 어색하다. 이 경우 '이다'의 부정어 '아니다'를 사용하여 '학생이 아니다'로 표현해야 한다. 이는 '있다'나 '알다'의 경우에도 마찬가지로 적용된다.

(4) 가. 책상 위에 컴퓨터가 있다.

나. *책상 위에 컴퓨터가 <u>안</u> 있다.

다. 책상 위에 컴퓨터가 <u>없다</u>.

(5) 가. 그 내용은 안다.

　　나. *그 내용은 <u>못</u> 안다.

　　다. 그 내용은 <u>모른다</u>.

(4)는 '있다'의 부정어 '없다', (5)는 '안다'의 부정어 '모른다'를 사용하여 부정의 형태를 나타내야 자연스러운 문장이 된다. 그러나 (6)에서 볼 수 있듯이 '있다'의 높임말인 '계시다'의 경우에는 '없다'를 사용해서 부정을 만들면 어색하다.

(6) 가. 할머니께서는 집에 계신다.

　　나. <sup>?</sup>할머니께서는 집에 <u>없으시다</u>.

　　다. 할머니께서는 집에 <u>안 계신다</u>.

## 2 부정의 종류

### 1) 안/아니하다

'안/아니하다' 부정은 주체의 의지에 따라 행위 발생 여부를 결정지을 수 있기 때문에 의지 부정이라 부른다. '안/아니하다' 부정은 평서문과 의문문에서만 사용되며, 동사 및 형용사와 주로 어울린다.

(7) 가. 물을 안 마신다.

　　나. 물을 마시지 않는다.

　　다. *물을 안 마시자.

　　라. *물을 마시지 않아라.

(8) 가. 저 꽃은 안 예쁘다.

　　나. 저 꽃은 예쁘지 않다.

　　다. *저 꽃은 안 예뻐라.

　　라. *저 꽃은 예쁘지 않자.

(7)은 동사에 (8)은 형용사에 '안/아니하다' 부정을 사용한 예문이다. 이 중 (7다)와 (8다)는 청유문에, (7라)와 (8라)는 명령문에 '안/아니하다' 부정을 사용한 사례로, 이 경우 문장이 어색하다는 것을 알 수 있다.

(9) 가. *배운 내용을 알지 않았다.

　　나. *그렇게 말했지만 깨닫지 않았다.

그런데 모든 용언에 '안/아니하다'를 사용할 수 있는 것은 아니다. (9가)의 '알다', (9나)의 '깨닫다'와 같은 인지 동사는 주체가 자신의 의지로 행하는 일이 아니기 때문에 '안/아니하다'를 사용하여 부정을 만들 수 없다.

또한 '?안 치우치다, ?안 즐겁다, ?안 아름답다'처럼 합성 용언, 파생 용언 및 3음절 이상의 용언 중 일부는 단형 부정을 사용할 때 어색한 경우가 있다. 특히 '명사+하다' 구성의 동사는 '안'을 앞에 사용하여 부정문을 형성할 수 없다. 이 경우에는 두 가지 방법으로 부정문을 만들 수 있다. 첫 번째는 '명사+하다'에 '-지 아니하다'를 결합하여 장형 부정으로 만드는 것이다. 두 번째는 '명사+안+하다'의 형태로 '안'을 '명사'와 '하다' 사이에 삽입하여 부정문을 만드는 것이다.


(10) 가. 공부하다

　　 나. *안 공부하다

　　 다. 공부하지 않는다.

　　 라. 공부 안 하다.


(10)에서 사용된 '공부하다'를 보면, (10나)처럼 동사 앞에 '안'을 쓴 부정문은 성립하지 않는다. (10다)처럼 장형 부정을 사용하거나 (10라)처럼 명사와 '하다'를 분리하여 그 사이에 '안'을 넣는 형태로 표현해야 한다.

그러나 같은 '명사+하다' 구성이라 하더라도 형용사일 때는 다음 (11다)와 같이 장형 부정으로만 부정문을 만들 수 있다.


(11) 가. 깨끗하다

　　 나. *안 깨끗하다

다. 깨끗하지 않다.

라. *깨끗 안 하다.


한편 장형 부정인 '-지 아니하다'는 앞에 결합하는 용언의 품사가 무엇인지에 따라 종결 어미가 변화한다.


(12) 가. 그 꽃은 예쁘지 않다.

나. *그 꽃은 예쁘지 않는다.

(13) 가. 힌두교도들은 소고기를 먹지 않는다.

나. *힌두교도들은 소고기를 먹지 않다.


'-지 아니하다'의 앞에 오는 용언이 (12)와 같이 형용사일 때는 '-지 않다', (13)과 같이 동사일 때는 '-지 않는다'가 종결 어미로 와야 한다.


## 2) 못/못하다

'못/못하다' 부정은 주체 이외의 다른 요소들로 인해 행위를 실현하지 못했을 때 사용하기 때문에 능력 부정이라 부른다. '못/못하다' 부정은 평서문과 의문문에서만 사용되며 주로 동사와 어울린다.


(14) 가. 물을 못 마신다.

나. 물을 마시지 못한다.

다. *물을 못 마시자.

라. *물을 마시지 못해라.

(14다)는 청유문에, (14라)는 명령문에 '못/못하다' 부정을 사용한 사례로, 이 경우 문장이 어색하다는 것을 알 수 있다.

상태를 나타내는 형용사는 '못/못하다'와 함께 쓰일 수 없다. 그러나 어떠한 행위가 완전히 일어나지 않음을 나타내는 원래의 의미와는 달리, '못 미덥다'와 같이 행위가 일어나기는 하되 기대만큼 잘 수행되지 못하였을 때는 동사뿐만 아니라 형용사에도 제한적으로 사용할 수 있다.

또한 '?못 치우다, ?못 시달리다'처럼 합성 용언, 파생 용언 및 3음절 이상의 용언 중 일부는 단형 부정을 사용할 때 어색한 경우가 있다. 특히

---

### '못하다'와 '못 하다'

'못'과 '하다'는 붙여 써서 하나의 단어인 '못하다'로 쓸 수도 있고, 띄어쓰기를 하여 구인 '못 하다'로 쓰기도 한다. 표준국어대사전에 따르면, '못하다'는 동사로서 '어떤 일을 일정한 수준에 못 미치게 하거나, 그 일을 할 능력이 없다', 형용사로서 '비교 대상에 미치지 아니하다'라는 두 가지 의미를 가지고 있다.

(1) A: 수영을 잘해요?
    B: 아니요, 잘 <u>못해요.</u>

(2) 잡은 고기가 못해도 열 마리는 되겠지만 요즘은 맛이 예전만 <u>못해요.</u>

(3) 밥을 먹지 <u>못했어요.</u>

동사 '못하다'는 (1)과 같이 앞에 부사를 함께 쓰는 사용례가 많다. 형용사 '못하다'는 (2)와 같은 용례로 사용할 수 있다. 또한 (3)에서 볼 수 있듯 보조 동사나 보조 형용사의 '-지 못하다' 구성으로 사용할 수도 있다.

'못하다'와 달리 띄어 쓴 '못 하다'는 불가능을 나타낼 때 주로 사용한다. 즉, 어떠한 행동을 수행할 수 있는 여건이나 상황이 되지 않을 경우 '못'과 '하다'를 띄어 쓰는 것이다. 부사와 함께 쓰이지 않고 단독으로 사용되는 경우가 많다.

(4) A: 저번에 내 준 숙제를 했어요?
    B: 아니요, 고향에 다녀오느라 <u>못 했어요.</u>

'명사+하다' 구성의 동사는 '못'을 앞에 사용하여 부정문을 형성할 수 없다. 이 경우에는 두 가지 방법으로 부정문을 만들 수 있다. 첫 번째는 '명사+하다'에 '지 못하다'를 결합하여 장형 부정으로 만드는 것이다. 두 번째는 '명사+ 못+하다'의 형태로 '못'을 '명사'와 '하다' 사이에 삽입하여 부정문을 만드는 것이다.

(15) 가. 숙제하다

나. *못 숙제하다

다. 숙제하지 못하다.

라. 숙제 못 하다.

(15)에서 사용된 '숙제하다'를 보면, (15나)처럼 동사 앞에 '못'을 쓴 부정문은 성립하지 않는다. (15다)처럼 장형 부정을 사용하거나 (15라)처럼 명사와 '하다'를 분리하여 그 사이에 '못'을 넣는 형태로 표현해야 한다.

그러나 같은 '명사+하다' 구성이라 하더라도 형용사일 때는 다음 (16다)와 같이 장형 부정으로만 부정문을 만들 수 있다.

(16) 가. 겸손하다

나. *못 겸손하다

다. 겸손하지 못하다.

라. *겸손 못 하다.

한편 장형 부정인 '-지 못하다'는 앞에 결합하는 용언의 품사가 무엇인지에 따라 종결 어미가 변화한다.

(17) 가. 들에 풀이 풍성하지 못하다.

　　　나. *들에 풀이 풍성하지 못한다.

(18) 가. 너무 슬프면 오히려 울지 못한다.

　　　나. *너무 슬프면 오히려 울지 못하다.


'-지 못하다'의 앞에 오는 용언이 (17)과 같이 형용사일 때는 '-지 못하다', (18)과 같이 동사일 때는 '-지 못한다'가 종결 어미로 와야 한다.

또한 '못/못하다' 부정은 주체의 의지와 무관하게 진행되는 일에 사용하므로, 주체의 의지가 개입되어 있는 '-(으)려고, -고자, -고 싶다, -(으)ㄹ게, -(으)마' 등과는 함께 쓰일 수 없다. 다시 말해 '*내일 학교에 못 가고 싶다'와 같은 문장은 성립하지 않는다.

마찬가지로 '못/못하다' 부정은 화자의 의지로 피할 수 없는 결과를 나타내는 어휘, 즉 '망하다, 고민하다, 실직하다, 실패하다, 굶주리다, 헐벗다, 두근거리다, 사랑에 빠지다' 등과는 함께 사용할 수 없다.

(19) 가. *이번 시험에 실패하지 못했다.

　　　나. *나는 사랑에 못 빠졌어.


## 이중 부정

이중 부정은 한 문장 안에 '안/못, -지 아니하다, -지 못하다, 말다'와 같은 부정소 혹은 '아니다, 없다, 모르다'와 같은 부정어가 둘 이상 출현하여 긍정을 나타내는 문법 장치를 뜻한다.

(1) 술을 못 마시지는 않는다.
(2) 능력이 좋은 사람이 그 일을 못 할 리가 없다.
(3) 일을 할 사람이 없는 것은 아니다.

이중 부정은 보통 (1)처럼 부정소만 두 개 결합한 형태, (2)처럼 '부정소+부정어'의 형태, 또는 (3)처럼 '부정어+부정어'의 형태로 나타난다.

### 3) 말다

'말다' 부정은 '안/아니하다, 못/못하다' 부정과는 달리 명령문과 청유문에서 주로 사용된다. 또한 단형이 존재하지 않고 장형만이 존재하는 특징이 있으며, 주로 동사와 어울린다.

(20) 가. *물을 마시지 말다.

　　나. 물을 마시지 <u>말자</u>.

　　다. 물을 마시지 <u>마라</u>.

(20가)를 보면 '말다' 부정은 평서문에서는 사용할 수 없다는 것을 알 수 있다. 다시 말해 '말다' 부정은 청유문과 명령문에서 장형 부정 형태로만 사용할 수 있다.

**적용하기**

## 학습자 오류 '않다-말다'

학습자들이 부정과 관련하여 자주 보이는 오류로는 '말다'와 '않다(아니하다)'의 사용을 혼동하는 경우를 들 수 있다. 본문에서 서술했듯이 '말다' 부정은 명령과 청유의 부정에 사용된다. 그러나 예외가 되는 단어를 파악하지 못해 명령과 청유가 아닌 문장에서도 '말다'를 사용하는 양상이 종종 보인다. 아래 예문은 국립국어원 학습자 오류 말뭉치에서 추출한 이러한 오류의 사례들이다.

(1) 날마다 늦게 자지 <u>말고</u> 일찍 잘까 한다.
(2) 고름화 하면서 그 고련자들이 그냥 그 할머니가 죽 돌아가셨거나 그 할아버지가 돌아 가셨은 경우에 그 아들이랑 탈이랑 같이 살지 <u>말고</u> 그냥 혼자 사는 사람들도 많은 것 같아서 일인 가구가 많아지는 것 같아요.
(3) 10년 후의 나의 계획은 말레이시아에 있는 회사에 취직하지 <u>말고</u> 다른 나라 있는 회사에 취직하고 싶다.
(4) 수영장에 음식을 먹지 <u>말고</u> 운동 음료수를 마신다.

**생각해 봅시다**

1. 한국어에서는 '부정'을 어떻게 정의하는지 설명해 보자.

2. 다음 문장에서 '-지 않다'는 부정의 의미를 나타내고 있는가? 이에 대한 자신의 견해를 밝혀 보자.

> 그 아이는 여간 잔망스럽지 않다

3. 외국인 학습자에게 '못하다'와 '못 하다'의 차이를 가르치는 것이 어떤 교육적 효과가 있는지 토의해 보자.

## 11강 한국어의 높임 표현

## 1 높임 표현의 개념과 종류

화자가 어떤 대상에 대하여 그 높고 낮은 정도를 언어적으로 나타낸 것을 높임 표현이라고 한다. 한국어에서 높임 표현을 적절하게 사용하면 사람 간의 위계질서와 친소 관계가 정립되고, 화자의 인품과 교양도 드러나게 된다.

(1) 가. 저기 제 동생이 옵니다.

　　나. 저기 아버지가 오시는구나.

(1)에서 화자는 문장에 나오는 '동생'과 '아버지'를 서로 다르게 대우하고 있다. (1가)의 '동생'에 대해서는 주체 높임 선어말 어미인 '-(으)시-'를 쓰지 않은 '오다'로 표현하고, (1나)의 '아버지'에 대해서는 '오시다'를 사용하여 높여서 표현했다.

또한 두 문장에서 사용한 종결 어미를 통해 청자에 대한 화자의 높임 정도와 친소 관계에도 차이가 있음을 알 수 있다. (1가)에서는 아주 높임의 하십시오체 종결 어미 '-ㅂ니다'를 쓰고, 화자 자신을 지칭하는 대명사로 '나' 대신 겸양 표현인 '저'를 사용했다. 이를 통해 (1가)의 화자는 청자를 자기보다 높은 사람으로 존중하면서 공손히 대우하고 있음을 알 수 있다. 반면 (1나)에서는 아주 낮춤의 해라체 종결 어미 '-는구나'를 사용하여, 화자가 청자를 친밀하고 동등한 관계 혹은 자기보다 낮은 사람으로 대하고 있음을 알 수 있다.

높임 표현은 화자가 누구를 높이거나 낮추는지에 따라 주어가 지시하는 대상을 높이는 주체 높임, 목적어나 부사어의 대상을 높이는 객체 높임, 청자를 높이거나 낮추는 상대 높임으로 나뉜다.

### 높임법과 높임 표현

'높임법'은 문법 형태소로 실현되는 문법적 측면을 강조한 것이고, '높임 표현'은 어휘적 수단으로도 실현되는 표현적 용법을 강조한 용어이다. 연구자에 따라 '높임법' 대신 '경어법, 대우법, 존대법' 등을 쓰기도 하고, '높임 표현' 대신 '대우 표현, 공손 표현' 등의 용어를 쓰기도 한다.

## 2  높임 표현의 실현 방법과 등급

### 1) 주체 높임

주체 높임은 문장의 주체, 곧 주어의 지시 대상을 높이는 것을 말한다. 보통 서술어에 선어말 어미 '-(으)시-'를 결합하여 실현한다.

(2) 가. 철수가 노래를 <u>부른다</u>.
　　 나. 아버지가 노래를 <u>부르신다</u>.

(2가)는 서술어에서 주체 높임이 실현되지 않았고, (2나)는 '부르다'에 선어말 어미 '-(으)시-'가 결합하여 주체 높임이 실현되었다.

주체 높임이 실현되는 문장의 경우, 주어 자리에 2인칭과 3인칭 주체는 올 수 있으나 1인칭 주체는 올 수 없다.

(3) 가. 여러분, 앞쪽으로 <u>앉으십시오</u>.
　　 나. 선생님께서 내일 <u>돌아오신다</u>.
　　 다. *나는 부산에 <u>가시겠습니다</u>.

(3가)의 2인칭 주체 '여러분'과 (3나)의 3인칭 주체 '선생님'을 높이기 위해 서술어 '앉다'와 '돌아오다'에 선어말 어미 '-(으)시-'를 사용하여 주체 높임을 실현하였다. 문장의 주어가 1인칭인 '나'로 되어 있는 (3다)의 경우, 화자가 자기 자신을 스스로 높일 수 없으므로 '가다'에 '-(으)시-'를 쓰면 비문이 된다.

주체 높임에는 높임을 받을 만한 사람의 가족, 소유물 혹은 신체의 일부분을 간접적으로 높임으로써 높임의 뜻을 나타내는 간접 높임 표현이 있다.

(4) 가. 큰아버지는 재산이 <u>많으시다.</u>
　　　나. 선생님, 따님이 아주 <u>미인이십니다.</u>

(4가)의 '재산'과 (4나)의 '따님'은 직접 높임의 대상은 아니지만, 높임의 대상인 '큰 아버지'와 '선생님'의 소유물 또는 가족이기에 '-(으)시-'를 사용하여 간접적으로 높이고 있다.

주체 높임은 선어말 어미 '-(으)시-'에 의해 실현될 뿐만 아니라, 일부 특수한 어휘들로도 실현된다.

(5) 가. 철수가 아침밥을 <u>먹는다.</u>
　　　나. 할아버지가 아침밥을 <u>잡수신다.</u>

### 선어말 어미 '-(으)시-'의 형태

주체 높임 선어말 어미 '-(으)시-'는 앞에 오는 용언의 받침 유무에 따라 형태가 달라진다.

(1) 어머니는 손이 참 <u>예쁘시다.</u>
(2) 선생님의 은덕은 하늘처럼 <u>높으시다.</u>
(3) 삼촌은 <u>군인이시다.</u>
(4) 이모는 <u>간호사시다.</u>

(1)처럼 용언의 어간이 모음으로 끝나면 '-시-'를 붙이고, (2)와 같이 자음으로 끝나면 '-으시-'를 붙인다. 또한 (3)에서 볼 수 있듯 서술어가 '이다'일 때에는 원칙적으로 '이시다'를 쓴다. 다만 (4)와 같이 서술어 '이다'의 앞말이 모음으로 끝날 때에는 '시다'를 허용한다. 한편, '-(으)시-'는 '하시었다, 하시겠습니다'처럼 시제나 양태를 나타내는 '-았-, -겠-' 등의 다른 선어말 어미보다 앞에 붙는다.

(6) 가. 아기가 낮잠을 잔다.

　　 나. 아버지가 주무신다.

(7) 가. 강아지가 죽다.

　　 나. 할머님이 돌아가시다.


　　(5나), (6나), (7나)의 '잡수시다, 주무시다, 돌아가시다'는 각각 '먹다, 자다, 죽다'의 주체 높임 특수 어휘들이다. 이러한 어휘에는 '있다-계시다, 아프다-편찮으시다' 등이 있다.

　　또한 문장의 주어 뒤에 주격 조사 '이/가' 대신 '께서'를 사용하는 주체 높임 표현이 있다.


(8) 가. 선생님이 내일 우리 집에 오신다.

　　 나. 선생님께서 내일 우리 집에 오신다.


한편, '께서'는 다른 조사와도 함께 사용될 수 있다.


### 의미가 다른 높임 형태

몇몇 동사는 높임 어휘가 있으면서도 '-(으)시-'를 붙여 높임을 나타내는 형태를 가지기도 한다. 예를 들어 '있다, 아프다'는 '계시다, 편찮으시다'라는 높임 동사가 있지만, '있으시다, 아프시다'도 높임을 나타낸다. 그러나 이 두 형태는 높이는 대상과 의미가 다르다.

　(1) 선생님, 내일 학교에 계십니까?
　(2) 선생님, 비가 오는데 우산이 있으십니까?
　(3) 할머님이 편찮으시다.
　(4) 할머님은 치아가 아프시다.

　(1)과 (3)의 '계시다'와 '편찮으시다'는 모두 주체 자체에 대한 높임을 표현한다. 반면 (2)와 (4)의 '있으시다'와 '아프시다'는 주체의 소유물이나 신체 일부를 높이는 데 사용된다.

(9) 가. 아버님께서는 신문을 보신다.

　　나. 다른 선생님께서도 숙제를 내 주셨다.

　　다. 할머니께서야 더욱 힘드실 것이다.


(9)는 '께서'에 조사가 결합한 사례로, (9가)는 '는', (9나)는 '도', (9다)는 '야'가 결합하여 사용되었다.

그런데 주체 높임에서 선어말 어미 '-(으)시-'만 쓰는 것은 가능하지만 조사 '께서'만 쓰는 것은 허용되지 않는다.


(10) 가. 선생님께서 내일 우리 집에 오신다.

　　나. 선생님이 내일 우리 집에 오신다.

　　다. *선생님께서 내일 우리 집에 온다.


(10가)는 조사 '께서'와 선어말 어미 '-(으)시-'를 모두 사용하였으며, (10나)는 '-(으)시-'만 사용하여 높임을 표현하였다. 그러나 '-(으)시-'를 사용하지 않고 조사 '께서'만 사용한 (10다)의 문장은 부자연스럽다.


## '께서' 사용의 제약

주격 조사 '이/가'의 높임말인 '께서'는 사용할 때 몇 가지 제약이 따른다. 첫째, (2)에서 볼 수 있듯 이중 주어문에서 여러 차례 나타날 수 없다.

(1) 할머니께서는 할아버지가 좋으셨다.
(2) *할머니께서는 할아버지께서 좋으셨다.

둘째, (4)와 (5)처럼 높임 대상의 소유물이나 신체의 일부에 사용할 수 없다.

(3) 할머니께서 눈이 밝으시다.
(4) *할머니께서는 눈께서 밝으시다.
(5) *할머니는 눈께서 밝으시다.

## 2) 객체 높임

객체 높임은 문장의 객체, 곧 목적어나 부사어의 지시 대상을 높이는 것을 가리킨다. 객체 높임은 주로 객체 높임 특수 어휘와 부사격 조사 '께'를 사용하는 방법에 의해 표현된다.

(11) 가. 영희는 동생을 <u>데리고</u> 공원에 갔다.

　　　나. 철수는 손님을 <u>모시고</u> 공항에 갔다.

(12) 가. 나는 친구에게 선물을 <u>주었다</u>.

　　　나. 나는 아버지께 선물을 <u>드렸다</u>.

(11가)와 달리 (11나)에서는 '모시다'라는 객체 높임 어휘를 사용하여 목적어가 지시하는 대상인 '손님'을 높이고 있다. (12나)에서는 객체 높임 어휘 '드리다'를 사용하고 부사격 조사 '에게' 대신 '께'를 씀으로써 부사

---

### 동일한 의미를 지닌 객체 높임 특수 어휘의 구분

'뵈다, 뵙다'는 모두 '웃어른을 대하여 보다'라는 의미의 객체 높임 특수 어휘이다. '뵙다'는 '뵈다'보다 더 겸손하게 객체를 높이는 의미를 나타낸다. 또 다른 객체 높임 특수 어휘인 '여쭈다, 여쭙다'의 경우 둘 다 복수 표준어로 인정되고 있다. '-어'가 결합할 경우 각각 '여쭈어(여쭤), 여쭈워'로 활용된다.

한편, '드리다, 올리다, 바치다'는 모두 받는 대상을 높이는 뜻으로 쓰이며, 높이는 정도는 '바치다'가 제일 높고, '올리다', '드리다' 순으로 이어진다. '드리다, 올리다'는 보통 인격적인 대상에만 사용한다.

(1) 지은이가 책을 아버지께 드리다/올리다/바치다.
(2) 정부에 세금을 바치다/*드리다/*올리다.

(1)에서처럼 인격적인 존재에 대해서는 '드리다, 올리다, 바치다'를 모두 사용할 수 있지만, (2)에서 볼 수 있듯 '드리다, 올리다'를 국가나 기관 등 비인격적인 대상에 사용하면 어색하다.

어가 지시하는 대상인 '아버지'에 대한 객체 높임을 실현하였다.

객체 높임 특수 어휘들은 높이려는 객체가 목적어인지 부사어인지에 따라 구분된다.

(13) 가. 고향에 가서 부모님을 <u>뵙고</u> 왔다.

　　　 나. 이 문제는 선생님께 <u>여쭈어</u> 볼게요.

객체가 목적어일 때 사용하는 객체 높임 특수 어휘에는 '데리다, 보다/ 만나다'를 높이는 '모시다, 뵈다/뵙다' 등이 있다. (13가)에서는 목적어로 쓰인 '부모님'을 높이기 위해 '보다' 대신 '뵙다'를 사용하였다.

또한 객체가 부사어일 때는 '주다, 묻다'를 높이는 '드리다/올리다/바 치다, 여쭈다/여쭙다' 등을 쓸 수 있다. (13나)를 보면, 부사어로 쓰인 '선 생님'을 높여야 하므로 '묻다' 대신 '여쭈다'를 사용하였음을 확인할 수 있다.

### 3) 상대 높임

상대 높임은 청자를 높이거나 낮추는 것을 뜻한다. 상대 높임은 보통 종결 어미에 의해 실현되며, 이러한 종결 어미에 따라 높임 등급이 결정된 다. 다음 표에서 보듯 상대 높임의 등급에는 '아주 높임, 두루 높임, 예사 높임, 예사 낮춤, 두루 낮춤, 아주 낮춤'의 여섯 가지가 있다. '하다'의 명령 형의 활용 형태를 빌어 '하십시오체, 해요체, 하오체, 하게체, 해체, 해라 체'로 부르기도 한다.

|  | 높임 | | 낮춤 | |
|---|---|---|---|---|
| 격식체 | 아주 높임<br>(하십시오체) | 예사 높임<br>(하오체) | 예사 낮춤<br>(하게체) | 아주 낮춤<br>(해라체) |
| 비격식체 | 두루 높임<br>(해요체) | | 두루 낮춤<br>(해체) | |

학교 문법에서는 위의 표와 같이 격식체와 비격식체를 구분하여 서술한다. 문법 이론에 따라서는 종결 어미보다는 발화 상황에 개입하는 다양한 요소에 의해 격식성이 더 많은 영향을 받는다는 것에 주목하여, 격식체와 비격식체를 구분하지 않고 상대 높임을 병렬적인 위계(존비법)로 다루기도 하나 여기에서는 학교 문법에 따라 설명하고자 한다. 기본적으로 공식적인 상황이나 청자와 심리적으로 다소 거리를 두고 예의를 갖출 때에는 격식체를 쓰고, 사적인 상황이나 청자와 심리적으로 가까운 관계에서 친밀감을 나타낼 때에는 비격식체를 쓴다.

① 하십시오체

하십시오체는 격식을 갖춘 공식적인 말로서 격식체와 비격식체를 통틀어 청자를 가장 높이는 등급의 상대 높임 표현이며 단정적인 느낌을 준다. '-ㅂ니다/습니다, -ㅂ니까/습니까, -(으)십시오' 등의 종결 어미로 표현된다.

(14) 가. 저는 유학생입니다.
　　　나. 실례지만 어느 나라에서 왔습니까?
　　　다. 여기서 잠깐만 기다리십시오.

(14가)는 하십시오체의 평서문, (14나)는 의문문, (14다)는 명령문으로서 모두 아주 높임 등급을 나타낸다.

② 해요체

해요체는 상대를 두루 높이는 데 쓰이는 등급이다. 단정적이지 않고 부드러운 느낌을 주므로 상대에게 심리적으로 거리를 두지 않고 개인적으로 편하게 대하는 비격식적 상황에서 쓸 수 있다. '-아요/어요/여요, -지요, -네요' 등의 종결 어미에 의해 실현된다.

(15) 가. 내일 나는 학교에 <u>가요</u>.     [평서문]

　　나. 내일 학교에 <u>가요</u>?     [의문문]

　　다. 내일 꼭 학교에 <u>가요</u>.     [명령문]

　　라. 내일 함께 학교에 <u>가요</u>.     [청유문]

(15가)~(15라)에서 볼 수 있듯, 해요체 '-아요/어요/여요'는 평서문, 의문문, 명령문, 청유문에서 같은 형태로 쓰인다. 이 경우 대화 상황에 따라 억양을 통해 구분된다.

③ 하오체

하오체는 자기와 비슷한 위치에 있는 사람에 대해 격식적 예의를 지키는 표현으로, 하게체보다 좀 더 존중하여 대우하는 등급이다. 배우자 사이에 격식을 차려 하오체를 사용하기도 했으나, 지금은 일상적인 대화에서는 거의 사용하지 않는다. 하오체는 영화나 서적과 같은 대중 매체를 통해 정보나 의견을 전달할 때 또는 잘 알지 못하는 사람에게 격식적 예의를 갖추면서 자기 자신도 낮출 필요가 없을 때 쓰인다. '-(으)오, -소, -(으)ㅂ시다, -구려/는구려' 등의 종결 어미로 표현된다.

(16) 가. (교과서 연습 문제 제시에서) 다음 인용문의 틀린 곳을 <u>고치시오</u>.
　　　나. (어두운 저편에 수상한 사람이 보일 때) 거 <u>누구요</u>?

(16가)에서는 하오체 명령문, (16나)에서는 하오체 의문문이 사용되었다.

④ 하게체

하게체는 언뜻 보기에 청자를 낮추는 것처럼 여겨질 수 있지만 단순히 낮춤의 의미만을 가지고 있는 것은 아니다. 하게체는 청자가 화자와 친구이거나 나이나 직위로 보아 화자보다 상대적으로 낮은 위치에 있지만 어느 정도 높임을 받을 만한 사람에 대해 존중하여 대우할 때 쓴다. 나이 든 사장이 젊은 직원에게, 교수가 학생에게, 장인이나 장모가 사위에게, 형님이 나이가 든 동생에게, 또는 나이가 든 친구 사이에서 쓸 수 있다. '-네, -(으)ㄹ세, -(으)ㄴ/는가, -나, -게, -(으)세, -구먼/는구먼' 등이 대표적인 하게체 종결 어미이다.

(17) 가. (사장이 직원에게) 최 과장, 내가 다음 주 베이징에 <u>가네</u>. 자네도 함께 <u>가세</u>.
　　　나. (교수가 학생에게) 창호 군, 이 논문 참 <u>좋구먼</u>. 자네도 한번 <u>읽어 보게</u>.

(17가)에서는 하게체 평서문과 청유문, (17나)에서는 하게체 감탄문과 명령문이 사용되었다. 이처럼 하게체는 대개 2인칭 대명사 '너' 보다는 '자네'와 잘 어울리고, 호칭어도 이름 대신 '성+직급'이나 '이름+군/양' 등이 쓰인다. 하게체를 사용할 때는 화자나 청자의 절대적인 나이가 중요하게 작용한다. 보통 40대 이상의 사람들이 주로 쓰며, 어린아이에게는 하게체를 쓰지 않는다. 실제 언어생활에서는 하게체의 사용이 줄어들고 있다.

⑤ 해체

해체는 상대를 두루 낮추는 데 쓰이는 등급으로, 반말체라고도 불린다. '-아/어/여, -(이)야, -지, -네' 등의 종결 어미에 의해 표현된다. 많은 경우 아래에서 설명할 해라체와 넘나들며 쓰이지만 해라체보다는 상대에 대하여 덜 권위적이고, 사적인 분위기에서 사용된다.

(18) 가. 나는 너희들의 소대장이야. 지금부터 내 말을 잘 들어.  [해체]
    나. 나는 너희들의 소대장이다. 지금부터 내 말을 잘 들어라.  [해라체]

(18가)와 (18나)를 비교해 보면, (18가)에서 화자의 권위가 덜 느껴지고, 개인적인 대화의 분위기가 조성된다는 것을 알 수 있다.

⑥ 해라체

해라체는 가장 낮은 등급의 아주 낮춤말로, 어른이 아이에게 혹은 자기와 비슷하거나 아래에 있는 사람에 대해 확실히 낮추어 말할 때 쓴다. '-다/-ㄴ다/는다, -(으)니, -냐/-으/느냐, -(으)ㄴ/는가, -아라/어라/여라, -자, -구나/는구나' 등이 해라체를 표현하는 대표적인 종결 어미이다.

(19) 가. 난 학교 식당에서 점심을 <u>먹는다</u>.

　　　나. 창호야, 너 어디서 점심을 <u>먹니</u>?

　　　다. 너 학교 식당에서 점심 <u>먹어라</u>.

　　　라. 얘들아, 우리 함께 점심 <u>먹자</u>.

　　　마. 유학생들은 학교 식당에서 밥을 <u>먹는구나</u>.

(19가)~(19마)는 각각 해라체의 평서문, 의문문, 명령문, 청유문, 감탄문이다. 해라체는 나이가 어린 아랫사람을 대할 때나 가까운 친구 사이에 가장 많이 쓰인다. 그러나 나이가 든 사람끼리는 친한 친구 사이라도 비교적 덜 쓰는 양상을 보인다.

### 4) 특수 어휘에 의한 높임

높임 표현에는 주체·객체·상대 높임 외에도, 높이고자 하는 대상과 관련된 사람이나 사물을 높이려는 의도로 두루 쓰이는 특수 어휘들이 있다.

(20) 가. 진지, 말씀, 연세, 생신, 성함, 댁, 병환, 약주, 치아, 옥고, 영애, 귀사

　　　나. 아버님, 할머님, 누님, 형님, 따님, 아드님, 아주버님, 도련님

　　　다. 선생님, 박사님, 사장님

　　　라. 홍길동 님, 길동 님

　　　마. 홍길동 씨, 길동 씨

---

#### '-님/님'과 '씨'의 띄어쓰기

사람의 직위나 신분을 나타내는 일부 명사 뒤에 붙어 높임의 뜻을 더하는 '-님'은 접미사이므로 앞의 명사와 붙여 쓴다(⑩ 홍 사장님). 그러나 성이나 이름 뒤에 붙어 그 사람을 높여 이르는 말인 '님'은 의존 명사이므로 띄어 쓴다(⑩ 홍길동 님). '님'보다는 높임의 뜻이 약한 '씨' 역시 의존 명사로, 앞에 오는 명사와 띄어 써야 한다(⑩ 홍길동 씨).

(20가)는 대응하는 일반 명사가 있음에도, 높이려는 대상과 관련된 사람 혹은 사물을 높이려는 의도로 특별히 만들어진 높임 의미의 어휘들이다. (20나)~(20라)는 '-님/님'을, (20마)는 '씨'를 붙여 높임을 실현하였다. 아래 표는 '-님' 결합형과 '씨' 결합형의 유형과 사용 범위를 보여 준다. 다만 이 사용 범위는 사용 집단의 문화라든지 규정 등에 의해서 변이를 보이기도 하여 사회언어학적인 관점으로 해석이 가능하다.

| 유형 | 형태 | 사용 범위 |
|---|---|---|
| '-님'<br>결합형 | ① 직위+님<br>(예) 과장님 | 하급자→상급자<br>높임 정도가 가장 높음. |
| | ② 성+직위+님<br>(예) 김 과장님 | 하급자→상급자, 소원한 동급 관계<br>①에 비해 높임 정도가 낮으며, 같은 직위의 다른 사람과 구분할 때 쓰임. |
| | ③ 성+직위<br>(예) 김 과장 | 상급자→하급자, 친한 동급 관계<br>높임의 의미가 없음. |
| '씨' 결합형 | ④ 성+이름+씨<br>(예) 김영호 씨 | 상급자→하급자, 소원한 동급 관계<br>비교적 격식적인 자리에서 쓰임. |
| | ⑤ 이름+씨<br>(예) 영호 씨 | 상급자→하급자, 친한 동급 관계<br>④에 비해 격식성은 떨어지고 친밀도는 조금 높음. |

## 5) 겸양 표현

겸양 표현은 자기 자신 또는 자신의 가족이나 소유물을 낮추어 말함으로써 상대를 높이는 것을 말한다. 선어말 어미 '-(으)오/(으)옵-, -사오/사옵-, -자오/자옵-' 등으로 표현된다.

(21) 가. 두 사람이 결혼식을 올리고자 <u>하오니</u>, 참석하셔서 축하해 주시기
　　　　바랍니다.

　　　나. 다음 주 일요일에 개관식이 있<u>사오니</u> 많이 참석해 <u>주시옵기</u>를 <u>바</u>
　　　　<u>라옵니다.</u>

　　(21)의 '-오-, -사오-, -옵-'은 모두 자기 자신을 낮추면서 상대방에
게 공손한 태도를 보이기 위해 사용된 선어말 어미이다. 현대 한국어에서
이와 같은 용법은 주로 문어체에서만 찾아볼 수 있다.

　　겸양 표현은 겸양의 의미를 갖는 특수 어휘에 의해 실현되기도 한다.

(22) 가. 저, 저희, 소인(小人), 소자(小子), 천민(賤民), 여식(女息)

　　　나. 졸저(拙著), 졸고(拙稿), 졸작(拙作), 비견(鄙見), 우문(愚問)

　　(22가)는 자신 혹은 자신과 관련된 가족을, (22나)는 자신과 관련된 사
물이나 행동을 낮추어 표현하는 특수 어휘의 사례이다.

---

**'말씀'의 두 가지 의미**

'말씀'에는 '남의 말을 높여 이르는 말'과 '자기의 말을 낮추어 이르는 말'이라는 두 가지 의
미가 다 포함되어 있다.

　　(1) 선생님께서 먼저 말씀하십시오.
　　(2) 과장님, 이 일은 사장님께서 하라고 말씀하셨습니다.
　　(3) 그럼 저부터 말씀드리겠습니다.

　　(1)에서는 '말씀'을 통해 청자인 '선생님'의 말을 높이고 있고, (2)에서는 제3자인 '사장님'
의 말을 높이고 있다. 반면 (3)에서는 화자인 자신의 말을 낮추기 위해 '말씀'을 사용하였다.

# 3 높임 표현의 사용 조건

높임 표현을 사용할 때에는 대체로 화자와 대상자(주체, 객체, 청자)의 수직 관계 및 수평 관계가 고려된다. 수직 관계는 나이, 신분, 친족 관계 등을 말하고, 수평 관계는 심리적 친밀도 등을 말한다. 이러한 조건들에 대한 화자의 심리적 태도가 복합적이기에 높임 표현은 복잡한 양상을 보인다. 높임 표현의 사용을 결정하는 데는 화자의 의향, 담화의 장, 높임 대상자 간의 관계와 같은 세 가지 조건이 전제된다.

## 1) 화자의 의향

화자가 대상자를 높이려는 의향이 있느냐 없느냐가 높임 표현 사용의 조건이 된다. 화자의 의향이란 주체, 객체, 청자 및 그 대상과 관련된 행위, 사건, 사태 등에 대해 높이거나 낮추고자 하는 화자의 의지를 말한다.

지위가 높은 대상임에도 불구하고 화자가 높이고자 하는 의향이 없으면 의도적으로 높임 표현을 사용하지 않거나 낮은 등급의 높임 표현을 사용할 수 있다. 다음 (23)에서 문장의 주어와 서술어는 화자가 높이려는 의향에 따라 영향을 받는다.

(23) 가. 김 과장이 아침 일찍 출근했다.
　　　나. 김 과장님이 아침 일찍 출근했다.
　　　다. 김 과장님이 아침 일찍 출근하셨다.
　　　라. 김 과장님께서 아침 일찍 출근하셨다.

(23가)에서는 문장의 주어인 '김 과장'에 대한 높임 형식이 실현되지 않았다. (23나)에서는 접미사 '-님'을, (23다)에서는 '-님'과 '-(으)시-'를 사용하여 높임을 실현하였다. (23라)에서는 '-님', '께서', '-(으)시-'가 모두 사용되어 높임의 정도가 가장 크다. 화자는 높이려는 의향에 따라 (23가)~(23라)의 높임 표현을 선택하여 사용할 수 있다.

## 2) 담화의 장

화자가 높이고자 하는 의향을 실현할 수 있는 담화의 장이 마련되어 있느냐 없느냐, 있다면 어떤 담화의 장이 마련되어 있느냐에 따라 높임 표현 사용이 달라진다. 담화의 장이란 담화가 이루어지는 장소, 영역, 상황을 말한다. 즉, 담화가 이루어지는 분위기나 경위, 문맥과 맥락 등 의사소통 주체의 시간적·공간적 위치를 담화의 장이라 하며, 이를 고려하여 높임 표현이 결정된다.

예컨대 공적인 인물이거나 역사 속에 등장하는 인물의 경우, 높임을 받아야 할 대상이더라도 경우에 따라 '-(으)시-'의 사용 여부가 달라진다. 동일한 대상에 대해 방송, 서적, 신문, 잡지 등에서 객관적이고 공식적으로 가리킬 때에는 높임 표현을 쓰지 않고, 개인적인 친분 관계를 드러내거나 사적으로 가리킬 때에는 높임 표현을 쓸 수 있다.

(24) 가. (뉴스 앵커가 방송 중에) 김 대통령이 인천 공항에 <u>도착했습니다.</u>
　　　나. (비서관이 기자들에게) 대통령<u>께서</u> 공관에 <u>도착하셨습니다.</u>

(25) 가. (역사 교과서에서) 신사임당은 우리나라 모든 여성의 <u>귀감이다.</u>

나. (어머니가 딸에게) 신사임당은 우리나라 모든 여성의 <u>귀감이시다</u>.

방송 상황인 (24가)에서는 공적 인물인 '김 대통령'에 대해 '-(으)시-'를 사용하지 않았다. 교과서 서술인 (25가)에서도 역사 속 인물인 '신사임당'에 대해 객관적으로 표현해야 하므로 '-(으)시-'를 쓰지 않았다. 그러나 (24나)와 (25나)는 개인적이고 사적인 상황이므로 공적 인물이나 역사적 인물에 대해서도 '께서, -(으)시-'를 써서 높이고 있다.

학교, 뉴스, 회의에서의 담화와 같은 격식적이고 공적인 자리에서는 상대 높임 표현으로 보통 단정적인 느낌을 주는 격식체인 하십시오체를 사용한다.

(26) 가. 유권자 여러분들과의 약속을 반드시 <u>지키겠습니다</u>.

　　　나. 뉴욕에서 KBS 뉴스 <u>김철우입니다</u>.

(26가)는 연설문에서, (26나)는 TV나 라디오 방송 뉴스에서 하십시오체를 사용한 예이다. 이러한 담화 장면에서 해요체를 쓴다고 상상하면 어색할 것이다.

한편, 담화 상황이 입말인지 글말인지에 따라 종결 어미가 달라지기도 하므로 높임 표현을 사용할 때는 구어체와 문어체를 구별해야 한다. 신문 기사나 전문 서적과 같이 일반 독자를 대상으로 하는 글말에서는 원칙적으로 해라체를 쓴다.

(27) 리포트란 <u>무엇인가</u>? 리포트는 본격적인 학술 논문은 아니지만, 논문의 격식과 내용을 어느 정도 갖춘 논문으로 볼 수 <u>있다</u>.

(27)처럼 글말에서는 의문문 종결 어미로 '-니'보다는 일반적인 문제를 제기하는 데 사용되는 해라체 '-(으)ㄴ/는가'가 쓰이며, 평서문 종결 어미로는 중립적 서술임을 나타내는 해라체 '-다, -ㄴ/는다'가 쓰인다. 이때의 해라체는 낮추는 등급이 아니라, 독자를 특정하지 않는 중립적인 등급으로 볼 수 있다.

### 3) 대상자 사이의 관계

화자, 청자, 주체, 객체 등 높임 대상자 사이의 관계적 특성 또한 높임 표현의 사용에 영향을 준다. 구체적으로 대상자의 나이, 사회적 지위, 친분 관계 요인 등이 작용한다.

하게체와 하오체는 화자의 나이가 어느 정도 이상일 때 사용하므로, 보통 40세 이하의 젊거나 어린 화자가 쓰면 매우 어색하게 들린다. 화자뿐만 아니라 청자가 어린아이인 경우에도 일반적으로 하게체와 하오체를 사용하지 않는다.

주체 높임에서는 높여야 할 대상이지만 청자가 더 높을 때 높임 표현을 쓰지 않는 압존법의 원리가 성립되기도 한다. 즉, 문장의 주체가 화자보다 높지만 청자보다 낮을 때에는 압존법의 원리에 따라 주체 높임 선어말 어미 '-(으)시-'를 사용하지 않는다.

(28) 할아버지, 아버지가 아직 안 왔습니다.

(28)에서 '아버지'는 화자에게는 높임의 대상이지만 청자인 할아버지와 비교하면 더 낮기 때문에 '-(으)시-'가 결합되지 않은 '왔습니다'를 썼다.

문장의 주체가 화자보다 낮지만 청자보다는 높은 경우에는 '-(으)시-'를 사용하거나 사용하지 않는 방법 두 가지 모두 가능하다.

(29) (할아버지가 손자에게) 아버지 들어왔니/들어오셨니?

(29)에서 할아버지는 자신의 아들을 높일 필요가 없으므로 '-(으)시-'를 사용하지 않을 수도 있고, 청자인 손자에게는 아버지라는 점을 고려하여 '-(으)시-'를 사용할 수도 있다.

또한 주체, 화자, 청자 간의 친분 관계에 따라 높임과 낮춤이 갈리기도 한다.

(30) 가. 사장님, (사장님의) 아드님이 오셨습니다.   [주체-청자 유대 관계]
     나. 저의 여식이 폐를 끼쳐드렸습니다.          [주체-화자 유대 관계]

(30가)에서 화자는 상급자인 청자와 유대 관계가 있는 문장의 주체에 대해 높임 어휘 '아드님'과 선어말 어미 '-(으)시-'를 써서 높이고 있다. 반면 (30나)의 화자는 자신과 유대 관계가 있는 딸이 문장의 주체이므로 '딸' 대신 겸양 표현인 '여식'을 사용하여 낮추었다.

청자가 하위자라도 인원이 다수라면 높이 대우해 주는 경우도 많다.

(31) (교수가 강의실에서) 여러분, 내일은 한 사람도 결석하지 마세요.

(31)에서는 교수가 다수의 학생들을 대상으로 '여러분', '-(으)시-', 해요체와 같은 높임 표현을 사용하고 있다. 이는 다수의 청자를 존중하려는 화자의 의향이 반영된 것이다.

# 한국어 학습자들의 높임 표현 오류

한국어 학습자들은 누구를 어떤 상황에서 어떻게 높여야 할지 쉽게 판단이 서지 않아 적절한 높임 표현을 사용하는 데 어려움을 겪는다. 특히, 주체나 객체가 지시하는 대상에 대해 잘 파악하지 못해 오류가 발생하는 경우가 많다.

(1) *선생님이 (저에게) 하시라고 하십니다.
(2) *선생님, 제가 (선생님을) 도와주시겠어요.

(1)의 문장에서 주어는 '선생님이'고 부사어인 '저에게'는 생략될 수 있으므로, 학습자가 주체 높임과 객체 높임에 혼동을 느껴 높이지 말아야 할 객체에 '하시다'를 사용했다. (2)는 주체와 객체를 혼동했을 뿐 아니라 특수 어휘에 의한 높임 용법을 알지 못해 '도와드리다' 대신 '도와주다'에 '-(으)시-'를 쓴 '도와주시다'라는 오류 표현을 사용했다.

(1), (2)와 같은 오류를 줄이려면 우선 주체 높임과 객체 높임이 지시하는 대상에 대해 문장에서뿐만 아니라 상황 맥락을 통해 파악할 수 있도록 해야 한다. 또한 주체와 객체에 따라 달리 사용되는 특수 어휘 용법을 충분히 이해하도록 지도해야 한다.

**생각해 봅시다**

1. 다음 문장의 밑줄 친 내용을 수정해 보자. 또 문장에 사용된 '선생님, 동생, 집' 등의 단어를 바꾸어 보거나 화자와 청자의 관계를 자유롭게 설정해 보면서 다른 문장을 만들어 보자.

---

    (1) 선생님이 방에 <u>있다</u>. →

    (2) 할아버지<u>가</u> 집에 없다. →

    (3) 동생은 돈이 <u>없으시다</u>. →

    (4) 제가 <u>도와주시겠어요</u>. →

    (5) 학생들은 교실에서 공부하고 <u>계셔요</u>. →

    (6) ○○아, 간밤에 푹 잘 <u>주무셨어</u>? →

---

2. '자시다, 잡수다, 잡숫다, 잡수시다, 젓수다'는 모두 '먹다'와 관련이 있는 객체 높임 특수 어휘이다. 이 단어들을 사전에서 찾아보고 사전의 풀이말, 어원, 용법, 예문 등을 조사하여 발표해 보자.

3. 한국어와 다른 외국어의 높임 표현을 비교·대조해 보자.

3부

# 한국어의 단어,
# 말소리, 말뭉치

# 한국어의 형태와 단어 형성

## 1 단어 분석의 단위

### 1) 형태론의 범위

앞서 2부에서는 한국어의 문장에 대해 전반적으로 살펴보고 문장을 통해 실현될 수 있는 다양한 문법적 현상과 함께 한국어교육의 상황에서 생각해 보아야 할 문제들에 대해 알아보았다. 2부의 내용을 언어학적으로 분류하자면 흔히 '통사론'으로 일컬을 수 있는 영역이다. 문장을 구성하는 문법적인 단위, 문장 성분, 문장 종결의 방식 등과 함께 문장 단위에서 실현될 수 있는 시제, 양태, 피·사동, 부정, 높임 등을 두루 다루는 언어학의 분야가 바로 통사론이다.

3부에서는 언어학에서 대개 '형태론'(12강, 13강)과 '음운론'(14강)에 해당하는 내용을 살펴보고자 한다. 짧게 정의하기는 어렵지만 간단히 말하자면, 형태론은 문장에서 한층 더 미시적인 '단어'를 중심에 놓고 단어가 어떤 구조로 되어 있는지 또 단어들 각각의 속성이나 유형에는 무엇이 있는지를 연구하는 것이다. 음운론은 더욱 미시적으로 들어가 '말소리'를 중심에 놓고, 소리는 어디서 어떻게 발음이 되는지 또 소리가 조합되어 나올 때 이루어지는 규칙들에는 무엇이 있는지 탐구한다.

뒤에서 더 설명하겠으나 형태론의 연구에서 핵심 대상이 되는 단어는 문장을 이루는 기본적인 단위이므로 앞서 살펴본 통사론과 이어져 있고, 형태소의 이형태(異形態) 생성과 관련하여 뒤에서 공부하게 될 음운론과 맞닿아 있다. 이렇게 언어에 관한 여러 현상과 규칙을 체계적으로 이해하는 것은 언어 사용에서 일어나는 다양한 상황들을 정확하게 관찰할 수 있는 바탕이 되기 때문에 언어교육의 현장에서 다뤄야 할 매우 중요하고 기초적인 역량이라 할 수 있다.

## 2) 단어 분석의 단위

언어 단위들은 더 작은 단위로 분석된다. 다음 예문과 같이 문장은 어절로, 어절은 단어로, 단어는 형태소로 분석된다.

- 문　　장: 산 너머로 반달이 살짝 보였다
- 어　　절: 산 | 너머로 | 반달이 | 살짝 | 보였다
- 단　　어: 산 | 너머 | 로 | 반달 | 이 | 살짝 | 보였다
- 형태소: 산 | 너머 | 로 | 반 | 달 | 이 | 살짝 | 보 | 이 | 었 | 다

일반적으로 언어를 분석할 때는 대치의 원리와 결합의 원리를 활용한다. 위 예문의 문장에서 '산' 대신에 '마을'이나 '언덕'을 대치할 수 있고, '반달이' 대신에 '보름달이'나 '별이' 등을 대치할 수 있다. 이러한 방식으로 각 요소를 대치할 수 있기 때문에 문장 안에서 각 부분 부분을 나누는 것이 가능하다는 것을 포착할 수 있다. 이처럼 같은 성질을 가진 다른 말을 대치하여 바꿔 쓸 수 있는 관계를 '계열 관계(系列關係, paradigmatic relation)'라고 한다. 그리고 이렇게 각각의 분리 단위 앞이나 뒤에 서로 다른 단위들이 들어와 결합될 때 이루어지는 관계가 있는데, 이를 가리켜 '통합 관계(統合關係, syntagmatic relation)'라고 한다. 앞의 문장에서 '산', '너머로', '반달이', '살짝', '보였다'는 통합 관계를 이룬다.

예문에서 본 것처럼 대치를 통해 확인할 수 있는 계열 관계나 결합을 통해 확인할 수 있는 통합 관계에 따라 단어들은 형태소로 분석된다. 계열 관계를 이루는 요소를 찾아낼 수 있다면, 또 대체해서 넣은 요소가 통합 관계를 이룰 수 있다면, 그 언어 단위는 더 작은 단위로 분석이 가능하다. 형태소는 기본적으로 이렇게 계열 관계와 통합 관계를 교차 점검해 보면서 분석해 내기는 하나, 생각보다 쉽지 않고 또 어떤 것은 매우 풀어내기 어렵다. 단위 사이의 경계선은 비교적 분명하지만, 대치될 말이 없거나 의미를 추정하기 어렵거나 역사가 흐름에 따라 해당 언어가 매우 제한적인 의미만 갖게 되는 경우도 있기 때문이다. 이에 대해 자세히 설명하지는 않겠지만 이후 형태소 분석의 실제를 통해 일부 살펴보고자 한다.

### 형태소 분석에 대한 다양한 견해

단어를 다시 형태소로 분석할 때에는 일반적으로 공시적(共時的)인 쓰임을 고려하여 대치의 원리와 결합의 원리에 따라 분석한다. 그러나 연구자에 따라서는 공시적인 쓰임과는 무관하게 어원론적으로 최대한 분석하거나 의미 단위를 기준으로 분석해야 한다는 견해를 보이기도 한다.

본문에서 제시한 예문 "산 너머로 반달이 살짝 보였다."에서 단어 '너머'는 어원적으로 보면 '넘-'과 '-어'로 분리될 수 있다. 그래서 견해에 따라서는 두 개의 형태소라고도 할 수 있을 것이다. 그러나 이 책에서는 이를 하나의 형태소로 보았다. 공시적으로 '너머'는 '높은 곳의 저쪽'의 공간을 가리키는 의미로 쓰여 '산을 넘어 간다'에서 쓰인 '넘어'처럼 동작을 뜻하지 않으며, '너머' 대신에 '위', '옆' 등과 대치되는 계열 관계를 이룬다고 보았기 때문이다.

## 2  형태소

### 1) 형태소의 뜻과 종류

하나의 건축물이 수많은 재료로 이루어지듯이 문장도 수많은 재료로 구성된다. 그 재료 중 하나가 단어이다. 이러한 단어는 다시 더 작은 요소들로 쪼개질 수 있으며, 비슷한 것끼리 서로 묶일 수도 있다.

한 가지 상식을 점검해 보자. 화학에서 '모든 물질을 구성하는 기본적 요소'를 무엇이라고 하는가? 정답은 '원소(元素)'이다. 여기에 나온 '소(素)'라는 것은 한자로 쪼갤 수 있는 최소한의 단위를 의미한다. 화학에 원소가 있다면 문장에는 '형태소(形態素, morpheme)'가 있다. 형태소는 '뜻(의미)을 가진 가장 작은 말의 단위'를 의미한다. 예컨대 '바다, 하늘, 산'과 같은 것은 더 이상 쪼갤 수 없으므로 하나의 형태소라고 할 수 있다. 반면 '돌다리, 봄비, 산나물'과 같은 것은 '돌+다리, 봄+비, 산+나물'과 같이 더 쪼개어질 수 있으므로 둘 이상의 형태소가 결합한 단어라 할 수 있다.

이렇듯 사물의 이름을 가리키는 단어(명사)는 비교적 쉽게 형태소를 분석할 수 있으나 상태를 나타내는 단어(형용사), 또 움직임을 나타내는 단어(동사)는 어떻게 형태소를 분석할 수 있을까? 다음 분석을 살펴보자.

바람이 세다
- 바람    [명사]
- 이      [조사]
- 세-     [형용사 어간]
- -다     [종결 어미]

형태소 가운데는 혼자 쓰일 수 있는 것이 있고, 반드시 다른 말에 기대어 쓰이는 것이 있다. 앞의 문장 중 '바람'와 같은 형태소는 혼자 쓰일 수 있는데, 이러한 형태소를 가리켜 '자립 형태소(自立形態素, free morpheme)'라고 한다. 반면 '이, 세-, -다'와 같은 형태소는 반드시 다른 형태소에 의존해야 하므로 '의존 형태소(依存形態素, bound morpheme)'라고 한다.

한국어에서 '바람, 하늘, 바다'와 같은 명사나 '갑자기, 정말, 너무'와 같은 부사들은 그 꼴이 변하지 않으므로 거의 대부분 자립 형태소이다. 그러나 '읽-, 보-, 만나-'와 같은 동사의 어간이나 '크-, 좋-, 바쁘-'와 같은 형용사의 어간은 뒤에 어미가 붙어야 한다는 의존성이 있으므로 의존 형태소이다. 물론 '-다, -구나, -네요' 등의 어미도 앞에 있는 동사나 형용사의 어간에 의존해야 하므로 의존 형태소이다.

지금까지 설명한 내용을 정리하면 다음과 같다.

- 자립 형태소: 혼자 쓰일 수 있는 형태소(ⓔ 바람)
- 의존 형태소: 다른 말에 기대야만 하는 형태소(ⓔ 이, 세-, -다)

형태소가 가진 의미가 실질적인 개념을 나타내느냐 형식적인 관계를 나타내느냐에 따라 형태소를 구분하기도 한다. 앞의 문장 '바람이 세다'에서 '바람, 세-'는 구체적인 대상이나 상태를 나타내는 실질적인 의미를 가지고 있으므로 '실질 형태소(實質形態素, full morpheme)'라고 하고, '이, -다'는 형식적인 의미, 즉 문법적인 의미만을 표시하므로 '형식 형태소(形式形態素, empty morpheme)'라고 한다. 그런데 조사 '이, 은, 만, 도'를 보면, 어떤 것이 붙느냐에 따라 전달하려는 의미가 달라진다. 그러나 이러한 '이, 은, 만, 도' 등은 구체적인 사물을 가리키거나 상태 혹은 동작 등의 개념을 뜻하는 것이 아니라 문법적 기능을 하기 때문에 몇몇 학자들은 형식 형태소를 '문법 형태소(文法形態素, grammatical morpheme)'라고 지칭하기도 한다.

이러한 내용을 정리하면 다음과 같다.

- 실질 형태소: 구체적인 대상, 형태 등 실질적 의미를 가진 형태소
  (예 바람, 세-)
- 형식 형태소: 형식적인 의미, 즉 문법적 의미만을 표시하는 형태소
  (예 이, -다)

형태소를 구분하는 것이 비단 한국어에만 국한되는 것은 아니다. 예를 들어 영어에서도 이 분류는 마찬가지인데, 'He loved cars.'라는 문장에서 'he, love, car' 등은 자립 형태소이자 실질 형태소가 되고, 과거를 나타내는 형태소인 '-ed', 명사의 복수형을 나타내는 '-s'는 형식 형태소이자 의존 형태소가 된다. 그러나 영어에서는 동사 'love'가 자립 형태소이지만, 앞에서 살펴본 바와 같이 한국어에서 동사는 자립적이지 못하다. 요컨대 대부분의 자립 형태소는 실질 형태소이고 대부분의 의존 형태소는 형식 형태소이나, 한국어의 경우 동사나 형용사 등은 그 모양새를 바꾸어 의존적인 모습을 보이므로 실질 형태소이면서 의존 형태소가 된다.

## 2) 형태소 분석과 관련된 주요 개념어

앞에서 배운 지식을 바탕으로 이제 몇 가지 문장을 두고 실제로 형태소 분석을 해 보자.

(1) 책상 위에 책들이 어지럽게 놓여 있다.

(2) 우리나라 자동차가 미국 등 거대 시장은 물론 신흥 시장에서도 빠른 속도로 시장 점유율을 넓혀 가고 있습니다.


(1)은 '책+상, 위+에, 책+들+이, 어지럽-+-게, 놓-+-이-+-어+있-+-다'로 분석할 수 있다. (2)는 '우리+나라, 자+동+차+가, 미+국, 등, 거+대, 시+장+은, 물+론, 신+흥, 시+장+에서+도, 빠르-+-은(ㄴ), 속+도+로, 시+장, 점+유+율+을, 넓-+-히-+-어, 가-+-고, 있-+-습니다' 정도로 분석할 수 있다.

중요한 것은 '놓여'와 같이 준말로 축약된 형태도 원래의 꼴을 복원한 후 분석해야 한다는 점이다. 사실 이렇게 형태소를 직접 분석하다 보면 어느 것이 가장 최소의 의미 단위인지 분간하기 어려운 단어들이 많다.

형태소 분석에서 가장 곤란함을 느끼는 것은 먼저 한자어 단어들이다. 한자는 기본적으로 뜻과 음이 결합된 문자이므로 한자 한 글자마다 나름의 뜻이 담겨 있기 때문에 형태소의 구성 요건을 충족한다고 할 수 있다. '자동차'의 경우, 각각의 글자가 '스스로[自], 움직이는[動], 수레[車]'라는 뜻을 담고 있다고 보면 세 개의 형태소로 분석된다. 그러나 이를 다르게 쪼개어 '자동(自動, auto)'으로 가는 '이동 도구(車, mobile)'로 읽는다면 두 개의 형태소처럼 해석할 수도 있다. 또는 '자동차' 자체를 의미의 최소 단위로 보고 하나의 형태소라고 분석할 수도 있다. 이렇듯 한자어의 형태소 분석은 모호한 지점이 있기 때문에 교재나 교과서 등에서는 한자어를 넣은 형태소 예문을 쓰지 않거나 피하는 경향이 있다. 그러나 이 모든 것들을 탐구하고 논리를 세워 보는 과정 자체가 문법적인 사고를 요구하는 것이므로, 학습자들이 서로 질문하고 토의하면서 이러한 과정을 경험하도록 장려할 필요가 있다.

기본적으로 한자어를 이루는 각각의 한자들은 계열 관계로 접근해 보면 의존 형태소로서 기능한다고 해석할 수도 있다. 그렇지만 한자어 중에서는 '창(窓), 문(門), 책(冊)'처럼 그 자체로서 자립 형태소로 쓰이는 경우도 있다. 또 '물론(勿論), 어차피(於此彼)'와 같은 단어는 거의 한국어 단어가 되어 형태소로 나누는 것 자체가 고민스럽다. 대개 자립 형태소로 분석되는 한자어는 이 말에 대응되는 고유어가 없는 경우가 많다.

한자어 외에도, 특정 형태소에만 결합하는 단어의 경우 형태소 분석에 어려움이 있다. 예컨대 '보슬비'의 경우 '비'가 하나의 형태소라는 것은 분명하지만, '보슬'이 '보슬비' 이외에는 '보슬눈, 보슬안개'와 같이 결합하는 사례가 없어서 뜻을 가진 최소의 단위인지 판단하기 어렵다. 마찬가지로 '오솔길, 안간힘, 느닷없다' 등에서 나온 '오솔, 안간, 느닷' 같은 말은 다른 결합 양상을 찾기 어렵다. 이는 인간의 언어가 매우 임의적으로 제한성을 띠기 때문으로, 문법적으로 이렇게 특정한 경우에만 쓰이는 형태소를 '유일 형태소(唯一形態素, unique morpheme)'라고 한다.

마지막으로 형태소 분석의 또 다른 어려움은 형태소 중 의존 형태소들이 특정 환경에 따라 그 모양새를 달리하는 데서 비롯된다. 예를 들어 보자.

(3) 가. [웃-] : 웃어라, 웃으니
　　나. [욷-] : 웃지, 웃고
　　다. [운-] : 웃니, 웃는다

(4) 가. 자동차가(자동차+가) / 집이(집+이)

나. 자동차를(자동차+를) / 집을(집+을)

(5) 가. 빠른(빠르-+-ㄴ)

　　나. 좁은(좁-+-은)

(6) 가. 보았다(보-+-았-+-다)

　　나. 먹었다(먹-+-었-+-다)

　　다. 갔다(가-+-ㅆ-+-다)

　　라. 하였다(하-+-였-+다)


　　이와 같이 소리 또는 형태의 환경에 따라 같은 역할의 동일한 형태소가 그 모습을 달리 해서 나타난다. 이렇게 그 모습을 달리 하는 현상을 '교체(交替, alternation)'라고 하고, 본디 같은 하나인데 환경에 따라 그 모습을 달리 드러내는 형태소 각각을 '이형태(異形態, allomorph)'라고 한다. 이형태는 마치 '지킬 박사와 하이드'처럼 원래는 한 모습인데 피할 수 없는 특정 환경에 부딪혀 모습을 달리 드러낸 것을 말한다. 이렇게 하나의 모습이 달리 나타나는 현상을 '상보적 분포(complementary distribution)'라는 용어로 표현하기도 한다. 이 말은 곧 하나의 본질이 다양한 분포를 보여

---

**음운론적 이형태와 형태론적 이형태**

이형태란 모양은 다르지만 역할이 같은 각각의 형태소를 뜻한다. 이형태에는 음운론적 이형태와 형태론적 이형태가 있다.

- 음운론적 이형태: 하나의 형태소가 다른 음운 환경에서 다른 형태를 띠는 이형태. 일정한 규칙이나 그럴 만한 이유가 있는 경우가 많다.
  예 받침의 유무에 따라 조사의 형태가 바뀜(이/가, 을/를), 모음 조화(-아요/-어요) 등
- 형태론적 이형태: 하나의 형태소가 다른 환경에서 다른 모습을 띠는 이형태. 특별한 규칙이 없고 변한 이유를 설명하기가 어려운 편이다.
  예 같은 양성 모음이라도 '하나'의 경우에는 바뀜(-였-/-았-), '오다'와 '가다'에 따라 변함(-거라/-너라) 등

주고 있다는 것을 간결하게 정리한 학술 용어라고 이해하면 될 것이다.

　이상에서 언급한 형태소와 관련한 몇 가지 용어, '교체', '이형태', '상보적 분포' 등은 그 의미를 정확하게 알고 있어야 한다. 그래야 이를 토대로 하여 다음에 이어지는 개념들을 쉽게 이해할 수 있기 때문이다.


### 3) 교체에 따른 기본형의 설정

　언어 기호는 음성과 의미로 이루어져 있다. 따라서 형태에서도 음성의 측면과 의미의 측면을 가지고 있다. 이 두 측면을 구분하여 추상적인 의미의 측면을 '형태소'라고 하고 구체적인 음성의 측면을 '형태(morphe)'라고 칭하기도 한다.

　형태소와 형태(혹은 이형태)는 언어학에서 중괄호({ }) 안에 소리, 즉 음소로 표시하는 것이 일반적이다. 예컨대 영어에서 '-s, -es'로 나타나는 복수형 형태는 영어학 서적이나 논문을 보면 '{-s}, {-z}, {-iz}'와 같이 표기하고 있다. 다만 한국어의 경우에는 중괄호 대신 작은따옴표(' ') 안에 표기에 따라 적는 경우가 흔하다. 그리고 의존 형태소를 표시하기 위해 흔히 붙임표(-)를 쓰는데, 관습적으로 조사에는 그 자립성을 고려하여 사용하지 않는다.

　앞서 살펴본 (3)은 음성으로 실현되는 소리에 따라 이형태가 된다. 이를 (3)′와 같이 정리해 볼 수 있다.


(3)′ 가. 형태소: /웃-/

　　 나. 형태: [웃-], [욷-], [운-]

교체에 의해 나타나는 다양한 형태들 중에서 어느 하나를 기본형(basic form)으로 정하기도 한다. 기본형은 대체로 다음 몇 가지 기준에 의해 정한다. 먼저 이형태 중 어느 하나를 기본형으로 잡았을 때 나머지 이형태의 도출을 자연스럽게 설명할 수 있다면 그 이형태를 기본형으로 잡는다. (3)′의 경우, '웃-'을 기본형으로 잡으면 비음을 제외한 자음 앞에서 받침이 'ㄷ'으로 바뀌어 '욷-'으로 나타나는 것과 비음 앞에서 '운-'으로 나타나는 것을 한국어의 규칙들에 의해 자연스럽게 설명할 수 있다. 하지만 '욷-'이나 '운-'을 기본형으로 잡으면 한국어에서 이를 자연스러운 규칙으로 설명하기가 어렵다. 기본형은 사전에 표제어로 올릴 때 우선적으로 고려된다. 현행 국어사전들은 '웃-, 욷-, 운-' 중에서 기본형인 '웃-'만 선택하고 여기에 '-다'를 결합하여 표제어로 싣는다.

한편, 주격 조사 '이/가'와 같이 어느 하나의 이형태를 기본형으로 잡으면 다른 이형태를 설명하기 어려운 경우도 있다. 이럴 경우 임의적으로 둘 중 어느 하나를 기본형으로 잡거나 둘 다 기본형으로 잡기도 한다. 이럴 경우에도 통계적으로 보아 빈도가 더 높은 것을 기본형으로 삼거나 역사적으로 먼저 쓰인 형태를 기본형으로 삼기도 한다. 국어사전에는 이렇게 기본형으로 잡은 어느 한쪽에 자세한 뜻풀이를 싣고 나머지 이형태의 뜻풀이는 이를 참조하게 하는 방식을 쓰기도 한다.

### 영 형태(零形態, zero morph)

대부분의 형태소는 의미(내용)와 형식(형태)을 가지고 있으나, 영 형태(영 형태소)의 경우 의미는 있지만 형식을 지니지 않는다. 예컨대 '덮개'와 '놀이'라는 단어는 동사의 어간 '덮-'과 '놀-' 뒤에 각각 파생 접사 '-개'와 '-이'가 붙어 명사로 파생된 것이다. 이에 비해 영 형태인 명사 '빗'은 동사 '빗-'과 동일한 형태이다. 이때 '빗-'에 형태가 없는 파생 접사가 붙어 명사 '빗'이 되었다고 해석할 수 있는데, 이러한 것을 가리켜 영 형태(영 형태소)라고 한다.

한국어에서는 '빗-'과 '빗', '띠-'와 '띠', '신-'과 '신' 등을 영 형태(영 형태소)의 예로 들 수 있으며, 영어나 중국어에서는 영 형태를 흔히 볼 수 있다.

# 3  단어

## 1) 단어의 뜻

단어는 가장 널리 쓰이는 문법 용어임에도 불구하고 정의하기 매우 어렵다. 그래서 흔히 사용하면서도 의견의 일치를 보기 어려운 것이 단어의 뜻이다. 단어는 일반적으로 '최소의 자립 형식(minimal free form)'으로 정의된다. 이 경우 아래 예문 (7)의 단어 수는 (7)′처럼 총 다섯 개가 된다. '부를래'는 분석하면 '부르-'와 '-ㄹ래'의 두 형태소로 나누어지지만 이렇게 되면 '자립 형식'이라는 조건에 맞지 않으므로 '부를래' 전체가 한 단어가 되는 것이다.

(7) 그 노래 이제 안 부를래.

(7)′ 그 | 노래 | 이제 | 안 | 부를래

그런데 아래 예문 (8)을 보면 '최소의 자립 형식'이라는 정의를 따를 경우 단어를 몇 개로 볼 수 있을지 고민이 생길 수 있다.

(8) 손목에 시계를 차다.

'손목'은 자립 형식이기는 하지만 더 작은 자립 형식의 단위인 '손'과 '목'으로 나뉜다. 그래서 이 문장의 총 단어 수를 헤아릴 때 '손'과 '목'을 각각의 단어로 보아야 할지 '손목'으로 합쳐야 할지 망설이게 된다. 그러나 이 문장이 구체적으로 실현되려면 해당 단어를 '손목' 이하로 나누지 않는 것이 합당하기에 여기까지가 최소의 자립 형식이라 볼 수 있다.

이렇듯 단어와 단어가 모여 또 다른 단어가 될 수 있기 때문에 단어라는 단위를 판단하는 데 어려움이 생긴다. 그래서 학자에 따라서는 이 '최소의 자립 형식'이라는 특성을 분명하게 하기 위해 '비분리성'이라는 기준을 추가하여 정의하기도 한다. 단어는 하나의 단위로 인식되므로 문장에서 쓰일 때에는 그 구성 요소가 분리되지 않는 속성을 갖는다는 것이다. 이처럼 단어를 명쾌하게 정의 내리는 것은 쉽지 않지만, '최소의 자립 형식'과 '비분리성'이라는 두 가지 기준에 따라 '분리성이 없는 최소 형식'으로 매듭 지을 수 있다.

한국어의 단어를 분석할 때 또 한 가지 어려운 점이 있다. 학교 문법에서는 조사를 단어로 취급하고 있는데(단어의 분류를 다루는 품사론은 13강에서 더 자세히 다룰 것이다), 조사가 늘 체언에 붙어 쓰여 자립성이 없다는 점을 생각하면 이를 단어에 포함하는 것이 맞는지 의문이 생길 수 있다. 더구나 (7)′에서 다룬 것처럼 '-ㄹ래'와 같은 어미는 자립성이 없다는 이유로 단어로 처리하지 않았다. 조사를 단어로 취급한 이유는 일종의 '최대한의 합리성'을 고려했기 때문이다. 조사나 어미 모두 선행하는 어휘 요소에 결합하여 문법적인 기능을 실현하는 것은 맞지만, 어미 앞에 오는 용언 어간은 자립성이 없는 반면 조사 앞에 오는 체언은 자립성이 있다. 이를 근거로 조사도 불완전하나마 최소한의 자립성을 가지고 있어 어미와는 차이가 있다고 보았기 때문에 조사는 단어로 처리하는 것이다. 그래서 (8)은 (8)′와 같이 총 5개의 단어로 분석된다.

(8)′ 손목 에 시계 를 차다

## 2) 단어의 구성 요소

단어를 구성하는 형태소들은 그 역할에 따라 크게 두 가지로 나눌 수 있다. 단어의 구성에서 어휘적인 의미를 가지는 실질 형태소(중심 부분)는 '어근(語根, root)'이라 하고 문법적인 의미를 가진 형식 형태소(주변 부분)는 '접사(接辭, suffix)'라 한다. 가령, '치솟다'의 '솟-'은 어근이고 '치-'와 '-다'는 접사이다. '치-'처럼 단어 파생에 기여하는 접사는 파생 접사라고 하고, '-다'처럼 문법적 기능을 하는 어미는 굴절 접사라고 한다. 아래의 예시 '뒤섞이다'를 보면서 어근과 접사, 어간과 어미를 구별해 보자.

'뒤섞이다'의 경우, 단어 형성이라는 관점에서 접근하면 접두사인 '뒤-'와 어근인 '섞-', 접미사 '-이-'로 이루어져 있다. 그러나 이 단어가 활용을 하는 용언이라는 것에 주목하여 접근하면 '뒤섞이-'라는 덩어리 전체가 어간이 되어 뒤에 다양한 어미와 결합하면서 '뒤섞이고, 뒤섞여, 뒤섞이면, 뒤섞이니, 뒤섞다가' 등으로 활용이 된다. 이처럼 '-다'가 다양한 형태로 바뀌는 것과 같은 현상을 문법적으로 가리켜 '활용'이라고 한다. 그런데 학자에 따라서는 단어가 문장의 특정 위치에 쓰일 때 다른 단어와의 문법적 관계를 표시하기 위하여 그 형태가 변하는 것을 '굴절'이라고 일컫기도 한다. '굴절'이라는 현상과 용어가 언어학에서 상당히 보편적이기 때문이다.

한국어에서는 체언의 굴절 현상을 '곡용', 용언의 굴절 현상을 '활용'으로 구분하기도 하지만, 학교 문법에서는 조사를 단어로 처리하여 곡용은 인정하지 않고 활용만 인정한다. 그래서 '뒤섞이다'의 '-다'는 단어 형성이라는 입장에서 보면 '굴절 접사'로 이름 붙일 수 있고, 용언의 활용이라는 입장에서 보면 어간에 대응하는 '어미'가 되기도 한다(단어들의 갈래에 대해서는 이어지는 13강에서 더 살펴볼 것이다).

### 3) 새 단어의 형성 방법

시간이 흐르고 문명이 발달하면서 인간이 사용하는 단어가 변화하는 것은 자연스러운 현상이다. 새로운 개념이 생기면 그것을 표현하기 위한 새로운 말의 형태가 필요해진다. 동시에 생활 양식이 바뀌면서 자주 사용하지 않는 단어가 사라지거나 다른 단어에 포섭되는 양상도 벌어진다.

그런데 언어학적으로 엄밀하게 생각해 보면 단어의 생성과 소멸을 연구하는 것과 단어를 만들어 내는 방식을 연구하는 것은 구분될 필요가 있다. 전자는 단어 전반의 의미를 다루는 분야로서, 역사적으로 단어의 사전적 의미가 어떻게 흘러가는지를 살펴보거나 대중적으로 새롭게 유행하는 단어들에는 어떤 것이 있는지 살펴보는 등의 작업을 한다. 후자는 말이 결합되는 형태와 방식에 주목하여, 이를 구체적으로 분석하는 작업을 한다. 식물학에 비유하자면, 전자의 연구는 숲 전체를 바라보는 생태학에 가깝다. 외래종과 고유종, 경쟁 생물, 도태와 소멸, 진화의 전망 등을 거시적으로 바라본다. 후자의 연구는 생화학이나 식물 유전학에 가깝다. 어떤 유전인자가 어떤 화학 결합을 하는지, 어떤 것이 부계이고 어떤 것이 모계인지, 돌연변이는 없는지 현미경을 대고 미시적으로 살펴본다.

언어학에서 단어가 이룬 숲의 생태를 어휘(語彙)라고 한다. 따라서 전자의 연구는 어휘론에서 하게 될 것이다. 후자의 연구는 형태소, 품사 등을 아우르는 형태론의 연구에 가깝다. 이번 강에는 어휘론과 관련된 연구는 다루지 않고, 형태론적인 입장에서 새 단어의 결합 양상을 미시적으로 공부해 보도록 하자.

인간은 왜 새 단어를 만들까? 앞에서도 잠시 언급했지만, 기존에 있는 단어들로는 새로운 사물을 모두 다 표현하지 못하기 때문이다. '잠자리'라는 곤충을 예로 들어 보자. 이 중에 꼬리의 색깔이 빨간 잠자리를 발견하여 그 이름을 짓고 싶을 때 꼬리 색이 잘 익은 고추 빛깔과 같아서 '고추잠자리'라는 이름을 붙이면, 이는 '고추+잠자리'로 분석되며 기존의 단어들을 활용하여 적절하게 만든 새 단어가 된다. 물가에 사는 잠자리에는 '물잠자리', 익어가는 푸른 밀대 같은 색깔을 띠는 잠자리에는 '밀잠자리'라고 이름을 붙여 나가는 것도 동일한 방식이다. 이렇듯 기존에 있던 두 개의 단독적인 말을 합성하여 새로운 말을 만드는 방식이 있다.

새로운 말을 만드는 방식은 이뿐만이 아니다. '코흘리개, 오줌싸개, 날개, 덮개, 지우개, 베개' 등의 단어를 생각해 보자. 이 단어들에는 무엇이 어원인지는 알 수 없으나 '사람 또는 간단한 도구'를 일컫는 불안정한 말인 '-개'가 쓰였다. 여기에서 '불안정하다'고 표현한 이유는, 이 형태소가 혼자서는 쓰일 수 없기 때문이다. 즉, '저기 책상 위에 있는 *지우는 개를 가져 와라' 또는 '침대 머리맡에 *베는 개가 있다'라고 독립적으로 쓰는 것이 불가능하다. 이렇듯 어떤 생산적인 역할을 하는 말을 하나 가져와서 비슷한 개념에 적용하면서 파생적으로 불려 나가는 방식이 있다.

합성의 방식과 파생의 방식, 이 두 가지 조어 방식은 언어학적으로 가장 일반적인 단어 생산 방식이다. 여기에서는 형성 방식에 따른 단어의 유형을 다시 한번 짚은 뒤, 합성법과 파생법을 중점적으로 살펴보고, 이후에 기타 지엽적인 단어 형성법들을 같이 살펴보도록 하겠다.

① 단어의 형태론적 유형

단어는 그 형성 방식에 따라 '단일어(單一語, simple word)'와 '복합어(複合語, complex word)'로 나눌 수 있다. 단일어는 '하늘, 집, 나무, 옷'이나 '보다, 듣다, 높다'와 같이 형태소 하나로 이루어진 단어를 뜻하고(단일어와 복합어를 따질 때 용언의 경우 '-다'를 빼고 어간만을 대상으로 한다), 복합어는 '하늘나라, 집안, 나무늘보, 겉옷'이나 '엿보다, 엿듣다, 드높다, 높이'와 같이 두 개 이상의 형태소로 이루어진 단어를 말한다.

복합어는 앞에서 언급했던 '고추잠자리, 물잠자리, 밀잠자리'와 같이 어휘 의미를 강하게 띠는 요소끼리 합성시킨 '합성어(合成語, compound word)'와 '지우개, 덮개, 날개'와 같이 어휘 의미를 가진 요소 앞뒤에 형식 의미를 갖는 생산적인 형태소를 결합시킨 '파생어(派生語, derivative word)'로 나눌 수 있다. 물론 다른 조어법도 있겠지만, 이 두 가지가 가장 대표적인 국어 단어의 조어 방식이다.

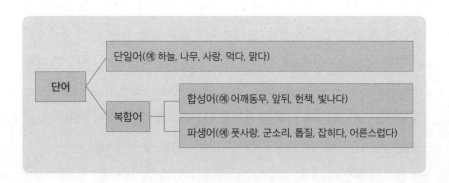

② 합성법의 구성 원리

합성어는 '고추잠자리, 밤낮, 고무신'처럼 단순히 두 실질 형태소가 붙어서 이루어지는 것이 있고, '들어가다, 새신랑, 갈림길, 젊은이, 덮밥, 빛나다'와 같이 하나의 구(句)가 새로운 개념을 표현하기 위해 하나의 단어로 합쳐진 것이 있다. 예컨대 띄어쓰기 없이 쓴 '굳은살'은 '살이 굳어 있다'는 것을 말하는 것이 아니라, '긴 시간 잦은 마찰로 손바닥이나 발바닥에 생긴 두껍고 단단한 살'을 일반적으로 가리키는 말로 굳어져 하나의 단어가 된 것이다. 이와 같이 정상적인 우리말 순서가 한 단어로 합성되어 새 단어가 된 것을 '통사적 합성어'라고 한다.

반면에 국어의 합성어에는 원래 한국어의 자연스러운 문장 형태나 수식 관계를 무시하고 만들어진 합성어도 있다. 이를 '비통사적 합성어'라고 하는데, 예를 들면 다음과 같은 것이 있다.


(9) 가. 덮밥, 접칼, 늦더위, 늦잠

　　 나. 높푸르다, 검붉다, 오가다, 캐묻다


(9가)의 단어들이 정상적인 한국어의 어순대로 굳어져 하나의 단독적인 단어가 되었다면 '덮은밥, 접는칼, 늦은더위, 늦은잠' 등으로 되어야 통사적이 될 텐데 그렇지 않은 형태로 합성되어 만들어졌다. (9나)의 단어들역시 '높고푸르다, 검고붉다, 오고가다, 캐어묻다' 등으로 굳어야 자연스러운 결합이 될 텐데 그렇지 않았다. 이렇게 비통사적인 합성어가 생기는 이유는 여러 가지가 있겠지만 통사적인 기능을 하는 말이 생략되었거나 신선한 표현을 찾고자 하는 심리적 요인에 의한 것으로 여겨진다.

③ 파생법의 구성 원리

단어를 형성할 때, 실질적인 의미를 나타내는 중심 부분을 어근이라고
하며, 어근에 붙어 그 뜻을 제한하는 주변 부분을 접사라고 한다. 앞서 언
급한 '지우개, 덮개, 베개'를 예로 들면, 어근은 각각 '지우-, 덮-, 베-'이고
접사는 '-개'이다. 또 '풋고추, 풋과일, 풋사랑'에서 어근은 각각 '고추, 과
일, 사랑'이고 '풋-'은 접사이다. 이처럼 접사는 앞에 붙기도 하고 뒤에 붙
기도 한다. 이를 학술적으로 엄밀히 구분하기 위하여 앞(즉 머리)에 붙는
접사를 '접두사(接頭辭, prefix)'라 하고 뒤(즉 꼬리)에 붙는 접사를 '접미사
(接尾辭, suffix)'라 한다.

파생어는 이렇듯 어근의 앞이나 뒤에 파생 접사가 붙어 만들어진 단어
이다. 먼저 접두사에 의해서 파생된 단어들의 예를 살펴보자.

(10) 가. 군-: 군말, 군불, 군살, 군소리, 군식구, 군침

    참-: 참깨, 참나물, 참조기

    나. 되-: 되감다, 되돌다, 되묻다

    새-: 새빨갛다, 새파랗다, 새까맣다, 새하얗다

    다. 덧-: 덧니, 덧가지; 덧나다, 덧붙이다

    헛-: 헛기침, 헛수고; 헛되다, 헛디디다

위에서 제시한 접두사들은 특정한 뜻을 더하거나 강조하면서 새로운
말을 만들어 낸다. 이러한 접두사들은 (10가)처럼 명사에만 주로 붙는 것
도 있고, (10나)처럼 용언(동사, 형용사)에 결합하는 것도 있으며, (10다)처
럼 명사와 용언에 모두 붙는 것도 있다.

한편, 접미사는 접두사보다 훨씬 더 종류가 많다. 또 접두사는 어근의

품사를 바꿀 수 없지만 접미사 중에서는 어근의 품사를 바꾸는 것도 있다.

(11) 가. -이: 넓이, 길이, 먹이, 놀이

　　 나. -기: 달리기, 던지기, 높이뛰기

　　 다. -질: 가위질, 톱질, 걸레질

　　 라. -장이: 미장이, 대장장이, 유기장이

　　 마. -꾼: 나무꾼, 낚시꾼, 일꾼, 살림꾼, 춤꾼

　　 바. -(으)ㅁ: 느낌, 모임, 믿음, 싸움, 기쁨, 아픔, 외로움, 슬픔

(12) 가. -하-: 일하다, 공부하다; 더하다, 못하다

　　 나. -거리-: 머뭇거리다, 끄덕거리다, 주억거리다

　　 다. 피동사 파생 접미사(-이/히/리/기-): 먹히다, 밀리다, 덮이다

　　 라. 사동사 파생 접미사(-이/히/리/기/우/구/추-): 먹이다, 돌리다,

　　　　입히다

　　 마. -답-: 정답다, 꽃답다

　　 바. -스럽-: 사랑스럽다, 자연스럽다, 걱정스럽다

(13) 가. -이/-히: 깨끗이, 뚜렷이, 조용히, 똑똑히

　　 나. -오/-우: 도로, 너무, 자주

(11)은 어근의 품사를 명사로 바꾸는 명사 파생 접미사, (12)는 동사 파
생 접미사와 형용사 파생 접미사, (13)은 부사 파생 접미사이다.

　접미사를 통해 파생이 된 단어들 중에는 사전에 올라간 것도 있고 그
렇지 못한 것도 있다. 예컨대 '먹기, 먹음'은 사전에 올라가 있지 않지만,
'먹이'는 사전에 올라가 있다. 이는 '먹이'의 뜻이 독립적인 하나의 의미를

형성했기 때문이다.

또 단어 중에는 합성어인 동시에 파생어인 것들도 있다. 예를 들어 '코웃음'은 '웃-'에 명사 파생 접미사 '-음'이 붙어 생긴 파생어 '웃음'에 '코'가 다시 합성되어 만들어졌다. 즉, 파생어에 다시 다른 형태소가 결합하여 합성어가 된 것이다. 또 이와 유사한 예로 '맨손체조'의 경우, 접두사 '맨-'에 '손'이 붙어 생긴 '맨손'이라는 파생어에 '체조'가 합성되어 만들어졌다. 더 복잡한 경우도 있다. '목걸이'는 그 자체로 '걸-'에 명사 파생 접미사 '-이'가 결합하여 '걸이'로 파생된 후, 다시 '목'이 붙어 합성된 단어이다. 그런데 다시 이 단어 위에 '금'이 합성되어 '금목걸이'라는 단어가 만들어졌다. 이렇듯 우리는 왕성한 생산성을 가지고 새롭게 나타난 개념들에 대해 새로운 표현을 만들어 내고 있다.

④ 그 외의 단어 형성 방식

새로운 말을 만드는 방식에는 파생법과 합성법 외에도 몇 가지가 더 있다. 먼저 단어를 중복시켜 새로운 말을 만들 수 있다. '구석'이라는 말은 '모퉁이의 안쪽'이라는 뜻을 지닌 명사이지만, 이 말을 반복시킨 '구석 구석'이라는 말은 '이 구석 저 구석 보이지 않는 곳 모두'를 뜻하는 부사가 된다. 마찬가지로 '사이사이, 하루하루, 곳곳'과 같은 형식도 이와 같은 중첩어(重疊語, reduplication)로 볼 수 있다. 다만 이렇게 같은 단어를 두 번 반복하는 조어 방법을 반복 합성어로 처리하고 '울긋불긋, 알록달록' 같은 것만을 중첩어로 보는 견해도 있다.

한국어에는 흔하지 않지만, 혼성어(混成語, blend)라는 것도 있다. 영어의 'smog'라는 말은 'smoke'의 앞부분과 'fog'의 뒷부분을 떼어 섞어 만든 글자이다. 이런 방식으로 만든 단어에는 'brunch'(breakfast+lunch), 'motel'(motorist+hotel), 'urinalysis'(urine+analysis) 등이 있다. 한국어에는 유행어 차원의 신어(新語)로서 '휴게텔'(휴게실+호텔), '네티켓'(네티즌+에티켓)과 같은 사례를 볼 수 있다.

두자어(頭字語, acronym)를 이용하여 새로운 말을 만드는 방법도 있다. 예컨대 'UNESCO'는 'UN교육과학문화국(United Nations Educational, Scientific and Cultural Organization)'의 두자어이고, 'NASA'는 '미국항공우주국(National Aeronautics and Space Administration)'의 두자어이다. 이렇게 두자어는 영어에서 흔히 알파벳 대문자로 쓰지만, 일반 대중이 두자어인지 모르고 쓸 정도로 보편화된 단어들도 있다. 예컨대 '레이더(radar)'는 'radio detecting and ranging'을 줄인 것이고, '레이저(laser)'는 'light amplification by stimulated emission of radiation'을 줄인 것이라고 한다. 음절을 모아서 쓰는 표기법을 가진 한국어에 두자어의 원리를 엄밀하게 적용하자면 'ㅇㅈ(인정), ㄱㅅ(감사), ㅈㅅ(죄송)'과 같은 것만 두자어라고 해야 한다. 하지만 두자어의 취지를 약어화(略語化) 정도로 본다면 '전국교직원노동조합'을 줄여 '전교조'라고 하거나 '(한국)대학교육협의회'를 '대교협'이라고 하는 것도 유사한 조어 방식이라고 볼 수 있다. 이처럼 앞 음절을 따서 하나의 단어로 통용하는 방식은 한국어에서는 한자어 단어를 줄일 때 종종 써 왔지만, 최근에는 '갑분싸(갑자기 분위기 싸해지다.), 취존(취향이니 존중해 주세요.)'이라는 말처럼 문장 단위의 긴 말을 줄인 유행어로 자주 나타나고 있어 흥미롭다. 그러나 이러한 조어 방식은 사전에 등재된 것도 아니고 아직 일시적인 유행어 단계이므로 한국어 단어 생성 방식으로 되었다고 보기에는 어려우며, 수십 년 또는 몇 세대 이상 생명력을 지니고 꾸준히 나타나야 보편적인 방식으로 인정받을 수 있을 것이다.

## 새로운 단어를 창의적으로 만들어 내는 외국인 학습자

접두사와 접미사의 생산적 역할은 성인 외국어 학습자들에게도 자연스럽게 영향을 미친다. 예컨대 '나무꾼, 사냥꾼' 등의 어휘를 접한 중급 수준의 학습자가 자유 작문 자료에서 '노래꾼, 공부꾼, 여행꾼' 등의 어휘를 상황 맥락에 따라 생산적으로 만들어 쓰기도 한다. 또 '지우개, 덮개, 베개' 등의 어휘를 접하고 여기에서 '-개'의 의미를 유추하여 '파리 잡개(파리채), 카드 열개(카드 키)' 등의 단어를 창의적으로 만들어 내기도 한다.

이러한 사용 현상은 문법 규칙에 대한 이해를 바탕으로 하여 스스로 구축해 낸 일종의 '중간 언어'를 보여 주는 것이다. 이때 교사는 이 현상을 오류로 보아 수정하고 억제하기보다는 의미장이나 사용역, 같이 쓰이는 어휘[공기(共起)하는 어휘] 등을 자연스럽게 소개해 주는 것이 좋다.

**생각해 봅시다**

1. 짝 또는 그룹을 형성하여 각자 문장 두 개를 만들어 보자. 그런 다음 만든 문장의 형태소를 분석하고 서로의 결과를 비교해 보자. 그리고 형태소 분석을 해 나간 자신의 사고 과정을 설명해 보자.

2. 한자어 합성법과 파생법에 대해 더 알아보자.

3. 신조어를 활발하게 생산해 내는 접두사 '개-'의 사전적 정의를 다양한 국어사전과 국립국어원 우리말샘(https://opendict.korean.go.kr)을 참고하여 직접 만들어 보자.

## 13강 한국어 단어의 분류

## 1 단어의 분류 기준

앞서 살펴보았듯 단어는 일반적으로 자립성과 분리성을 가진 말의 최소 단위로 정의된다. 단어를 분류하는 여러 방법 중 하나는 품사 분류이다. 품사(品詞, word class)란 단어를 문법적 성질의 공통성에 따라 몇 갈래로 묶어 놓은 것으로, 일반적으로 단어의 형태(form), 기능(function), 의미(meaning)라는 세 가지 기준에 따라 분류한다. 품사를 통해 단어의 문법적 특성을 이해할 수 있기 때문에 품사 정보는 언어 사용 과정에서 유용한 정보로 작용한다.

| 형태 | 기능 | 의미 |
|---|---|---|
| 불변어 | 체언 | 명사 |
| | | 대명사 |
| | | 수사 |
| | 수식언 | 관형사 |
| | | 부사 |
| | 독립언 | 감탄사 |
| 가변어 | 관계언 | 조사 |
| | | 서술격 조사 '이다' |
| | 용언 | 동사 |
| | | 형용사 |

구체적으로 살펴보면, 먼저 단어는 '형태'를 기준으로 분류하여 문장에서 사용될 때 형태가 변하는 가변어(可變語)와 형태가 변하지 않는 불변어(不變語)로 구분할 수 있다. 동사와 형용사가 대표적인 가변어로, '먹다'와 같은 기본형이 문장에서 실현될 때는 어간 '먹-'에 '-었다, -어서, -는' 따위의 어미가 결합하여 '먹었다, 먹어서, 먹는'과 같은 형태로 변한다. 반대로 명사, 대명사, 수사, 관형사, 부사, 감탄사, 조사는 형태의 변화 없이 문장에서 실현되는 불변어로서, '맑은 하늘'이나 '하늘을 보다'의 '하늘'과 같이 단어가 문장에서 하는 역할과 관계없이 동일한 형태로 실현된다. 그러나 조사 중에서 서술격 조사 '이다'는 문장에서 '이고, 이지만, 입니다, 인'과 같이 어미와 결합하여 다양한 형태로 실현되기 때문에 예외적으로 가변어에 속한다. 이러한 속성으로 인해 '이다'를 조사가 아닌 지정사 또는 의존 형용사 등 별개의 품사로 분류하기도 하는데, 이에 관해서는 앞서 4강에서도 살펴보았거니와, 뒤에서 조금 더 설명하고자 한다.

또한 문장에서 단어가 하는 역할인 '기능'을 기준으로 단어를 분류할 수 있다. 체언은 문장에서 주로 주어, 목적어, 보어의 역할을 하는 단어이며, 용언은 서술어의 기능을, 수식언은 다른 단어를 꾸며 주는 역할을 하는 단어이다. 관계언은 체언과 결합하여 단어와 단어 간의 문법적 관계를 나타내거나 특별한 의미를 더해 주는 단어이며, 독립언은 다른 단어와 관계를 맺지 않고 홀로 쓰여 감탄, 대답 등을 표현하는 기능을 하는 단어이다.

마지막으로 단어는 '의미'를 기준으로 분류할 수 있는데, 이때 의미는 '사람이 먹을 수 있도록 만든 밥이나 국 따위의 물건', '음식 따위를 입을 통하여 배 속에 들여보내다'와 같은 실질적 의미가 아니라 '사물의 이름', '사물의 움직임'과 같은 문법적 의미를 말한다. 문법적 의미를 기준으로 할 때 단어는 크게 사물의 이름을 의미하는 명사, 명사를 대신함을 의미하는 대명사, 사물의 수량이나 순서를 의미하는 수사, 사물의 움직임을 의미하는 동사, 사물의 성질이나 상태를 의미하는 형용사, 화자의 본능적인 놀람, 느낌, 부름, 대답 등을 나타내는 감탄사, 체언의 의미를 수식하는 관형사, 주로 용언의 의미를 수식하는 부사, 주로 체언의 뒤에 붙어 다른 단어와의 관계를 표현하거나 의미를 더해 주는 조사로 구분된다.

## 한국어 단어 분류의 쟁점

학교 문법에서는 단어의 의미를 기준으로 품사를 아홉 개로 분류하는 체계가 받아들여지고 있다. 그러나 학자에 따라 한국어 단어의 품사를 '명사, 동사, 관형사, 부사, 감탄사' 다섯 개로 설정하는 관점에서부터 '명사, 대명사, 수사, 동사, 형용사, 존재사, 지정사, 조사, 조용사, 관형사, 부사, 접속사, 감탄사' 열세 개로 설정하는 관점까지 다양한 관점이 존재한다.

품사 분류의 주요 쟁점은 '명사, 대명사, 수사'와 '동사, 형용사'의 품사 분리 여부, 조사의 독립적 품사 처리 여부, 존재사(있다, 없다, 계시다)와 지정사(이다), 접속사(및, 그리고 등)의 독립적 품사 인정 여부에 관한 해석의 차이에서 기인한다. 해석의 차이를 보이는 품사 설정의 문제는 관련된 절에서 논의할 것이므로, 여기에서는 존재사와 지정사 설정에 관련해서만 다루도록 한다.

존재사를 설정하는 관점에서는 '있다'와 '없다'가 소유와 존재의 상태를 기술하는 형용사임에도 불구하고 '여기 잠깐 있어라'와 같이 명령형이 가능하다는 점, 종결형에서는 '있다/*있는다'와 같이 형용사형 활용 양상을 보이지만 관형사형 전성 어미와 결합할 때에는 '*있은/있는'처럼 동사의 활용 양상을 보이는 특수성을 갖는다는 점에 주목하여 '있다, 없다, 계시다'를 한데 묶어 별도의 품사로 처리한다.

지정사를 별도의 품사로 설정하는 관점은 '이다'의 특수성에서 기인한다. '이다'는 체언 및 명사구와 결합하여 서술어로 기능하도록 하는 역할을 하는데, 이는 용언의 어간에 어미가 결합하여 서술어가 형성되는 일반적인 방식과 다르다. 자립성이 있는 체언 및 명사구와 결합한다는 점, 통사적 측면에서 '학교다'와 같이 '이'의 생략이 가능하다는 점에 주목하면 '이다'를 조사로 설정하고, 형태적 측면에서 '학생이고, 학생입니다'와 같이 활용을 한다는 점에 주목하면 '이다'를 용언의 일종으로 보아 형용사로 설정한다. 그러나 '이다'의 특수성에 주목하면 조사나 형용사로 편입시키기보다는 영어의 'be 동사'와 같이 별도의 품사인 '지정사'로 설정할 필요가 있음을 강조한다.

## 2  품사의 종류

### 1) 체언

체언(體言)은 문자 그대로 해석하면 문장에서 몸의 역할을 하는 단어라는 의미로, 문장에서 주어, 목적어, 보어의 자리에 사용되어 문장의 중심이 되는 단어이다. 한국어에서는 명사, 대명사, 수사가 체언에 속한다. 문장에서의 역할, 조사와 결합하여 사용되고 관형어의 수식을 받는다는 공통적 특성에 주목하여 명사와 대명사, 수사를 묶어 하나의 품사로 설정하기도 하지만, 문법적 의미가 분명하게 구분되는 만큼 별도의 품사로 구분하는 것이 일반적이다.

#### 명사

명사(名詞, noun)는 사물, 사람, 사태, 장소 따위의 이름을 나타내는 단어이다. '책상, 아들, 병원'과 같은 구체적인 사물이나 사람, 장소뿐만 아니라, '등산, 용기, 세월'과 같은 사태나 추상적인 개념을 가리켜 이름을 붙인 단어도 명사에 포함된다. 명사는 세계 언어에 보편적으로 존재하는 품사로서 한국어의 명사는 일부 언어와 달리 격을 표현하는 조사와 분리 가능성이 높으며, 문법적 성(性)의 개념이 없고, 단수, 양수, 복수 등 수(數)의 개념이 명확하지 않다는 특성이 있다.

한국어의 명사는 사용 범위와 자립성을 기준으로 각각 보통 명사와 고유 명사, 자립 명사와 의존 명사로 구분된다. 보통 명사는 특정 대상에만 국한되지 않고 같은 부류의 대상을 포괄적으로 가리키는 사용 범위가 넓은 명사인 반면, 고유 명사는 고유한 대상을 가리키는 명사로 사용 범위가 좁다. 자립 명사와 의존 명사는 자립성을 기준으로 구분되는데, 자립 명사는 자립성이 있어 문장에서 홀로 쓰일 수 있는 반면, 의존 명사는 자립성이 없어서 관형어의 수식을 받아서만 실현될 수 있다.

(1) 준우가 <u>동생</u>에게 <u>생일</u> <u>선물</u>로 준 <u>것</u>은 <u>윤동주</u> <u>시집</u> 한 <u>권</u>이다.

문장 (1)에서 밑줄로 표시한 단어가 명사이다. 이 중 '동생', '생일', '선물', '시집'은 공통된 성질을 가진 다른 대상에서 사용될 수 있는 보통 명사이다. 보통 명사는 특정 대상에만 제한되지 않고 사물의 유사성에 기반하여 이름 붙일 때 사용된다. 이와는 대조적으로 '준우', '윤동주'는 특정한 인물을 가리킬 때에만 사용 가능한 고유 명사이다. 고유 명사는 다른 대상과 구분하여 특정한 대상의 유일성에 특별하게 주목하는 명사로서 '윤동주'와 같은 사람의 이름과 '금강, 한라산, 강릉'과 같은 지명 등이 이에 해당한다. 보통 명사는 '동생들, 선물들'과 같이 복수형 표지 '-들'과의 결합이 비교적 자연스러운 반면, 고유 명사는 '윤동주들, 한라산들'에서 알 수 있듯이 복수 표현이 부자연스럽다. 또한 보통 명사에는 '모든, 온갖, 여러'와 같은 관형사의 수식이 가능하지만, 고유 명사에는 불가능하다.

한편 (1)의 '준우', '동생', '생일', '선물', '윤동주', '시집'은 문장에서 다른 성분의 도움 없이 홀로 사용될 수 있는 자립 명사이다. 반대로 '것', '권'은 관형어의 수식을 받아야 사용될 수 있는데, 이처럼 홀로 쓰일 수 없는 명사는 의존 명사로 분류된다.

(2) 가. 수영을 잘 하는 사람은 스쿠버 다이빙도 금방 배울 <u>수</u> 있다.
　　　나. 각자 맡은 <u>바</u> 책임을 다해 주십시오.

다. 옷을 입은 채로 물에 들어갔다.

(3) 가. 나무 한 그루로 연필 천 자루를 만들 수 있다.

나. 다섯 사람이 모이면 게임을 시작할 수 있다.

의존 명사는 (2)의 '수, 바, 채'와 같이 실질적 의미가 다소 모호한 형식성 의존 명사와 (3)의 '그루, 자루, 사람'과 같이 수량을 세는 단위를 의미하는 단위성 의존 명사로 구분된다.

대명사

대명사(代名詞, pronoun)는 명사를 대신하여 사물, 사람, 장소, 사태 등을 지시하는 단어로서, 문장에 사용되어 직시(直視, deixis)의 기능과 대용

---

**형식성 의존 명사의 유형**

형식성 의존 명사는 '것, 데, 바' 따위의 보편성 의존 명사를 제외하고는, 문장 내에서 '-(으)ㄴ 채로, -(으)ㄹ 따름이다'와 같이 고정된 형식으로 사용되어 특정한 문장 성분으로서만 기능할 수 있다.

(1) 네가 영수를 모를 리가 없지.
(2) 나는 수영할 줄을 모른다.
(3) 옷을 입은 채로 물에 들어갔다.
(4) 지난 1년 동안 베풀어 주신 은혜에 감사할 따름입니다.
(5) 사람들이 가장 두려워하는 것은 외로움이다.

(1)의 '리'는 주어성 의존 명사로, '-(으)ㄹ 리가 없다/있겠니?'와 같은 형태로 사용되어 문장에서 주어로서의 기능만 담당한다. (2)의 '줄'은 '-(으)ㄹ 줄을 알다/모르다'와 같은 형식으로 문장에서 목적어로서의 기능만 담당하고, (3)의 '채'는 부사어성 의존 명사로 '-(으)ㄴ 채로'의 형태로 사용되어 문장에서 부사어로서의 기능만 담당하며, (4)의 '따름'은 서술성 의존 명사로 '-(으)ㄹ 따름이다'의 형태로 사용되어 문장에서 서술어로서의 기능만 담당한다. 그러나 보편성 의존 명사인 '것'은 (5)와 같이 문장에서 주어로 기능할 수 있을 뿐만 아니라, 목적어('네가 좋아하는 것을 선물하고 싶어'), 부사어('네가 좋아하는 것으로 시켜'), 서술어('이 노래가 내가 좋아하는 것이야')로서도 기능할 수 있다.

(代用, anaphora)의 기능을 한다. 직시는 상황 지시라고도 하는데, 상황 맥락에 따라 지시 대상이 달라지기 때문에 화자와 청자가 공유하는 상황 맥락이 있어야 지시하는 대상을 분명하게 파악할 수 있다. 반면 대용은 언어 맥락 지시 또는 문맥 지시라고도 하며, 앞뒤 문맥만으로 지시하는 대상을 명확하게 파악할 수 있다.

> (4) 가. 그때 여기에서 우연히 널 만나서 얼마나 놀랐는지 몰라.
>     나. 나는 퇴근길에 서점에 들러 책 한 권을 샀다. 집에 와서 그것을 읽기 시작했는데, 너무 재미있어서 밤을 새워 다 읽었다.

(4가)에서 사용된 '그때', '여기', '너'는 직시의 기능을 하는 대명사로서, 구체적인 상황 맥락에 대한 정보가 있을 때에만 '너'가 누구인지, '그때'가 언제인지, '여기'가 어디인지와 같은 지시 대상을 분명하게 이해할 수 있다. 예를 들어 화자 '민주'와 청자 '윤우'가 광화문에서 대화를 나누고 있으며, 이 둘이 2월 20일 저녁 6시에 광화문에서 우연히 만났다는 상황 맥락을 화자와 청자가 공유하고 있는 경우에만 '그때'는 '2월 20일 저녁 6시', '여기'는 '광화문', '너'는 '윤우'라는 것을 이해할 수 있다. 만약 화자와 청자, 시간과 장소에 관한 상황 맥락이 다르다면, (4가)의 '그때', '여기', '너'가 지칭하는 구체적인 지시 대상은 달라진다.

반면 (4나)에서 사용된 '그것'은 대용의 기능을 하는 대명사로서, 문장이 사용된 상황 맥락에 대한 정보가 없어도 앞 문장의 내용을 통해 '그것'이 지시하는 대상이 '내가 퇴근길에 서점에 들러 산 책'임을 알 수 있다. 이 경우 화자와 청자가 누구인지, 상황 맥락이 어떠한지에 관계없이 '그것'이 가리키는 대상은 언제나 동일하다.

대명사는 크게 사람을 지시하는 인칭 대명사와 사물, 공간, 시간을 지시하는 비인칭 대명사로 구분할 수 있다. 인칭 대명사는 다시 가리키는 대상에 따라 화자 자신을 지시하는 1인칭 대명사, 청자를 지시하는 2인칭 대명사, 화자와 청자 이외의 제3의 인물을 지시하는 3인칭 대명사, 그리고 선행 체언을 도로 지시하는 재귀 대명사로 구분된다.

(5) 가. 너는 나를 잘 안다고 착각하고 있다.

　　나. 너희는 우리를 잘 안다고 착각하고 있다.

　　다. 나는 그가 잘못했다고 생각하지 않는다.

　　라. 저는 그분이 잘못하셨다고 생각하지 않습니다.

인칭 대명사는 (5가)와 (5나)에서 볼 수 있듯이, 수에 따라 단수(나, 너)와 복수(우리, 너희) 형태가 구분된다. 1인칭은 '나-우리', 2인칭은 '너-너희', 3인칭은 '그-그들'과 같이 단수와 복수의 형태가 짝을 이룬다. 또한 한국어는 높임법이 발달되어 있어 인칭 대명사도 높임의 정도를 기준으로 평칭, 존칭, 겸양칭으로 분화되어 있다. (5다)의 '나'와 '그'가 평칭인 데 반해, (5라)의 '저'는 '나'를 낮춰 부르는 겸양칭이며 '그분'은 '그'의 존칭이다. 그러나 한국어의 2인칭 대명사는 평칭인 '너'와 '너희'를 제외하고는 쓰임이 활발하지 않아 2인칭 대명사를 써야 할 자리에 '사장님, 부장님, 선생님'과 같은 직함이나 '언니, 이모, 삼촌'과 같은 친족어를 확대 사용하여 상대방을 칭한다.

또한 인칭 대명사에는 문장 내에서 앞서 나온 대상을 도로 가리키는 재귀 대명사(reflexive pronoun)가 있다. 한국어의 재귀 대명사는 유정 명사와 3인칭 대명사를 가리킬 때만 사용된다는 제약이 있다.

(6) 가. 나는 <u>나</u>의 생각이 항상 옳다고 믿는다.

　　 나. 너는 <u>너</u>의 생각이 항상 옳다고 믿는다.

　　 다. 그는 <u>자기</u> 생각이 항상 옳다고 믿는다.

　　 라. 그분은 <u>당신</u> 생각이 항상 옳다고 믿는다.


　　(6가)와 (6나)를 보면 문장 내에서 주어로 사용된 1인칭 대명사 '나'와 2인칭 대명사 '너'의 경우, 뒤에서 이를 다시 가리킬 때 동일한 형태의 대명사 '나'와 '너'가 사용됨을 알 수 있다. 영어에서는 동일한 경우에 'myself'나 'yourself'와 같은 재귀 대명사가 사용되는 것과 대조적이다. 그러나 문장에서 앞서 나온 3인칭 대명사를 가리키는 경우에는 별도의 재귀 대명사를 사용한다. (6다)에서 볼 수 있듯이 가리키는 주어가 평칭일 때에는 '자기'가, (6라)와 같이 존칭일 때에는 '당신'이 재귀 대명사로 사용된다.

　　비인칭 대명사는 사람 이외에 사물이나 공간을 지시하는 대명사로서, 지시 대상에 따라 사물 지시 대명사와 공간 지시 대명사로 구분된다. 비인칭 대명사는 화자와 청자, 그리고 지시 대상의 물리적 · 심리적 거리에 따라 지시 대상이 화자와 가까이에 있을 때에는 '이' 계열의 대명사를 사용하며, 청자와 가까이에 있을 때에는 '그' 계열의 대명사를, 화자와 청자 모두에게서 멀리 떨어진 경우에는 '저' 계열의 대명사를 사용한다.


(7) 가. <u>이것</u>이 내가 가장 좋아하는 음식이다.

　　 나. <u>거기</u>에서 잠시만 기다리세요.


　　(7가)의 '이것'은 사물 지시 대명사로 화자에게 가까운 사물을 가리키는 경우에 사용되며, 지시하는 사물이 청자에게 가까울 경우에는 '그것',

화자와 청자 모두에게서 멀리 떨어진 경우에는 '저것'을 사용한다. (7나) 의 '거기'는 공간 지시 대명사로, 화자에게는 멀리 떨어져 있으나 청자에 게는 가까운 장소를 가리킨다. 화자 또는 화자와 청자가 함께 있는 장소를 가리킬 때에는 '여기'를, 화자와 청자 모두에게서 멀리 떨어진 장소를 가 리킬 때에는 '저기'를 사용한다. 구어에서는 지시 대명사가 '이-그-저' 계 열의 3분 체계를 이루고 세 계열이 모두 사용되지만, 문어에서는 '이' 계열 과 '그' 계열만 사용된다.

또한 인칭 대명사와 비인칭 대명사에는 가리키는 대상을 명확하게 알 지 못하는 미지칭(未知稱) 대명사와 특정한 대상의 존재가 명확하지 않은 경우에 사용되는 부정칭(不定稱) 대명사가 있다. 다음 (8가)는 미지칭 대 명사가 '어디'가, (8나)는 부정칭 대명사 '어디'가 사용된 예이다.

(8) 가. A: <u>어디</u> 가세요?
　　　 B: 시장에 가요.
　　 나. A: <u>어디</u> 가세요?
　　　 B: 아니요.

미지칭과 부정칭은 구어에서 억양을 통해서 구분된다. 미지칭의 경우 대명사에 강세가 주어지고 문말에서 하향조 억양으로 실현된다. (8가)를 보면 화자는 청자가 어딘가를 향해 가고 있다는 행위에는 확신이 있으나, 가는 장소에 대한 정보가 필요한 상황에서 미지칭 대명사 '어디'를 사용하 였다. 따라서 청자는 대답을 통해 '시장에 가요'와 같이 구체적인 장소에 대한 정보를 제공하였다. 반면, 부정칭의 경우 서술어에 강세가 주어지고 문말 억양이 상향조로 실현된다. (8나)의 경우 화자는 청자가 어딘가를 향해 가고 있다는 행위 자체에 확신이 없는 상태에서 이와 같이 부정칭을 사용하여 질문을 하였다. 그러므로 청자는 '예'라는 대답을 통해 행위의 진위 여부에 대한 정보를 제공하였다.

수사

수사(數詞, numeral)는 수의 양이나 순서를 나타내는 단어이다. 수사는 사람이나 사물 등의 수량을 셀 때 사용하는 양수사(量數詞, cardinal)와 순서를 나타내는 서수사(序數詞, ordinal)로 구분된다.

(9) 가. 배가 고파서 라면 하나를 끓여 먹었다.
　　나. 이 곱하기 이는 사이다.
　　다. 선비가 지켜야 할 덕목의 첫째는 효(孝)이고 둘째는 충(忠)이며 셋째는 인(仁)이다.
　　라. 한국은 나의 제이의 고향이다.

(9가)와 (9나)는 수량을 나타내는 양수사로, '하나, 둘, 셋, 넷, 다섯'과 같은 고유어 계열과 '일, 이, 삼, 사, 오'와 같은 한자어 계열이 있다. (9다)와 (9라)는 순서를 나타내는 서수사로, 양수사와 마찬가지로 '첫째, 둘째, 셋째, 넷째, 다섯째'와 같은 고유어 계열과 '제일, 제이, 제삼, 제사, 제오'와 같은 한자어 계열로 구분된다.

수사는 명사, 대명사와 마찬가지로 격 조사와 결합하여 문장에서 주어, 목적어, 보어로 기능하기 때문에 체언으로 구분된다. 하지만 '다섯, 열'과 같은 단어는 때로 문장 내에서 단위성 의존 명사를 필요로 하며, 조사와의 결합이 불가능한 관형사로서도 사용된다. 따라서 품사를 따질 때에는 형태가 아닌 문장 내에서의 기능에 주목해야 한다.

(10) 가. 대학교 동창 다섯이 모여서 카페를 열었다.
　　　나. 대학교 동창 다섯 명이 모여서 카페를 열었다.

(10가)의 '다섯'은 수사로, 격 조사 '이'와 결합하여 문장에서 주어의 역할을 하는 체언이다. (10나)에서도 동일한 형태의 '다섯'이 사용되었지만, 이는 단위성 의존 명사인 '명'을 수식하는 기능을 하는 관형사이다. '대학교 동창 둘이 모여서'나 '대학교 동창 두 명이 모여서'와 같이 수사와 관형사의 형태가 다른 경우에는 품사의 구분이 쉽지만, (10)과 같이 형태가 동일한 경우에는 문장 내에서의 기능과 통사적 특성에 기반하여 품사를 구분해야 한다.

## 2) 용언

용언(用言)은 문장에서 서술어의 역할을 하는 단어이다. 용언은 형태적으로 시제, 높임법, 서법 등의 문법적 의미를 실현하는 어미와 결합하여 활용을 하는 가변어이다. 용언에는 사람이나 사물의 움직임을 나타내는 동사와 상태나 성질을 나타내는 형용사가 포함된다. 한국어의 형용사는 활용을 하기 때문에 동사의 하위 유형으로 분류하여 동작 동사(動作動詞, action verb)와 대비되는 상태 동사(狀態動詞, state verb)로 설정하기도 한다. 그러나 동사와 형용사는 의미에 분명한 차이가 있으며, 활용 방식 또한 상이하므로 일반적으로는 구분되는 품사로 설정한다.

동사

동사(動詞, verb)는 사람이나 사물의 움직임을 나타내는 단어로, 동작이나 작용을 고정된 실체가 아닌 과정적으로 해석한다.

(11) 가. 나는 주말마다 산에 <u>오른다</u>.

　　나. 가을이 되면 나는 <u>등산</u>을 즐긴다.

(11)에서 '산에 오르다'와 '등산'은 모두 어휘적 의미의 측면에서 보면 산에 오르는 행위를 가리킨다. 하지만 문법적 의미의 측면에서 보면 (11가)의 '오른다'는 낮은 곳에서 높은 곳으로 움직여 가는 행위를 과정적으로 해석하는 동사이며, (11나)의 '등산'은 산에 오르는 행위를 정적인 대상으로 해석하는 명사이다.

동사는 통사적으로 자동사와 타동사로, 형태적으로 규칙 동사와 불규칙 동사로, 그리고 기능적으로 본동사와 보조 동사로 구분할 수 있다.

우선, 동사는 통사적으로 목적어가 필요한 타동사와 목적어가 필요하지 않은 자동사로 구분된다.

(12) 가. 영희가 <u>웃는다</u>.

　　나. 영희가 커피를 <u>마신다</u>.

　　다. 내 앞에서 택시가 <u>멈췄다</u>.

　　라. 손을 들어 택시를 <u>멈췄다</u>.

(12가)의 동사 '웃다'는 문장을 완성하는 데 주어만 요구되는 자동사인 데 반해, (12나)의 동사 '마시다'는 주어와 더불어 행위의 대상이 되는 목

적어('커피를')가 필수적으로 요구되는 타동사이다. (12다)와 (12라)는 동일한 형태의 동사 '멈추다'가 사용되었지만, (12다)는 자동사, (12라)는 목적어('택시를')가 필요한 타동사이다. '멈추다, 움직이다'처럼 자동사와 타동사의 형태가 동일한 동사를 능격 동사 혹은 중립 동사라고 하는데, 이는 동사 중 극히 일부이며 대부분의 한국어 동사는 자동사와 타동사의 형태가 구별된다.

동사는 또한 형태적으로 어간과 어미가 결합하여 문장에서 사용될 때 활용의 규칙성에 따라 규칙 동사와 불규칙 동사로 구분된다.

(13) 가. 집에 오면 옷부터 <u>벗는다</u>.

　　나. 집에 오면 옷을 <u>벗어서</u> 옷걸이에 걸어 두어라.

(14) 가. 온 가족이 모여 살기 위해서 고향에 집을 <u>짓는다</u>.

　　나. 고향에 집을 <u>지어서</u> 온 가족이 모여 살 기대에 부풀어 있다.

(15) 가. 나는 그 사람을 <u>알고</u> 있다.

　　나. 나는 그 사람이 내가 <u>아는</u> 사람이라고 생각했다.

(13)과 (14)에 사용된 동사 '벗다'와 '짓다'는 모두 어간이 'ㅅ'으로 끝난다는 공통점이 있다. 그러나 활용의 형태를 보면, '벗다'는 (13가)와 같이 자음으로 시작하는 어미와 결합할 때와 (13나)와 같이 모음으로 시작하는 어미와 결합할 때 모두 어간의 형태가 동일하게 '벗-'으로 실현된다. 그러나 '짓다'의 경우 (14가)와 같이 자음으로 시작하는 어미와 결합할 때에는 어간의 형태가 유지되어 '짓-'의 형태로 실현되지만, (14나)와 같이 모음으로 시작하는 어미와 결합할 때에는 'ㅅ'이 탈락하여 '지-'로 실현된

다. (13)과 같이 활용을 할 때 어간과 어미의 형태가 일정한 모습으로 유지되는 동사를 규칙 동사라고 하며, 반대로 (14)와 같이 환경에 따라 어간이나 어미가 서로 다른 모습으로 실현되는 동사를 불규칙 동사라고 한다.

이때 어간이나 어미의 모습이 환경에 따라 달라질지라도 그 현상을 규칙적으로 설명할 수 있는 경우에는 규칙 동사로 본다. (15)에 사용된 동사 '알다'는 (15나) 같이 어간 '알-'이 'ㄴ, ㅂ, ㅅ'과 '-(으)오'로 시작하는 어미와 결합할 때에는 어간의 'ㄹ'이 탈락하는 현상이 나타나는데, 이러한 탈락 현상이 '살다, 놀다' 등 어간이 'ㄹ'로 끝나는 모든 동사에서 규칙적으로 나타나기 때문에 규칙 동사이다.

마지막으로 동사는 문장에서의 기능에 따라 자립적으로 사용되어 서술어의 기능을 하는 본동사와 홀로 쓰이지 못하고 다른 동사의 뒤에서 특별한 의미를 더해 주는 보조 동사로 구분할 수 있다.

(16) 가. 나는 커피를 <u>마신다</u>.
　　　나. 나는 커피를 마시고 <u>있다</u>.

(16가)의 '마시다'는 본동사로 액체를 목으로 넘기는 행위를 나타내는 실질적인 의미를 가지고 문장에서 홀로 쓰여 서술어로 기능한다. 그러나 (16나)의 '있다'는 보조 동사로서 '-고'와 결합하여 행동이 계속 진행되고 있다는 문법적인 의미를 표현한다. '*나는 커피를 있다'와 같이 보조 동사만 홀로 쓰이는 것은 불가능하며, 구체적인 행위를 나타내는 본동사와 결합하여 사용된다. 한국어의 보조 동사는 시제나 상, 양태 등의 문법적 의미를 표현해 주는 중요한 문법 기제이다.

형용사

형용사(形容詞, adjective)는 사람이나 사물의 상태나 성질을 나타내는 단어이다. 동사가 과정적 속성을 동적으로 드러내는 단어라면, 형용사는 영속적인 혹은 특정 시점에서의 속성을 정적으로 표현하는 단어라는 점에서 의미적으로 구분된다.

(17) 가. 영희는 키가 크다.

　　　나. 이 나무는 1년에 30cm나 큰다.

(17)에서는 동일한 단어 '크다'가 사용되었다. 그러나 (17가)의 '크다'가 특정 시점에서 영희의 상태를 정적으로 해석하는 형용사라면, (17나)의 '크다'는 1년간의 변화에 주목하여 과정적 속성에 초점을 두는 동사이다.

형용사는 동사와 마찬가지로 문장에서 서술어로 기능하며, 어간에 어미가 결합하여 활용하는 가변어이다. 이러한 특성으로 인해 형용사도 동사와 동일한 기준으로 형태적 측면에서 규칙 형용사와 불규칙 형용사로, 기능적 측면에서 본형용사와 보조 형용사로 구분된다.

우선, 형용사는 활용의 규칙성에 따라 규칙 형용사와 불규칙 형용사로 구분된다.

(18) 가. 날씨가 좋다.

　　　나. 날씨가 좋아서 산책을 했다.

(19) 가. 하늘이 파랗다.

　　　나. 하늘이 파래서 기분이 좋다.

(18)의 '좋다'와 (19)의 '파랗다'는 모두 어간이 'ㅎ'으로 끝난다는 공통점이 있음에도 불구하고 활용의 양상에 차이가 있다. 즉, '좋다'는 어간 '좋-'의 형태가 일관되게 유지되는 반면, '파랗다'는 (19나)에서 볼 수 있듯 모음으로 시작하는 어미와 결합하는 경우에 어간과 어미 모두 변하여 활용의 양상이 규칙적이지 않은 불규칙 형용사이다.

또한 형용사는 홀로 서술어로 기능할 수 있는 본형용사와 홀로 쓰일 수 없고 본용언 뒤에 결합하여 부정이나 명제 내용에 대한 화자의 태도 등을 표현하는 보조 형용사로 구분된다. 보조 형용사는 문장에서 독립적으로 사용될 수 없기 때문에 의존 형용사라고도 불린다.

(20) 가. 이 동작은 생각만큼 어렵지 <u>않다</u>.

　　　나. 커피를 마시고 <u>싶다</u>.

(20가)의 '않다'는 본형용사 뒤에서 부정의 의미를 더해 주는 보조 형용사이며, (20나)의 '싶다'는 본동사에 결합하여 희망의 의미를 더해 주는 보조 형용사이다.

한국어의 형용사는 어미와 결합하여 활용을 한다는 점에서 동사적 성격이 강하다. 그런데 영어 문장인 'I saw a <u>beautiful</u> woman.'이나 'She is <u>beautiful</u>.'에서 볼 수 있듯, 형용사가 명사적 특성이 강한 언어도 있다. 이러한 언어에서는 형용사가 명사처럼 문장 내에서의 역할에 관계없이 동일한 형태로 실현되며, 서술어로 사용될 때 'She is <u>beautiful</u>.'처럼 'be 동사'와 같은 별도의 용언이 반드시 요구된다. 일부 외국인 학습자들에게서 '열심히 일하면 재미있고 소심하면 *어려운입니다.'와 같은 오류가 종종 발견되곤 하는데, 이는 형용사 '어려운'을 기본형으로 인식하고 여기에

'입니다'를 결합하여 서술어를 만들었기 때문이다. 이처럼 형용사의 성격이 언어에 따라 다르기에 형용사를 동사의 한 유형으로 설정하여 상태 동사로 보기도 한다. 그러나 동사는 '먹는다, 간다, 먹는, 가는'과 같이 현재 시제 선어말 어미 '-ㄴ/는-'과 결합할 수 있는 반면, 형용사는 '*작는다, *예쁜다, *작는, *예쁘는'과 같이 '-ㄴ/는-'과 결합할 수 없다는 활용 양상의 차이가 분명하다. 따라서 두 품사를 분리하여 설정하는 것이 일반적이다.

### 3) 관계언

조사

조사(助詞, postpositional particle)는 체언과 같이 자립성이 있는 단어와 결합하여 다른 말과의 문법적 관계를 나타내거나 특별한 뜻을 더해 주는 단어이다. 한국어의 조사는 자립성이 없고 문법적 기능을 담당한다는 점에서 동사와 형용사, '이다'의 어간에 결합하여 문법적 의미를 더해 주는 '-아요/어요/여요, -지만, -겠-' 등의 어미와 공통점이 있다. 그러나 일반적으로 조사는 단어로 인정되지만, 어미는 단어로 인정되지 않는다. 이는 결합되는 선행 요소의 특성과 관련이 있다. 즉, '나무를, 학생이'에서 볼 수 있듯이 '를, 이' 등의 조사는 '나무, 학생'과 같이 자립성이 높은 체언류와 주로 결합하기 때문에 분리가 용이하여 상대적으로 자립성이 높다. 반면, '걷고, 춤추자'에서 볼 수 있듯이 '-고, -자' 등의 어미는 '걷-, 춤추-'와 같이 문장에서 홀로 쓰일 수 없는 용언의 어간과 결합하여 사용되기 때문에 선행 요소와의 분리가 용이하지 않아 자립성이 낮다. 이러한 차이에 주목하여 조사는 단어로 인정되며, 문장 내에서 다른 요소들과의 관계를 나타낸다는 기능적 측면에서 관계언으로 설정된다.

조사는 크게 단어 간의 문법적 관계를 나타내는 격 조사와 특별한 뜻을 더해 주는 보조사, 그리고 단어와 단어를 이어 주는 접속 조사로 구분된다.

격 조사는 문장 내에서 서술어에 대해 가지는 자격을 결정해 주는 격(case)이 무엇인지에 따라 주격 조사, 목적격 조사, 보격 조사, 관형격 조사, 부사격 조사, 호격 조사로 구분된다.

(21) 가. 학교 근처에 맛있는 식당이 많다.

　　　나. 우리는 아이가 태어난 기념으로 집 앞에 나무를 심었다.

　　　다. 진영이는 3수 끝에 대학생이 되었다.

　　　라. 여성의 사회적 지위에 대한 관심이 높다.

## 어미의 종류

어미는 위치에 따라 선어말 어미와 어말 어미로 구분되며, 어말 어미는 다시 문장의 종결부에 위치하는 종결 어미와 절의 종결부에 위치하는 비종결 어미로 구분된다. 비종결 어미는 다시 절을 접속하는 역할을 하는 연결 어미와 서술어의 기능을 바꾸어 내포절을 형성하는 역할을 하는 전성 어미로 구분된다. 연결 어미는 다시 두 절 간의 관계에 따라 대등적 연결 어미, 종속적 연결 어미, 보조적 연결 어미로 구분되며, 전성 어미는 문장 내에서의 역할에 따라 명사형 전성 어미, 관형사형 전성 어미, 부사형 전성 어미로 구분된다. 이때 어미 '-게'와 같이 동일한 어미가 문장 내에서 다양하게 해석될 수 있기 때문에 보조적 연결 어미와 종속적 연결 어미를 부사형 전성 어미로 설정하기도 한다.

| | 선어말 어미 | | -(으)시-(높임), -았/었/였-(시제), -겠-(추측), -더-(회상) 등 |
|---|---|---|---|
| 어미 | 어말 어미 | 종결 어미 | -아요/어요/여요, -자, -(으)십시오 등 |
| | | 비종결 어미 | 연결 어미 |
| | | | 대등적 연결 어미: -고, -(으)나, -지만 등 |
| | | | 종속적 연결 어미: -아서/어서/여서, -(으)면, -(으)ㄹ지라도 등 |
| | | | 보조적 연결 어미: -아/어/여, -게, -지, -고 |
| | | | 전성 어미 |
| | | | 명사형 전성 어미: -(으)ㅁ, -기 |
| | | | 관형사형 전성 어미: -(으)ㄴ, -는, -(으)ㄹ, -던 |
| | | | 부사형 전성 어미: -게, -도록 등 |

☞ 5강 한국어 문장의 종결과 종류, 6강 한국어 문장의 확대

마. 고향에 집을 짓고 살고 싶다.

바. 진주야, 어디 가니?

사. 나의 꿈은 학교를 짓는 것이다.


(21가)의 '이/가'는 체언이나 체언의 구실을 하는 말 뒤에 붙어서 문장에서 주어의 역할을 담당하고 있음을 표현하는 주격 조사이다. 주어가 높임의 대상일 경우 '께서', 기관이나 단체일 경우 '에서'로 실현되기도 한다. (21나)의 '을/를'은 앞의 말이 문장에서 목적어의 역할을 하고 있음을 표현하는 목적격 조사이다. (21다)의 '이/가'는 '되다, 아니다'와 함께 사용되어 앞말이 문장의 의미를 완성하는 보어의 역할을 하고 있음을 보여주는 보격 조사이다. (21라)의 '의'는 앞의 말이 체언을 수식하는 역할을 하는 관형어임을 나타내는 관형격 조사이다. (21마)의 '에'는 앞에 붙은 말이 서술어나 문장 등을 수식하는 역할을 하는 부사어임을 나타내는 부사격 조사이다. 부사격 조사는 다시 의미에 따라 '에'와 같이 장소나 시간 등을 나타내는 처격 조사, '에게, 한테'와 같은 여격 조사, '와/과, 하고'와 같은 공동격 조사, '처럼, 만큼, 보다'와 같은 비교격 조사 등으로 구분된다. (21바)의 '아/야'는 앞의 말이 부르는 대상임을 표현하는 호격 조사로서, 앞의 말이 다른 문장 성분과 관계가 없는 독립적인 자격을 가지고 있음을 보여 준다. 마지막으로 (21사)의 '이다'는 '학교를 짓는 것'이라는 명사구가 문장에서 서술어의 역할을 하고 있음을 나타내는 것으로, 기존에 서술격 조사로 기술되어 왔으나 서술어와의 관계를 기준으로 결정되는 격의 본래적 기준에 비추어 의존 형용사로 처리하기도 한다.

보조사는 체언이나 체언 구실을 하는 명사구 등과 결합하여 특별한 의미를 더해 주는 조사로서 특수 조사라고도 한다.

(22) 가. 윤우가 주말에 첼로를 배워요.

　　　나. 윤우는 주말마다 첼로도 배워요.


　　격 조사 '가, 에, 를'이 사용된 (22가)와 비교하여, (22나)는 격 조사를 대신하여 보조사 '는, 마다, 도'가 사용되어 각각 '대조 혹은 주제, 반복, 포함'의 의미를 더해 준다. 보조사는 고유한 의미를 가지고 있기 때문에 문장 내에서 대체로 생략되지 않고 실현되는 양상을 보이며, 체언이나 명사구뿐만 아니라 부사, 격 조사 등과도 결합이 자유롭다.


(23) 가. 화장실도 깨끗이 청소했구나.

　　　나. 화장실을 깨끗이도 청소했구나.

　　　다. 너는 화장실에서도 책을 보는구나.


　　(23가)는 보조사가 격 조사 자리에 사용되어 특별한 의미를 더해 줄 수 있음을 보여 주는 예이다. 만약 '화장실을 깨끗이 청소했구나.'와 같이 격 조사가 사용된 문장이었다면, 맥락을 통해 체언 '화장실'의 격이 무엇인지 파악하기 쉬우므로 격 조사 '을'을 생략할 수 있다. 그러나 (23가)와 같이 보조사가 사용된 경우에는 보조사 '도'를 생략하면 '포함'의 의미를 표현할 수 없다. 따라서 보조사는 일반적으로 생략되지 않고 실현된다. 또한 보조사는 (23나)와 같이 체언뿐만 아니라 부사('깨끗이')와 결합하여 사용될 수도 있으며, (23다)와 같이 부사격 조사('에서')를 비롯한 격 조사와 결합하여 사용될 수도 있다.

　　접속 조사는 둘 이상의 체언이나 명사구를 같은 자격으로 이어 주는 역할을 담당하는 조사이다. '와/과, 하고, (이)나, (이)랑' 등이 이에 해당된다.

(24) 가. 나는 첼로와 피아노를 연주할 줄 안다.

　　　나. 우리 집에 윤우하고 준우가 놀러 왔다.

　　　다. 윤우가 아빠와 꼭 닮았다.


(24가)의 '와'와 (24나)의 '하고'는 선행 체언과 후행 체언이 모두 서술어에 대해 동일한 자격을 가지고 있음을 나타낸다. 즉 (24가)는 주어인 '나'가 첼로도 연주할 줄 알고 피아노도 연주할 줄 안다는 의미로, '와'를 통해 두 가지 악기 모두 서술어인 '연주할 줄 알다'라는 행위의 대상으로서 동일한 자격으로 관계를 맺게 된다. (24나)에서도 마찬가지로 '윤우'와 '준우' 모두 '놀러 오다'라는 행위의 주체이기에 '하고'를 통해 두 명사가 서술어에 대해 동일한 자격을 가지고 있음을 보여 준다.

그러나 (24다)의 '와'는 '윤우'와 '아빠'가 서술어 '닮았다'에 대해 동일한 자격을 가지고 있음을 나타내는 것이 아니다. 이 문장에서 '윤우'는 주어로, '아빠'는 부사어로 기능하기 때문에 '아빠'와 결합한 '와'는 서술어와의 관계를 볼 때 부사격 조사이다.


## 4) 수식언

수식언은 문장 내의 다른 성분을 꾸며 주는 역할을 하는 단어를 가리키며, 한국어에서는 관형사와 부사가 이에 속한다. 관형사는 명사, 대명사, 수사와 같은 체언을 수식하며, 부사는 주로 용언을 수식하지만 다른 부사나 관형사, 문장 전체를 수식하기도 한다. 관형사와 부사는 뒤에 오는 말을 수식한다는 기능적 측면뿐만 아니라 형태가 변하지 않는 불변어라는 특성 또한 공유한다.

관형사

관형사(冠形詞, adnominal)는 체언을 수식하는 단어로, 후행하는 체언의 의미를 제한하는 역할을 한다. 관형사는 보조사와의 결합이 제한되며 수식하는 대상이 체언에 한정된다는 점에서 같은 수식언으로 분류되는 부사와 구분된다. 또한 관형사는 형태가 변하지 않는 불변어이므로 형용사와 동사가 전성 어미와 결합하여 관형어로 기능하는 경우와 구분해야 한다.

(25) 가. 회사 일이 바빠서 <u>다른</u> 일에 관심을 둘 여력이 없다.

　　　나. 내 동생은 나와 <u>다른</u> 일을 한다.

(25가)와 (25나)의 '다른'은 모두 후행하는 '일'을 수식하는 역할을 하고 있다. 그러나 (25가)의 '다른'은 '해당되는 것 이외의'를 의미하는 관형사이고, (25나)의 '다른'은 '비교가 되는 두 대상이 서로 같지 않음'을 의미하는 형용사 '다르다'의 활용형이다. 즉, (25나)의 '다른'은 어간 '다르-'에 관형사형 전성 어미 '-(으)ㄴ'이 결합하여 관형어의 역할을 담당하도록 기능이 변화한 형용사인 것이다. 그렇기에 이 문장은 '내 동생이 하는 일은 나와 다르다.'처럼 '다른'을 서술어로 사용한 문장으로 바꿔 쓸 수 있다. 실제로 관형사는 형용사를 비롯한 다른 품사에서 관형형으로 사용되던 것에서 유래한 경우가 많아 형태적으로 구분이 어려운 경우가 있다.

관형사는 의미에 따라 성상 관형사, 지시 관형사, 수 관형사로 구분된다.

(26) 가. <u>새</u> 옷을 사고, <u>헌</u> 옷은 기부하였다.

　　　나. <u>이</u> 옷은 너에게 주는 선물이다.

　　　다. 너를 주려고 겨울 옷 <u>두</u> 벌을 샀다.

(26가)의 '새'와 '헌'은 옷의 상태를 제한하는 성상 관형사이며, '모든, 옛, 맨'과 같은 관형사가 이에 속한다. (26나)의 '이'는 후행하는 대상과 화자·청자의 거리를 기준으로 후행 대상을 가리킴으로써 후행 명사의 의미를 제한하는 지시 관형사로서, '그, 저, 이런, 그런, 저런'과 같은 단어들이 포함된다. (26다)의 '두'는 단위성 의존 명사인 '벌'의 구체적인 수량을 나타냄으로써 후행 체언의 의미를 제한하는 수 관형사이다.

### 부사

부사(副詞, adverb)는 주로 용언과 문장 내의 다른 말을 수식하는 단어로, 후행하는 말의 의미를 제한하는 역할을 한다. 부사는 기능적 측면에서 관형사와 같은 수식언으로 분류되나, 관형사와 달리 '다시는 거짓말을 하지 않겠습니다.'와 같이 보조사와의 결합이 가능하며, 용언뿐만 아니라 체언, 관형사, 부사, 문장에 이르기까지 다양한 대상을 수식할 수 있다.

(27) 가. 우리 사장님은 출장을 매우 자주 다니신다.

　　　나. 우리 엄마는 내가 바로 앞에 있었는데도 나를 알아보지 못했다.

　　　다. 세차를 하니 아주 새 차가 되었다.

　　　라. 설마 무슨 일이 있겠어?

(27가)에서는 부사 '매우'와 '자주'가 사용되었다. 이 문장에서 '자주'는 '다니신다'라는 용언을, '매우'는 '자주'라는 부사를 수식한다. (27나)의 '바로'는 명사 '앞'을 수식하며, (27다)의 '아주'는 관형사 '새'를 수식한다. (27라)의 '설마'는 문장 전체를 수식한다는 점에서 (27가)~(27다)와 구분된다. 부사는 수식 범위를 기준으로 (27가)~(27다)와 같이 문장 내의 특정

성분을 수식하는 경우를 성분 부사로, (27라)와 같이 절 혹은 문장 전체를 수식하는 경우를 절 부사 혹은 문장 부사로 구분한다.

성분 부사는 다시 성상 부사, 지시 부사, 부정 부사로 구분한다.

(28) 가. 시험공부를 하러 학교에 일찍 갔다.

나. 저리 가면 안내 데스크가 있을 거예요.

다. 교통사고를 당하는 바람에 친구 결혼식에 못 갔다.

(28가)의 '일찍'은 성상 부사로서, '갔다'라는 용언의 의미를 실질적으로 한정하는 기능을 한다. 성상 부사는 다시 의미에 따라서 행동이나 상태를 제한하는 상태 부사(⑩ 빨리, 열심히, 깨끗이), 행동이나 상태의 정도를 표현하는 정도 부사(⑩ 매우, 가장, 특히), 시간을 나타내는 시간 부사(⑩ 아까, 자주, 항상, 매번), 장소를 나타내는 처소 부사(⑩ 가까이, 멀리, 곳곳이) 등으로도 구분된다. (28나)의 '저리'는 '가다'라는 용언의 방향을 한정하는 지시 부사이다. 지시 부사는 장소나 시간 또는 앞에서 언급된 내용을 가리키는 부사로 '이리, 저리, 그리' 등이 여기에 속한다. 마지막으로 (28다)의 '못'은 '갔다'라는 행동의 의지와 능력을 부정하는 부정 부사로서, 이 외에도 '안'이 이에 속한다.

문장 부사는 뒤에 오는 문장 전체를 수식하는 부사로서, 주로 명제 내용에 대한 화자의 태도를 나타내는 양태 부사와 '그리고, 그러므로, 그럼에도'와 같이 문장과 문장을 연결해 주는 접속 부사를 포함한다.

(29) 가. 만약 이번 협상에 성공하지 못한다면 우리 회사는 큰 위기에 빠질 것이다.

나. 이번이 마지막 기회이니 <u>절대로</u> 포기하면 안 된다.

　(29)는 양태 부사로서, (29가)의 '만약'은 명제 내용에 대한 가정의 태도를, (29나)의 '절대로'는 의지의 태도를 표현한다. 이 밖에 '모름지기, 설령, 부디' 등의 부사도 양태 부사에 속한다. 이러한 양태 부사는 특정한 문장 형식과 호응을 이루는 경우가 많은데, (29가)의 '만약'은 '-(으)ㄴ다면'과 같은 조건의 연결 어미와 함께 사용되며 (29나)의 '절대로'는 '-(으)면 안 되다, -아서는/어서는/여서는 안 되다' 따위의 부정 표현과 호응한다.

## 접속사의 설정

'그리고, 그래서, 그러므로'와 같은 단어들은 문장 부사로 설정되어 왔다. 그러나 이 단어들을 '접속사'라는 별도의 품사로 설정해야 한다는 관점도 존재한다. 이 관점에서는 이러한 단어들이 문장을 수식하는 기능보다는 앞뒤 내용을 접속하는 역할을 하는 것으로 보아야 한다는 점, 문장과 문장뿐만 아니라 단어와 단어를 접속하는 기능을 하는 경우도 있다는 점에 주목한다. 이를 조금 더 자세히 살펴보자.

　(1) 내 동생은 중학생이다. <u>그리고</u> 우리 엄마는 중학교 국어 교사이다.
　(2) 학생, 학부모 <u>그리고</u> 교사가 함께 만드는 건강한 학교 문화
　(3) *내 동생은 중학생이다. <u>및</u> 우리 엄마는 중학교 국어 교사이다.
　(4) 학생, 학부모 <u>및</u> 교사가 함께 만드는 건강한 학교 문화
　(5) 학생, 학부모<u>와</u> 교사가 함께 만드는 건강한 학교 문화

'일찍, 저리, 반드시' 등과 같은 부사와 달리, (1)과 (2)의 '그리고'는 뒤에 오는 내용의 상태나 정도를 제한하여 수식하는 기능을 하는 것으로 보기 어렵다. 게다가 (1)의 '그리고'는 문장과 문장을 접속하고 있지만 (2)의 '그리고'는 선행 명사구와 후행 명사를 접속하기 때문에 이를 뒤에 오는 문장의 의미를 제한하는 문장 부사로 설정하는 데에도 무리가 따른다. 더불어 (3)에서 볼 수 있듯 '및'은 문장을 접속하는 데 사용되지 못하고, (4)와 같이 명사 혹은 명사구를 접속하는 데에만 사용된다. 즉, (4)의 '및'은 (2)의 '그리고'와 문장 내에서 동일한 의미와 기능을 담당함에도 접속하는 단위의 성격으로 인해 문장 부사로 설정하기가 어렵다. 또한 (2)의 '그리고'는 (5)의 접속 조사 '와/과'와 비교했을 때 동일한 기능과 의미를 담당하고 있지만 서로 다른 품사로 설정된다. 이러한 문제들이 있기 때문에 '그리고, 및, 와/과' 등을 포함하여 접속의 기능과 의미를 담당하는 단어들을 접속사라는 별도의 품사로 설정하는 관점이 존재한다.

## 5) 독립언

감탄사

감탄사(感歎詞, interjection)는 화자의 감정이나 의지, 느낌 등을 직접적으로 표현하는 단어이다. 문장에서 다른 단어와 관계를 맺지 않고 독립적으로 사용되기 때문에 독립언으로 설정된다. 감탄사는 감정 감탄사와 의지 감탄사, 입버릇으로 구분된다.

(30) 가. 어머나, 이게 다 뭐야?

　　　나. 네, 말씀하신 대로 진행하겠습니다.

　　　다. 지난번에 우리가 갔던 어, 그, 종로 카페에서 만나요.

(30가)의 '어머나'는 기쁨, 놀라움, 감동 등 화자의 감정을 나타내는 감정 감탄사로, '아이고, 아!' 등이 이에 속한다. 감정 감탄사는 개념적인 단어에 의지하지 않고 직접적으로 감정을 표현한다는 점에서 일반적인 형용사, 명사, 동사 등의 개념어와 구분된다. (30나)의 '네'는 화자의 의지를 나타내는 의지 감탄사이다. '응, 예, 그래'와 같이 상대방의 요구에 대한 화자의 의지를 표현하는 감탄사와 '쉿, 아서라'와 같이 청자에게 특정한 행동을 요구하는 화자의 의지를 표현하는 감탄사가 이에 포함된다. 마지막으로 (30다)의 '어, 그'는 입버릇 혹은 간투사로, 특별한 의미 없이 말을 고르는 기능을 하는 감탄사이다.

# 품사의 통용

한국어에서는 동일한 단어가 둘 이상의 품사 부류에 속하는 현상이 나타난다. 이러한 현상에 대해 하나의 단어가 그 속성이 바뀐 것으로 보아 통시적 관점에서 품사 전성으로 해석하는 견해도 있고, 공시적 관점에서 하나의 형태가 두 가지 품사의 성질을 모두 가지고 있다고 해석하여 품사 통용으로 보는 견해도 있다. 품사의 전성으로 해석하는 경우 어떤 품사가 기본 품사인지를 설정해야 하는 어려움이 있기 때문에 일반적으로 품사의 통용으로 해석하며, 그 대표적인 예는 다음과 같다.

(1) 명사와 부사로 사용되는 단어
- 내일이 내 생일이다.　　　　　　　[명사]
- 내일 봅시다.　　　　　　　　　　[부사]

(2) 명사와 조사로 사용되는 단어
- 노력한 만큼 결과를 얻는다.　　　　[명사]
- 노력만큼 중요한 것은 없다.　　　　[조사]

(3) 대명사와 관형사로 사용되는 단어
- 이보다 더 잘할 수는 없다.　　　　[대명사]
- 이 사람과 결혼할 것이다.　　　　　[관형사]

(4) 수사와 관형사로 사용되는 단어
- 친구 다섯이 놀러 왔다.　　　　　　[수사]
- 친구 다섯 명이 놀러 왔다.　　　　[관형사]

(5) 형용사와 동사로 사용되는 단어
- 조명이 밝다.　　　　　　　　　　[형용사]
- 벌써 날이 밝아 온다.　　　　　　　[동사]

(6) 부사와 조사로 사용되는 단어
- 보다 근본적으로 해결해야 한다.　　[부사]
- 너보다 내가 먼저 도착했다.　　　　[조사]

　학습자들은 단어를 학습할 때 처음 접한 품사를 기준으로 문장에서 고정적으로 사용하는 경향이 있기 때문에, 해당 품사가 다른 품사로 사용될 때 조사의 결합이나 띄어쓰기 등의 오류를 생성한다. 예를 들어, '내일'이라는 단어가 명사로만 사용된다고 이해하는 경우 '내일에 만나요'와 같이 부사격 조사 '에'를 결합하는 오류를 보이게 된다. 따라서 한국어 학습자들이 단어를 적절하게 사용하기 위해서는 한 단어가 문장에 따라 품사를 달리할 수 있음을 이해할 필요가 있다.

## 생각해 봅시다

1. 한국어 품사의 유형을 세 가지 기준에 따라 분류하고, 각 품사에 해당하는 단어의 예를 들어 보자.

2. 한국어의 '이다'의 품사 설정에 관해 다양한 해석이 있다. 서로 다른 해석의 차이를 설명해 보자.

3. 아래의 학습자 글에서 어색한 부분을 찾아 그 이유를 설명하고, 적절하게 수정해 보자. 그리고 이러한 오류를 교수·학습하는 방안에 대해 토론해 보자.

---

(1) 감동적인하고 유명한 노래를 들을 수 있어요.
(2) 이 스마트폰은 새예요.
(3) 나는 자기가 제일 열심히 발표 준비를 했다고 생각한다.
(4) 우리 엄마는 예쁘고 아빠는 잘생깁니다.

---

**14강** 한국어의 말소리

# 1  말소리의 이해

## 1) 말소리의 산출

인간은 말로 의사소통을 한다. 말로써 의사소통할 때 화자는 말소리를 산출하게 되며, 청자는 화자가 산출한 말소리의 의미를 파악하여 화자의 의사를 이해한다. 그런데 인간이 내는 모든 소리가 말소리인 것은 아니다. 재채기나 코 고는 소리 등은 인간이 내는 소리이지만 말소리는 아니다. 말소리는 인간이 내는 소리이면서 의미를 가지고 언어에 사용되는 소리이다. 인간은 발음 기관을 이용하여 말소리를 낸다.

말소리가 만들어지는 과정은 크게 세 단계로 나눌 수 있다. 첫째 단계는 발동 과정이다. 발동(initiation)이란 공기의 흐름을 만들어 내는 것을 말한다. 발동 과정은 주로 폐에서 일어나는데, 말소리를 내기 위해 폐에서 공기를 밖으로 내보내거나 들이마시는 과정이다. 폐가 수축하면서 압력이 높아져 폐 안의 공기가 기관지를 거쳐 밖으로 나오고, 이 공기를 재료로 하여 다양한 말소리를 내게 된다.

둘째 단계는 발성 과정이다. 발성(phonation)이란 말소리를 만들어 낸다는 뜻이다. 발성 과정은 후두에서 일어나는데, 폐에서 나온 공기의 흐름이 후두를 통과하면서 말소리로 바뀐다. 말소리는 후두를 거치면서 유성음과 무성음의 구분이 생긴다. 유성음은 성대 사이의 간격이 매우 좁아 두 성대가 빠른 속도로 붙었다 떨어지기를 반복할 때 일어나는 성대의 진동이 있는 말소리이고, 무성음은 성대 사이의 간격이 넓어 진동이 일어나지 않는 말소리이다.

셋째 단계는 조음 과정이다. 조음(articulation)이란 말소리를 여러 가지로 조절한다는 뜻이다. 조음 과정에는 후두 위쪽에 있는 다양한 발음 기관들이 참여한다. 말소리의 구분은 대부분 조음 과정에서 이루어진다. 조음 과정에서 성도(vocal tract)의 일부가 막히는지 여부에 따라 자음과 모음이 결정되며, 공기의 흐름이 비강으로 가는 길이 차단되는지 여부에 따라 구강음과 비강음이 결정된다. 그 밖에도 저모음이냐 고모음이냐, 폐쇄음이냐 마찰음이냐 등도 조음 과정에서 결정된다.

## 2) 발음 기관

말소리를 산출하는 데에 관여하는 기관을 발음 기관이라 한다. 발음 기관에는 위에서 언급한 발동 과정, 발성 과정, 조음 과정에 참여하는 폐, 후두, 혀, 입술, 이, 구개, 목젖, 인두 등이 모두 포함된다. 발음 기관 중 특히 조음 기관을 다시 조음체(articulator)와 조음점(point of articulation)으로 나누기도 한다. 조음체는 조음에 관여하는 기관들 중 아래쪽에 있으며 스스로 움직일 수 있는 혀나 아랫입술을 말한다. 조음점은 위쪽에 있으며 스스로 움직일 수 없고 조음체가 가서 닿을 수 있는 윗입술, 윗니, 입천장(경구개, 연구개) 등을 말한다.

발음 기관을 그림으로 나타내면 그림14-1과 같다.

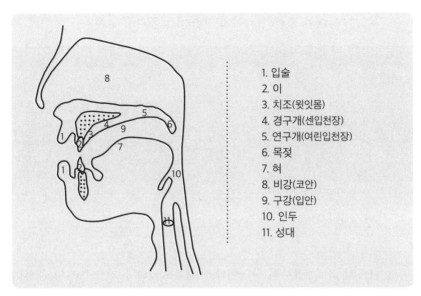

1. 입술
2. 이
3. 치조(윗잇몸)
4. 경구개(센입천장)
5. 연구개(여린입천장)
6. 목젖
7. 혀
8. 비강(코안)
9. 구강(입안)
10. 인두
11. 성대

**그림 14-1** 발음 기관의 구조

### 3) 음성과 음운

　말소리는 조음체가 조음점에 접근하면서 만들어지는데, 이때 여러 가지 조건의 차이에 따라 물리적으로 다른 말소리가 나오게 된다. 이처럼 인간이 발음 기관을 통해 산출하는 다양한 물리적인 소리를 음성이라 한다.

　음성은 다양한 조건에 따라 구별된다. 우선 조음체와 조음점의 종류가 다르면 그에 따라 음성도 달라진다. 예를 들어 양순음인 한국어의 'ㅂ'은 두 입술 사이에서 닿아서 나는 소리이고, 치조음인 'ㄷ'은 혀끝이 치조 가까이에 접근하면서 나는 소리이다. 조음체와 조음점의 접근 방식의 차이에 따라 음성의 종류가 달라지기도 한다. 영어의 't'와 's'는 조음체와 조음점이 각각 혀끝과 치조로 동일하지만, 't'는 조음체와 조음점이 서로 닿았다가 떨어지는 데 비해 's'는 조음체와 조음점이 가깝게 접근할 뿐 서로 닿지는 않는다. 성대의 떨림의 차이에 의한 유성음과 무성음의 구분이나 기류의 차이에 따른 유기음과 무기음의 구분도 조건에 따른 음성의 차이를 보여 준다.

한편, 음성의 차이가 단어의 뜻을 구별하는 데에 관여하기도 하지만 그렇지 않는 경우도 있다.

(1) 가. 발[pal]-팔[pʰal]
　　나. 감기[kamgi]

(1가)에서 볼 수 있듯이 한국어에서 평음 [p]와 유기음 [pʰ]의 음성적 차이는 단어의 뜻을 구별해 준다. 이에 비해 (1나)의 무성음 [k]와 유성음 [g]는 단어의 뜻을 구별해 주지 않는다. 즉, '감기'를 [kamki], [gamgi], [gamki]로 발음해도 단어의 뜻이 달라지지 않는 것이다. [p]을 'ㅂ'으로, [pʰ]를 'ㅍ'으로 달리 표기하고 [k]와 [g]는 모두 'ㄱ'으로 표기하는 것도 단어의 의미를 변별하는지 여부와 관련이 있다.

이처럼 단어의 뜻을 구별해 주는 말소리를 음운이라고 한다. 음운은 단어의 뜻을 구별해 주는 말소리의 최소 단위이다. 서로 다른 두 개의 음성이 각각 다른 음운인지 판단할 때는 흔히 최소 대립쌍(minimal pair)의 존재 여부를 살핀다.

(2) 가. 달-딸-탈
　　나. 돌-둘-들
　　다. 오리-우리-이리

최소 대립쌍이란 의미를 변별하게 하는 음운을 가진 단어들의 쌍으로, 하나의 말소리를 제외한 다른 부분은 모두 같은 소리를 가진 단어 쌍을 말한다. (2가)에서는 'ㄷ-ㄸ-ㅌ'을 제외한 '날'이 같은 소리이고, (2나)에서는 'ㅗ-ㅜ-ㅡ'를 제외한 'ㄷ…ㄹ'이 같은 소리이고, (2다)에서는 'ㅗ-ㅜ-ㅣ'를 제외한 '리'가 같은 소리이다.

음운은 음소(phoneme)와 운소(prosodeme)로 구분하기도 한다. 음소는 자음과 모음을 말하는데, 이들은 개별 단위로 나눌 수 있다. 하지만 운소는 음소, 특히 모음에 얹혀서 실현된다. 운소의 종류에는 음장, 고저, 강세가 있는데, 언어에 따라 실제 운소로 실현되는지 여부는 차이가 있다. 한국어의 경우 표준 발음에서는 음장만 운소로 기능하고, 일부 방언에서는 '고저'가 운소로 기능하기도 한다.

## 2  음운과 음절

### 1) 자음

자음(consonant)은 모음과 달리 조음 과정에서 폐에서 나온 공기가 입술, 혀 등의 방해를 받으면서 실현된다. 뒤에서 언급할 것인바, 자음만으로 음절을 이루는 경우는 매우 드물다. 자음을 흔히 '닿소리'라 부르는 것은 자음이 다른 소리와 함께 쓰여야만 발음될 수 있다는 점에 주목한 것이다. 자음은 발음 양상에 따라 분류된다. 즉, 자음이 산출될 때 어느 위치에서 방해를 받는지에 따른 조음 위치와 어떤 방식으로 방해를 받는지에 따른 조음 방법에 따라 분류된다.

한국어의 자음은 'ㄱ, ㄲ, ㄴ, ㄷ, ㄸ, ㄹ, ㅁ, ㅂ, ㅃ, ㅅ, ㅆ, ㅇ, ㅈ, ㅉ, ㅊ, ㅋ, ㅌ, ㅍ, ㅎ'의 19개이다. 한국어의 자음을 조음 위치와 조음 방법에 따라 분류하여 표로 나타내면 표14-1과 같다.

표14-1에서 볼 수 있듯이 자음은 조음 위치를 기준으로 양순음, 치조음, 경구개음, 연구개음, 후음으로 나누어진다. 양순음은 두 입술을 맞대고 내는 소리로, 한국어의 양순음에는 'ㅂ, ㅍ, ㅃ, ㅁ'이 있다. 치조음은 혀끝을 치조 부위에 대거나 접근하여 내는 소리로, 한국어의 치조음에는 'ㄷ, ㅌ, ㄸ, ㅅ, ㅆ, ㄴ, ㄹ'이 있다. 경구개음은 혓몸을 경구개 부위에 대고 내는 소리로, 한국어의 경구개음에는 'ㅈ, ㅊ, ㅉ'이 있다. 연구개음은 혀뿌리를 연

**'자음-모음', '닿소리-홀소리'의 명칭**

영어 'consonant-vowel'의 한국어 명칭은 '자음(子音)-모음(母音)' 혹은 '닿소리-홀소리'인데, 이러한 명칭은 각각의 특성을 잘 반영하고 있다. '자음-모음'은 '아들-어머니'의 관계에서 특히 어린 아들이 어머니 없이 생존하기 어렵다는 점을 반영한 것이다. '닿소리-홀소리' 역시 다른 것에 '닿아서 나는 소리'와 '홀로 날 수 있는 소리'라는 의미로 자음과 모음의 특성을 반영하고 있다.

표 14-1 한국어의 자음 체계

| 조음 방법 | | 조음 위치 | 양순음 | 치조음 | 경구개음 | 연구개음 | 후음 |
|---|---|---|---|---|---|---|---|
| 장애음 | 파열음 | 평 음 | ㅂ | ㄷ | | ㄱ | |
| | | 유기음 | ㅍ | ㅌ | | ㅋ | |
| | | 경 음 | ㅃ | ㄸ | | ㄲ | |
| | 파찰음 | 평 음 | | | ㅈ | | |
| | | 유기음 | | | ㅊ | | |
| | | 경 음 | | | ㅉ | | |
| | 마찰음 | 평 음 | | ㅅ | | | |
| | | 유기음 | | | | | ㅎ |
| | | 경 음 | | ㅆ | | | |
| 공명음 | 비 음 | 평 음 | ㅁ | ㄴ | | ㅇ | |
| | 유 음 | 평 음 | | ㄹ | | | |

구개 부위에 대고 내는 소리로, 한국어의 연구개음에는 'ㄱ, ㅋ, ㄲ, ㅇ'이 있다. 후음은 성대 사이의 성문에서 내는 소리로, 한국어의 후음에는 'ㅎ'이 있다.

한국어의 자음은 조음 방법에 따라 장애음과 공명음으로 나누어진다. 장애음은 자음 중에서도 기류의 흐름이 많이 방해받는 부류로, 장애음에는 파열음, 마찰음, 파찰음이 있다. 공명음은 기류의 흐름이 방해를 적게 받을 뿐만 아니라 구강이나 비강의 울림을 일으켜 발음되는 부류로, 공명음에는 비음과 유음이 있다. 각각을 좀 더 자세히 살펴보자.

파열음은 조음체가 조음점을 완전히 막아서 기류를 잠시 단절시켰다가 일시에 터뜨리면서 내는 소리인데, 한국어의 파열음으로는 'ㅂ, ㅍ, ㅃ, ㄷ, ㅌ, ㄸ, ㄱ, ㅋ, ㄲ'이 있다. 파열음은 대체로 '폐쇄→지속→파열'의 세 단계를 거쳐 발음되지만, 음절의 종성에 올 때에는 폐쇄와 지속 과정만 거치고 파열 단계는 생략된다. 마찰음은 조음체를 조음점에 가까이 근접시키되 완전히 막지는 않은 채 틈 사이로 공기를 흘려서 내는 소리인데, 한국어의 마찰음으로는 'ㅅ, ㅆ, ㅎ'이 있다. 파찰음은 조음체로 조음점을 막아서 공기의 흐름을 끊은 후 조금만 열어서 그 사이로 공기를 흘려 내는 소리이며, 한국어의 파찰음에는 'ㅈ, ㅊ, ㅉ'이 있다. 비음의 조음 과정은 파열음과 비슷하게 조음체를 이용해 조음점을 완전히 막은 후 터뜨려 발음하는 소리인데, 비강으로 통하는 통로를 열어 두어서 기류가 구강뿐만 아니라 비강으로도 흐른다는 점이 파열음과 다르다. 한국어의 비음에는 'ㅁ, ㄴ, ㅇ'이 있다. 유음은 흔히 장애를 가장 적게 받아서 나오는 자음이라고 설명하지만, 이것만으로는 구체적으로 어떤 조음 과정을 거치는지 알기가 어렵다. 유음에 속하는 한국어 자음에는 'ㄹ'이 있다.

한국어의 자음을 조음 방법에 따라 분류할 때 평음(예사소리), 경음(된소리), 유기음(거센소리)로 구분하기도 한다. 평음과 비교할 때 경음과 유기음은 근육을 더 긴장시켜 강하게 발음한다. '감감'에 비해 '깜깜'이나 '캄캄'의 어감이 더 크고 강하다고 느끼는 것은 이런 특징과 관련된다. 경

---

**적용하기**

## 평음과 유기음의 음성학적 차이

평음과 유기음은 기식성의 유무로 대립되지만 실제 음성학적 특징은 조금 다른 양상을 보인다. 음운론적으로 평음은 기식성이 없는 것으로 분류된다. 그러나 사람에 따라서는 약하지만 기식성을 가지거나 심지어 유기음과 별 차이 없는 강한 기식성을 가지기도 한다. '가-카', '다-타'를 실제로 발음해 보고 기식성과 음 높이를 비교하면 이를 알 수 있다. 그리하여 한국어교육 현장에서 평음과 유기음을 가르칠 때 음성학적으로는 둘 모두 기식성을 가지며, 후행하는 모음의 음 높이가 낮으면 평음, 높으면 유기음으로 구분하는 것이 유용한 경우도 있다.

음과 유기음의 차이는 경음은 발음할 때 입 밖으로 나오는 기류의 양이 극히 적지만 유기음은 매우 많다는 것이다. 'ㅂ-ㅍ-ㅃ', 'ㄷ-ㅌ-ㄸ', 'ㄱ-ㅋ-ㄲ' 등으로 '평음-경음-유기음'이 계열을 이루는 이것은 다른 언어와 차이 나는 한국어의 독특한 특징이라고 할 수 있다.

## 2) 모음

모음(vowel)은 조음 과정에서 공기의 흐름이 별다른 방해를 받지 않고 실현된다. 모음은 자음과 달리 홀로 음절을 이룰 수 있다. 모음을 흔히 '홀소리'라 부르는 것은 모음이 다른 소리의 도움 없이 홀로 발음될 수 있다는 점에 주목한 것이다. 한국어의 모음은 표준어를 기준으로 'ㅣ, ㅔ, ㅐ, ㅏ, ㅓ, ㅗ, ㅜ, ㅡ, ㅚ, ㅟ, ㅑ, ㅕ, ㅛ, ㅠ, ㅘ, ㅝ, ㅢ, ㅖ, ㅒ, ㅙ, ㅞ'의 21개이다.

모음은 발음되는 방식과 구성 음소의 수에 따라 단모음(simple vowel)과 중모음(compound vowel)으로 나누어진다. 중모음에는 이중 모음, 삼중 모음 등이 있다. 단모음은 발음할 때 조음 기관이 고정되어 있어 입의 모양이나 혀의 위치가 변하지 않지만, 중모음은 발음할 때 입의 모양이나 혀의 위치가 변한다.

### ① 단모음

단모음은 혀의 위치와 입술의 모양에 따라 분류할 수 있다. 혀의 위치는 혀의 가장 높은 부분의 위치, 즉 최고점(最高點)의 위치를 말하는데 전후 위치와 상하 위치를 구분하는 것이 일반적이다. 입술 모양은 입술을 동그랗게 오므리는지의 여부와 관련된다. 모음을 혀의 전후 위치, 혀의 상하 위치, 입술의 모양에 따라 분류하여 표로 나타내면 표14-2와 같다.

표 14-2 한국어의 단모음 체계

| 혀의 상하 위치 \ 혀의 전후 위치 / 입술 모양 | 전설 모음 | | 후설 모음 | |
|---|---|---|---|---|
| | 평순 모음 | 원순 모음 | 평순 모음 | 원순 모음 |
| 고모음 | ㅣ(i) | ㅟ(ü) | ㅡ(i) | ㅜ(u) |
| 중모음 | ㅔ(e) | ㅚ(ö) | ㅓ(ʌ) | ㅗ(o) |
| 저모음 | ㅐ(ɛ) | | ㅏ(a) | |

　　표 14-2에서 볼 수 있듯이 모음은 혀의 전후 위치에 따라 전설 모음과 후설 모음으로 나눌 수 있다. 전설 모음은 혀의 최고점이 앞쪽에 놓이는데, 한국어의 전설 모음으로는 'ㅣ, ㅔ, ㅐ, ㅟ, ㅚ'이 있다. 후설 모음은 혀의 최고점이 뒤쪽에 놓이는데, 한국어의 후설 모음으로는 'ㅡ, ㅓ, ㅏ, ㅜ, ㅗ'가 있다.

　　또한 모음은 혀의 상하 위치에 따라 고모음, 중모음, 저모음으로 나눌 수 있다. 혀의 높이는 입의 벌어짐과 직접적인 관련이 있다. 혀의 높이가 높을수록 입이 적게 벌어지고, 혀의 높이가 낮을수록 입이 많이 벌어진다. 한국어의 고모음에는 'ㅣ, ㅟ, ㅡ, ㅜ', 중모음에는 'ㅔ, ㅚ, ㅓ, ㅗ', 저모음에는 'ㅐ, ㅏ'가 있다.

　　마지막으로 모음은 입술의 모양에 따라 원순 모음과 평순 모음으로 나눌 수 있다. 모음을 발음할 때 입술을 동그랗게 오므리는 것을 원순 모음이라고 하는데, 한국어의 원순 모음에는 'ㅟ, ㅚ, ㅜ, ㅗ'가 있다. 발음할 때 입술을 오므리지 않는 것을 평순 모음이라 하는데, 한국어의 평순 모음에는 'ㅣ, ㅔ, ㅐ, ㅡ, ㅓ, ㅏ'가 있다.

　　표 14-2에서 제시한 단모음은 한국어 표준 발음법이 정한 원칙일 뿐, 현실적으로 10개의 단모음을 모두 사용하는 화자는 경기도나 충청도에 거

주하는 70대 이상 노년층의 일부에 불과하다. 대부분의 화자는 'ㅚ, ㅟ' 를 단모음이 아닌 중모음으로 발음하고 있으며, 'ㅐ'와 'ㅔ'를 구분하지 못 한다. 심지어 경상도 동부권의 화자는 'ㅡ'와 'ㅓ'를 구분하지 못한다. 따 라서 현대 중부 방언 화자의 현실 발음을 기준으로 보면 한국어 단모음은 'ㅣ, ㅔ(ㅐ), ㅏ, ㅓ, ㅗ, ㅜ, ㅡ'이다.

② 중모음

중모음, 특히 이중 모음(diphthong)은 'j, w'와 같은 반모음과 단모 음이 합쳐져서 이루어진다. 한국어의 이중 모음에는 'ㅑ(ja), ㅒ(jɛ), ㅕ (jʌ), ㅖ(je), ㅘ(wa), ㅙ(wɛ), ㅛ(jo), ㅝ(wʌ), ㅞ(we), ㅠ(ju), ㅢ(ij)'의 11 개가 있다. 한국어의 이중 모음은 반모음의 종류에 따라 'j-계 이중 모음' 과 'w-계 이중 모음'으로 나누어지고, 반모음과 단모음의 결합 순서에 따 라 상향 이중 모음과 하향 이중 모음으로 나누어진다. 이에 따라 한국어의 이중 모음을 표로 나타내면 표14-3과 같다.

j-계 이중 모음은 단모음 'ㅣ'와 가까운 반모음인 'j'가 단모음의 앞과 뒤에 결합한 것이다. 'j'가 앞에 결합한 상향 이중 모음에는 'ㅑ, ㅒ, ㅕ, ㅖ, ㅛ, ㅠ'가 있고, 'j'가 뒤에 결합한 하향 이중 모음에는 'ㅢ'가 있다. w-계 이중 모음은 단모음 'ㅗ, ㅜ'와 가까운 'w'가 단모음의 앞에 결합한 것이 다. w-계 이중 모음은 하향 이중 모음은 없고 상향 이중 모음인 'ㅘ, ㅙ, ㅝ, ㅞ'만 있다.

### 한국어의 이중 모음 'ㅢ'의 성격

한국어의 이중 모음 'ㅢ'는 매우 특이한 존재이다. 'ㅢ'는 연구자에 따라 하향 이중 모음으로 보기도 하고, 상향 이중 모음으로 보기도 하는 등 다양한 해석이 있다. 하향 이중 모음으로 보게 되면 한국어에서 하향 이중 모음이 'ㅢ' 하나밖에 없다는 점에서 특이하다. 또 상향 이 중 모음으로 보게 되면 한국어에서 j-계, w-계 외에 ɰ-계를 설정해야 하는데, 이 경우 ɰ- 계 이중 모음이 하나밖에 없다는 점에서 특이하다.

표 14-3 한국어의 이중 모음 체계

|  | 상향 | 하향 |
|---|---|---|
| j-계 | ㅑ, ㅒ, ㅕ, ㅖ, ㅛ, ㅠ | ㅢ |
| w-계 | ㅘ, ㅙ, ㅝ, ㅞ | |

표14-3에서 제시한 이중 모음의 목록은 10개의 단모음을 인정했을 때의 목록이고, 단모음의 목록이 달라지면 이중 모음의 목록도 달라질 수 있어 유동적이다. 만약 'ㅚ'와 'ㅟ'를 각각 이중 모음으로 보아 8개의 단모음 체계가 되면 이중 모음 'wi'가 추가된다. 한편 단모음 'ㅐ'와 'ㅔ'의 구분을 인정하지 않으면 이중 모음 중 'ㅖ'와 'ㅒ', 'ㅙ'와 'ㅞ'의 구분도 사라져 이중 모음의 수는 2개가 줄어든다.

### 3) 운소

언어 표현의 의미를 구분해 주는 요소에는 자음, 모음과 같은 음소 이외에도 운소가 있다. 앞에서 언급한 것처럼 운소에는 음장, 고저, 강세 등이 있는데, 이 중에서 한국어에서 운소로 기능하는 것은 표준어를 기준으로 하면 음장이 있다. 억양은 단어에서 실현되는 음장과 달리 문장이나 구에서 실현되지만 의미를 구분해 준다는 점에서 같이 다룰 수 있다.

① 음장

한국어에서 음장은 단어의 의미를 구분해 주는 기능을 한다.

(3) 가. 눈(目)[눈] – 눈(雪)[눈:], 말(馬)[말] – 말(言)[말:]

나. 묻다(埋)[묻따] – 묻다(問)[묻:따]

(3가)는 명사, (3나)는 동사의 예이다. 두 가지 경우 모두 음장의 차이가 단어의 의미 분화를 가져 올 수 있음을 보여 준다.

한국어의 음장은 원칙적으로 제1음절에서만 실현된다. 그리하여 제1음절에서 긴소리로 실현되던 음절도 제2음절 이하로 가면 짧은소리가 된다.

(4) 가. 눈[눈:] – 첫눈[천눈], 말씨[말:씨] – 거짓말[거진말]

　　나. 없이[업:씨] – 힘없이[히멉씨], 많은[마:는] – 수많은[수:마는]

(4가)는 명사, (4나)는 형용사의 예이다. '눈, 말, 없-, 많-' 등 제1음절에서 긴소리로 발음되던 것이 제2음절 이하에서는 짧은소리로 실현되는 것을 볼 수 있다.

한국어의 용언 어간 중에서는 뒤에 오는 어미에 따라 음장이 달라지기도 하고, 그대로 유지되기도 한다.

(5) 가. (얼굴이) 곱다, (날씨가) 덥다, (아이를) 안다, (걸음을) 걷다, (길을) 묻다

　　나. (과일이) 굵다, (빛깔이) 엷다, (돈이) 없다, (크기가) 작다, (수레를) 끌다

(5가)의 어간들은 자음으로 시작하는 어미 앞에서는 긴소리로 나타나고, 모음으로 시작하는 어미 앞에서는 짧은소리로 나타난다. 하지만 (5나)의 어간들은 뒤에 오는 어미와 관계없이 긴소리로 실현된다.

음장이 단어의 뜻을 구별하는 것이 아니라 화자의 심리적인 태도를 나타내는 기능을 하기도 한다. 이를 흔히 표현적 장음이라 부른다.

(6) 가. 집이 깨[:]끗하다.
　　나. 저기에 큰[:] 집이 있다.
　　다. 집안이 조용[:]하다.

(6)에 사용된 '깨끗하다, 큰, 조용하다'의 해당 음절은 원래 짧은소리이지만, 사실에 대한 강조의 의미를 담을 경우 장음으로 실현된다. '조용[:]하다'의 예에서 볼 수 있듯 표현적 장음은 제2음절 이하에서도 실현된다.

② 억양

억양은 단어가 아니라 문장이나 구에 얹혀서 나타난다. 억양은 문장의 종류를 결정하기도 하고, 화자의 감정이나 태도를 표현하기도 한다.

먼저 한국어에서 억양은 문장의 종류를 결정하기도 한다. 평서문, 의문문, 명령문, 청유문 등에 두루 쓰이는 종결 어미 '-아/어/여'가 실현된 문장 (7)을 보면 동일한 문장임에도 억양에 따라 문장의 종류가 달라지는 것을 확인할 수 있다.

(7) 가. 학교에 가.(＼)

**억양의 다양한 기능**

억양의 기능으로 문장의 종류를 구분해 주는 문법적 기능과 화자의 감정이나 태도를 표시하는 기능 이외에 화용적 기능과 사회언어학적 기능을 들기도 한다. 화용적 기능이란 영어의 의문문이 억양에 따라 순수한 질문이 되기도 하고 제안이 되기도 하는 것과 같이, 동일한 표현이 화자의 의도에 따라 다른 억양을 가지게 되는 경우를 말한다. 사회언어학적 기능이란 억양이 화자의 성별, 나이, 직업, 지위 등을 짐작할 수 있게 하는 기능을 말한다.

나. 학교에 가?(↗)

다. 학교에 가!(↘→)

발화의 뒷부분을 보면, 평서문인 (7가)는 내려가고 의문문인 (7나)는 올라가며 명령문인 (7다)는 발화의 끝부분이 내려가거나 유지된다.

이처럼 문장의 종류에 따라 억양은 일정한 패턴을 보인다. 평서문이나 청유문은 대체로 끝이 내려가고, 명령문은 끝이 내려가거나 유지된다. 의문문은 다소 복잡한 양상을 보인다. 판정 의문문은 대체로 끝이 급격하게 올라가고, 설명 의문문은 끝이 낮아졌다가 살짝 올라간다.

이처럼 억양은 문장의 종류를 결정하기도 하고, 그 밖에도 화자의 감정이나 태도를 표현하는 등 실제 의사소통에서 차지하는 비중이 매우 큰 것으로 알려져 있다. 하지만 외국인 학습자가 한국어의 억양을 정확하게 배워서 실현하기는 매우 어렵다.

---

**적용하기**

## 외국어 학습에서 억양의 중요성

발음 교육에 필요한 요소인 '분절음, 강세, 억양' 중에서 교수 가능성은 분절음이 가장 높고, 강세가 그 다음으로 높으며, 억양이 가장 낮다고 한다. 하지만 실제 의사소통에서의 중요성은 억양이 가장 중요하고, 그 다음으로 강세가 중요하며, 분절음은 상대적으로 낮다고 한다. 이를 그림으로 나타내면 다음과 같다(박기영 · 이정민, 2018: 107).

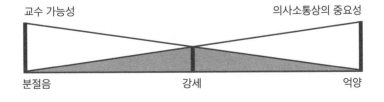

교수 가능성 　　　　　　　　　　　　　　　 의사소통상의 중요성

분절음 　　　　　　　　　　 강세 　　　　　　　　　　 억양

---

## 4) 음절

음절은 홀로 발음할 수 있는 최소의 단위이다. 흔히 음절을 자음과 모음이 결합된 단위라고 생각하는 경우가 많지만 모음만으로도 음절을 이룰 수 있다. 음절은 언어 사용자들이 들으면 쉽게 인식되는 단위라는 점에서 매우 중요하다. 그리하여 세계에 존재하는 문자들 중에는 음절을 문자로 만든 음절 문자도 있고, 음절 문자가 아니라도 한자처럼 음절이 단위가 되기도 하고, 한글처럼 음절로 모아 쓰는 경우도 있다. 한글이 음절 단위로 모아 쓰는 문자 체계이므로 한국인들은 음절이라는 단위에 익숙하고 이를 쉽게 인식하기도 한다. 여러 음운 현상 중에는 음절 단위로 일어나는 것도 많다.

음절은 중심을 이루는 음절 핵(nucleus)을 중심으로 앞쪽의 음절 두음(onset)과 뒤쪽의 음절 말음(coda)이 올 수 있다. 한국어 음운론에서는 『훈민정음(訓民正音)』의 용어를 사용하여 음절 두음을 초성, 음절 핵을 중성, 음절 말음을 종성으로 부른다. 음절의 구조를 나타내면 그림 14-2와 같다.

그림 14-2에서 알 수 있듯이 음절을 이루기 위해서 중성은 반드시 필요하지만, 초성이나 종성이 반드시 필요하지는 않다. 이에 따라 음절의 유형은 초성과 종성에 자음이 오느냐의 여부, 중성의 모음에 반모음이 오느냐의 여부에 따라 다음 여러 가지로 나눌 수 있다.

- 단모음: 아, 어, 오, 우
- 반모음+단모음: 야, 여, 와, 워
- 자음+단모음: 가, 너, 다, 러

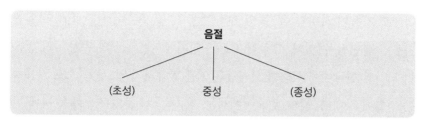

**그림 14-2** 음절의 구조

- 자음+반모음+단모음: 갸, 겨, 과, 귀
- 단모음+자음: 악, 언, 온, 울
- 반모음+단모음+자음: 약, 역, 욜, 율
- 자음+단모음+자음: 각, 난, 단, 랄
- 자음+반모음+단모음+자음: 향, 별, 곽, 권
- 단모음+반모음: 의

음절 중에서 종성 자리에 자음이 없는 경우를 개음절(open syllable), 자음이 있는 경우를 폐음절(close syllable)로 구분하기도 한다. 개음절과 폐음절은 한국어에서 문법 형태소가 이형태를 가질 때 어떤 형태를 선택하는지를 결정하는 데 중요하게 작용한다. 예를 들어 주격 조사가 '이'로 나타날지 '가'로 나타날지는 순전히 선행어의 마지막 음절이 개음절인지 폐음절인지에 따라 결정된다.

각 음소들이 음절을 구성하거나 음절끼리 연결될 때 몇 가지 제약이 있다. 한국어의 음절 실현 제약 중 대표적인 것을 제시하면 다음과 같다.

먼저, 초성에는 자음이 하나만 올 수 있으며, 'ㅇ[ŋ]'을 제외한 모든 자음이 초성에 올 수 있다. 초성에 자음이 하나만 올 수 있는 것은 'spring'처럼 초성에 여러 개의 자음이 오는 영어와 차이 나는 점이다. 둘째, 종성 자리에도 자음이 하나만 올 수 있으며, 'ㄱ, ㄴ, ㄷ, ㄹ, ㅁ, ㅂ, ㅇ[ŋ]'의 일곱 자음만 실현될 수 있다. 그렇기 때문에 영어에서는 'cat'의 종성 't'가 발음이 되지만 한국어에 익숙한 화자들은 't'를 발음하지 않고 'ㄷ'으로 발음하는 경향이 강하다. 셋째, 한국어에서는 'ㅈ, ㅉ, ㅊ' 등의 경구개음 뒤에 반모음 'j'로 시작하는 '야, 여, 요, 유, 예, 얘' 등의 이중 모음이 올 때 반모음 'j'가 발음되지 않는다. 한국어의 경구개음이 발음되는 위치가 반모음 'j'와 가까워서 반모음 'j'의 발음이 실현되지 않는 것이다. 넷째, 중성에 이중 모음 'ㅢ'가 오면 종성에는 자음이 올 수 없다.

적용하기

## 언어권별 음절의 차이

음절을 구성하는 방식이 언어권별로 다르기 때문에 동일한 말소리를 음절로 받아들이는 방식도 화자의 모어에 따라 차이가 난다. '우유'를 나타내는 'milk'에 대해 영어 화자는 대체로 1음절로 받아들이지만, 한국어 화자는 종성에 'lk'의 두 자음의 연결을 받아들이기 어려워 자음 끝에 'ㅡ'를 추가하여 '밀크'처럼 2음절로 받아들인다. 일본어 화자의 경우 'ミルク'의 3음절로 받아들인다. 따라서 한국어 발음 교육에서는 학습자 모어의 음절 구조를 고려할 필요가 있다.

# 3 음운 현상

## 1) 음운 현상의 정의와 유형

음소들이 결합하여 음절을 이루거나 음절들이 결합하여 단어나 구를 이룰 때, 그 결합이 자연스러운 경우도 있고 그렇지 못한 경우도 있다. 일반적으로 가장 자연스러운 음절의 연쇄는 '자음+모음+자음+모음…'처럼 자음과 모음이 이어지는 것이다. 모음과 모음이 연속되거나 자음과 자음이 연속될 때는 흔히 음운 현상이 나타난다.

음운 현상이란 한 음운이 다른 음운으로 바뀌거나 없어지거나 합쳐지는 등 모든 종류의 형태 변화를 포괄하는 개념으로, 음운 변동이라 부르기도 한다. 음운 현상은 흔히 대치(혹은 교체), 탈락, 첨가, 축약으로 나누는 것이 보통이다. 대치란 한 음운이 다른 음운으로 바뀌는 현상을, 탈락은 한 음운이 없어지는 현상을 말한다. 그리고 첨가는 한 음운이 새로 생겨나는 현상을, 축약은 두 음운이 합쳐져서 제3의 음운으로 바뀌는 현상을 말한다. 그 밖에도 음운의 변동이 아니어서 음운 현상으로 보기는 어렵지만 한국어를 배우는 외국인 학습자가 알아야 할 현상으로 연음 법칙과 유성음화가 있다. 이들 현상에 대해서도 음운 현상을 다루는 이 절에서 함께 언급하기로 한다.

### 음운론적 제약의 유형

- 음소 배열 제약: 특정 음소와 음소의 연쇄를 제한하는 제약(예 'ㄹ+ㄴ'이 올 수 없는 제약)
- 음절 구조 제약: 초성, 중성, 종성에 대한 제약(예 초성에 올 수 있는 자음의 수는 1개이며, 'ㅇ[ŋ]'은 올 수 없는 제약)
- 음절 배열 제약: 음절 경계에 오는 음소들 간의 배열에 대한 제약(예 비음 앞에 장애음이 올 수 없는 제약)
- 단어 구조 제약: 단어를 구성하는 음소에 대한 제약(예 단어 첫머리에 'ㄹ'이 올 수 없는 제약)

## 2) 대치

### ① 평파열음화

평파열음화는 음절 종성에 놓인 장애음이 'ㅂ, ㄷ, ㄱ' 중 하나로 바뀌는 음운 현상이다. 'ㅂ, ㄷ, ㄱ'이 모두 평파열음이기 때문에 평파열음화라고 부른다. 평파열음화는 한국어 음절의 종성에 올 수 있는 자음이 'ㄱ, ㄴ, ㄷ, ㄹ, ㅁ, ㅂ, ㅇ'의 일곱 가지로 제한되기 때문에 나타난다. 평파열음화는 한국어에서 예외 없이 적용되는 음운 현상이다.

(8) 가. 잎# → [입], 엎고 → 업고 → [업꼬], 앞앞 → [아밥]

　　나. 밭# → [받], 옷도 → 옫도 → [옫또], 있다 → 읻다 → [읻따]

　　　　낮# → [낟], 빛도 → 빋도 → [빋또], 놓는 → 녿는 → [논는]

　　다. 남녘# → [남녁], 닭지 → 닥지 → [닥찌]

(8가)는 'ㅍ'이 'ㅂ'으로, (8나)는 'ㅌ, ㅅ, ㅆ, ㅈ, ㅊ, ㅎ'이 'ㄷ'으로, (8다)는 'ㅋ, ㄲ'이 'ㄱ'으로 바뀐 평파열음화의 사례이다. 평파열음화는 종성에서 나타나므로 (8)에서 볼 수 있듯이 해당 음절 다음에 휴지가 오는 경우, 자음으로 시작하는 형태소가 오는 경우, '앞앞[아밥]'처럼 모음으로 시작하는 형태소라도 실질 형태소가 오는 경우에 나타난다.

### ② 비음화

비음화는 비음에 선행하는 장애음이 비음의 조음 방법에 동화되어 비음으로 바뀌는 음운 현상이다. 비음화의 적용을 받는 장애음은 음절의 종성에 놓이기 때문에 비음화가 적용되기에 앞서 평파열음화의 적용을 받아 'ㅂ, ㄷ, ㄱ' 중 하나의 자음으로 바뀐 후에 비음화가 적용된다. 비음화는 한국어에서 예외 없이 적용되며 단어와 단어 사이에서도 적용되는 매우 강력한 음운 현상이다.

(9) 가. 밥만→[밤만], 적는→[정는], 업는→[엄는], 맏며느리→[만며느리]

나. 덮는→덥는→[덤는], 옷만→옫만→[온만], 찾는→찬는→[찬는]

다. 밥 남겨→[밤남겨], 옷 널어→온널어→[온너러], 떡 먹어→[떵머거]

(9가)는 'ㅂ, ㄷ, ㄱ'이 직접 비음화의 적용을 받은 예이고, (9나)는 평파열음화가 먼저 적용된 후에 비음화가 적용된 예이다. (9다)는 비음화가 단어와 단어 사이에서도 적용될 수 있음을 보여 준다.

③ 'ㄹ'의 비음화

'ㄹ'의 비음화는 비음화의 일종으로, 'ㄹ'을 제외한 자음 뒤에서 'ㄹ'이 'ㄴ'으로 바뀌는 현상을 말한다. 고유어에는 'ㄹ'을 제외한 자음으로 끝나는 형태소와 'ㄹ'로 시작하는 형태소가 결합하는 경우가 없으므로, 이 현상은 한자어나 외래어에서만 적용된다. 이때 한자어나 외래어는 말음이 유기음으로 끝나는 경우가 존재하지 않기 때문에 'ㄹ'의 비음화는 'ㄱ, ㄴ, ㄷ, ㅁ, ㅂ, ㅇ' 뒤에 오는 'ㄹ'이 'ㄴ'으로 바뀌는 것으로 실현된다.

(10) 가. 경로→[경:노], 침략→[침냑], 협력→협녁→[혐녁]

나. 백룸(back-room) → 백눔 → [뱅눔], 홈런(home-run) → [홈넌],
업로드(up-load) → 업노드 → [엄노드]

'ㄹ'의 비음화를 동화의 일종으로 보아 이른바 상호 동화로 보기도 했
으나, '협력 → 협녁 → [혐녁]'의 예에서 볼 수 있듯이 먼저 '협력'이 '협녁'
으로 되고 이어서 [혐녁]이 되는 것으로 단계를 상정한다면 상호 동화라
는 명칭이 적절하지 않다. 또한 '협력'이 '협녁'으로 되는 변화 역시 '협력'
자체에 비음이 없으므로 동화로 보기는 어렵다.

④ 유음화
유음화는 유음인 'ㄹ'에 인접한 'ㄴ'이 유음으로 바뀌는 음운 현상으로,
조음 위치는 그대로 유지하면서 조음 방법만 바뀐다. 유음화는 'ㄹ'이 'ㄴ'
의 앞에 오는 순행적 유음화와 'ㄹ'이 'ㄴ'의 뒤에 오는 역행적 유음화로
구분할 수 있다.
순행적 유음화는 복합어, 용언의 활용형, 단어와 단어 사이 등 다양한
환경에서 일어난다.

(11) 가. 불놀이 → [불로리], 줄넘기 → [줄럼끼], 달님 → [달림]
　　　나. 끓는 → [끌른], 핥는 → [할른]
　　　다. 불 놓는다 → [불론는다], 다리를 놓는다 → [다리를론는다]

(11가)는 순행적 유음화가 복합어에서 적용되는 경우이고, (11나)는 용
언의 활용형에서 다른 자음을 사이에 두고 적용되는 경우이며, (11다)는
단어와 단어 사이에서 적용되는 경우이다. 'ㄹ'과 'ㄴ'이 이어지는 환경에

서 순행적 유음화가 무조건 일어나는 것은 아니다. 'ㄹ'과 'ㄴ'이 이어지더라도 '아는(알-+-는), 소나무(솔+나무)'처럼 유음화가 아니라 'ㄹ'의 탈락이 일어나기도 한다.

역행적 유음화는 비교적 적용 환경이 단순하다. 고유어가 아닌 한자어나 외래어에서만 일어나며, 활용형이나 단어 사이에서도 일어나지 않는다.


(12) 논리 → [놀리], 신라 → [실라], 혼란 → [홀:란]


순행적 유음화와 마찬가지로 역행적 유음화도 조건이 주어진다고 해서 항상 일어나는 것은 아니다. 즉, '결단력 → [결딴녁], 의견란 → [의:견난], 온리(only) → [온니], 온라인(online) → [온나인]'처럼 역행적 유음화가 적용되지 않고 오히려 'ㄹ'의 비음화가 적용되는 경우도 존재한다. 젊은 층에서는 (12)의 '논리, 신라' 등에 대해서도 역행적 유음화를 적용하지 않고 '[논니], [신나]'처럼 발음하는 경향도 발견된다.


⑤ 경음화

경음화는 두 소리가 연결될 때 평음이 경음으로 바뀌는 현상이다. 경음화는 다시 몇 가지로 나눌 수 있다.


(13) 가. 국+밥 → [국빱], 집+도[집또], 믿-+-자[믿짜]

　　나. 안다 → [안:따], 신더라 → [신:떠라], 젊지 → 젊찌 → [점:찌]

　　다. 갈 데 → [갈떼], 살 집 → [살찝], 먹을 수 → [머글쑤], 만날 사람
　　　　→ [만날싸람]

　　라. 발달(發達) → [발딸], 물정(物情) → [물쩡], 일생(一生) → [일쌩]

(13가)는 평파열음 'ㅂ, ㄷ, ㄱ' 뒤에서 일어나는 현상으로 예외 없이 일어나는 대표적인 경음화 현상이다. (13나)는 용언 어간 말음이 비음인 'ㄴ, ㅁ'으로 끝나고 평음으로 시작하는 어미가 이어질 때 나타나는 경음화 현상이다. '안기다[안기다], 신기다[신기다]'에서 볼 수 있듯이 피동사나 사동사 접미사가 결합할 때나 '신+도[신도], 눈+과[눈과]'에서 볼 수 있듯이 체언에 조사가 결합할 때는 나타나지 않는다. (13다)는 관형사형 어미 '-(으)ㄹ' 뒤에 오는 체언의 초성이 평음일 때 경음이 되는 현상이다. 이 현상은 필수적인 것은 아니어서 관형사형 어미 '-(으)ㄹ'과 체언 사이에 휴지를 두고 발음하면 나타나지 않는다. (13라)는 한자어 'ㄹ' 뒤의 'ㄷ, ㅅ, ㅈ'이 경음으로 되는 현상이다.

그 밖에 다음과 같이 '사잇소리 현상'이라 부르는 경음화 현상이 있다.

(14) 가. 냇가 → [내:까/낻:까], 햇살 → [해쌀/핻쌀], 바닷가 → [바다까/바닫까]

나. 봄비 → [봄삐], 물고기 → [물꼬기], 눈동자 → [눈똥자], 밀가루 → [밀까루]

사잇소리 현상은 「한글 맞춤법」 제30항에 따라 (14가)처럼 사이시옷이 표기되기도 하고, (14나)처럼 표기되지 않기도 한다. 사잇소리 현상은 명사와 명사가 결합하여 합성 명사를 만들 때 나타나는데, 이 현상의 실현 여부는 두 명사 사이의 의미 관계와 관련이 있다. 비슷한 구성이라도 '물고기[물꼬기]'처럼 선행 명사가 장소로 해석될 때는 나타나지만, '불고기[불고기]'처럼 수단일 때는 나타나지 않는 등 의미 관계에 따라 실현 여부가 달라진다.

⑥ 조음 위치 동화

조음 위치 동화는 앞 음절의 종성 자음의 조음 위치가 뒤 음절의 초성 자음과 동일해지는 현상이다.

(15) 가. 꽃밭 → [꼳빧~꼽빧], 문법 → [문뻡~뭄뻡], 젖먹이 → [전머기~점머기]

　　　나. 감기 → [감:기~강:기], 꽃길 → [꼳낄~꼭낄], 있고 → [읻꼬~익꼬]

조음 위치 동화는 (15가)와 같이 양순음의 조음 위치로 바뀌는 현상인 양순음화와 (15나)와 같이 연구개음의 조음 위치로 바뀌는 현상인 연구개음화로 나눌 수 있다. 조음 위치 동화는 필수적으로 적용되지는 않으며, 표준 발음으로 인정되지도 않는다.

⑦ 구개음화

구개음화는 끝소리가 'ㄷ, ㅌ'인 형태소가 모음 'ㅣ'로 시작하는 문법 형태소와 결합할 때 'ㅈ, ㅊ'으로 바뀌는 현상이다. 구개음화는 음성학적으로 고모음인 'ㅣ'의 조음 위치가 경구개음인 'ㅈ, ㅊ'에 가깝기 때문에, 'ㄷ, ㅌ'이 모음 'ㅣ'에 동화되어 'ㅈ, ㅊ'으로 바뀌면서 일어난다.

(16) 가. 밑+이 → [미치], 밭+이랑 → [바치랑]

　　　나. 맏+이 → [마지], 물+받+이 → [물바지], 굳이 → [구지], 같이 → [가치]

구개음화는 (16가)와 같이 명사에 조사가 결합할 때나 (16나)와 같이 어근에 접미사가 결합할 때 나타난다. '밭+일[반닐, *바칠]', '홑+이불[혼니불, *호치불]'에서 알 수 있듯이 문법 형태소가 아닌 실질 형태소가 결합할 경우 구개음화가 일어나지 않는다.

구개음화는 영어나 일본어에도 나타나는데, 'education[edʒuˈkeɪʃn]'에서 볼 수 있듯이 형태소 내부에서도 일어난다. 한국어의 경우에 구개음화가 나타나기 시작한 17세기 말에서 18세기 초에는 형태소 내부에서도 구개음화가 일어났다. 그리하여 당시 한국어에 존재하던 모든 '디, 티, 띠'는 '지, 치, 찌'로 바뀌었다. 그러나 '마디, 어디, 견디다' 등은 당시에는 '마듸, 어듸, 견듸다'로 구개음화의 적용 환경이 아니었기 때문에 구개음화가 나타나지 않아 오늘날까지 'ㄷ, ㅌ'을 유지하게 되었다.

음운이 바뀌는 현상은 아니지만 변이음이 바뀌는 다음 예들도 구개음화에 포함하여 다룰 수 있다.


(17) 가. 녀석, 어디냐?
　　　나. 신발, 마셔라
　　　다. 솜씨, 씨앗
　　　라. 달력, 빨리


대체로 'ㄴ, ㅅ, ㅆ, ㄹ' 등은 치조음이지만 모음 'ㅣ'나 반모음 'j' 앞에

## 구개음화와 방언

표준어에서 구개음화는 'ㄷ, ㅌ'이 'ㅈ, ㅊ'으로 바뀌는 ㄷ-구개음화만 인정되지만 방언에서는 'ㄱ, ㅋ, ㄲ'이 'ㅈ, ㅊ, ㅉ'으로 바뀌는 ㄱ-구개음화와 'ㅎ'이 'ㅅ'으로 바뀌는 ㅎ-구개음화도 존재한다. ㄱ-구개음화의 예로는 '기름 > 지름, 곁 > 젙' 등이 있고, ㅎ-구개음화의 예로는 '형님 > 성님, 힘 > 심' 등이 있다. 평안도 방언의 경우 ㄷ-구개음화도 잘 일어나지 않는다. 평양말을 표준어로 삼은 북한에서 '녀성, 녀자' 등이 표준어가 되는 것도 그 방언에서 구개음화가 잘 일어나지 않는다는 사실과 관련이 있다.

서는 경구개음 '[ɲ], [ʃ], [ʃ'], [ʎ]'로 바뀐다. 이는 음소가 아닌 변이음이 바뀌는 음성 차원의 구개음화라 할 수 있을 것이다.


⑧ 반모음화

반모음화는 단모음과 단모음이 이어질 때 선행하는 단모음이 반모음으로 바뀌는 음운 현상이다. 결국 두 개의 단모음이 '반모음+단모음'으로 이루어진 이중 모음이 된다

(18) 가. 기+어라→[겨:라~기어라], 비+어서→[벼:서~비어서], 보이+
     어→[보여~보이어]

   나. 보+아라→[봐:라~보아라], 두+어서→[둬:서~두어서], 오+아
     서→[와서]


(18가)는 단모음 'ㅣ'가 반모음 'j'로 바뀌는 이-반모음화의 예이고, (18나)는 단모음 'ㅗ'나 'ㅜ'가 'w'로 바뀌는 오/우-반모음화의 예이다. 반모음화는 '오+아서→[와서]'처럼 필수적으로 일어나는 경우도 있지만,

**반모음화 또는 모음 축약**

학교 문법이나 표준 발음법에서는 반모음화와 같이 두 음절이 하나의 음절로 줄어드는 현상을 음운의 축약에 포함시키기도 한다.

   (1) 기어서→[겨:서], 보아라→[봐:라]
   (2) 되어→[돼:], 하여→[해:]

그러나 음운의 변동 양상을 기준으로 하면 (1)은 반모음화가 적용된 대치의 일종일 뿐 두 음운이 제3의 음운으로 줄어들었다고 볼 수 없다. 이중 모음을 하나의 음운으로 보지 않는 한 (1)을 음운의 축약이라고 보기는 어려운 것이다. (2) 역시 '되어[돼:]'는 음운의 수에 변동이 없으며 '하여[해:]'는 세 음운이 하나의 음운으로 실현되었다는 점에서 일반적인 음운의 축약과는 차이가 난다.

'기+어라 → [겨:라~기어라]'처럼 수의적으로 일어나는 것이 보통이다. 반모음화가 일어나면 '겨:라, 벼:서' 등에서 볼 수 있듯이 장음화가 동반되기도 한다. 이러한 장음화는 두 개의 음절이 축약되어 하나의 음절로 실현되면서 이를 보상하려는 기제가 작용한 것으로 보인다.

⑨ 'ㅣ' 모음 역행 동화

'ㅣ' 모음 역행 동화는 선행하는 음절의 후설 모음이 후행하는 음절의 'ㅣ'나 'j'에 동화되어 전설 모음으로 바뀌는 음운 현상이다. 'ㅣ' 모음 역행 동화는 다른 동화와는 다르게 피동화주와 동화주가 서로 인접하지 않은 경우에만 적용된다. 'ㅣ' 모음 역행 동화는 치조음인 'ㄹ'을 제외하면 주로 양순음이나 연구개음이 사이에 있을 때 많이 일어난다. 즉 'ㅂ, ㅁ'과 같은 양순음이나 'ㄱ, ㅇ'과 같은 연구개음, 치조음인 'ㄹ'이 피동화주와 동화주 사이에 놓일 때에 일어나는 것이다.

(19) 가. 어미 〉 에미, 아기 〉 애기, 잡히다 〉 잽히다

　　　나. 고기 〉 괴기, 죽이다 〉 쥑이다, 끓이다 〉 끼리다

'ㅣ' 모음 역행 동화는 원칙상 모든 후설 모음에 다 적용될 수 있다. 그러나 가장 흔히 나타나는 것은 피동화주가 'ㅏ'나 'ㅓ'인 (19가)와 같은 경우이다. (19나)처럼 피동화주가 'ㅗ, ㅜ, ㅡ'에 'ㅣ' 모음 역행 동화가 일어나는 경우는 흔하지 않다. 'ㅣ' 모음 역행 동화는 표준어보다는 서울에서 멀리 떨어져 있는 방언에서 많이 일어나며, 표준어로 인정되지 않는 경우가 대부분이다. 하지만 예외적으로 '냄비, 올챙이, 굼벵이' 등은 'ㅣ' 모음 역행 동화가 일어난 것을 표준어로 인정한다.

⑩ 모음 조화

모음 조화는 하나의 단어를 이루는 모음들이 같은 성질을 공유하는 현상이다. 한국어의 모음은 흔히 양성 모음 'ㅏ, ㅗ'와 음성 모음 'ㅜ, ㅓ, ㅡ, ㅟ, ㅣ, ㅚ, ㅔ, ㅐ'로 나누어진다. 모음 조화는 단어 내부나 용언의 활용에서 양성 모음은 양성 모음끼리 음성 모음은 음성 모음끼리 어울리는 현상을 말한다.

음운 현상으로서의 모음 조화는 용언 어간 뒤에 '아/어'로 시작하는 어미가 결합될 때 나타나는 다음과 같은 경우이다.

(20) 가. 알아, 몰아서, 쏘았다

　　 나. 먹어, 물어서, 쑤었다

(20가)는 용언 어간의 모음이 'ㅏ, ㅗ'일 때 어미의 첫 모음으로 '-아, -아서, -았-'이 결합하는 것을 보여 주고, (20나)는 용언 어간의 모음이 'ㅓ, ㅜ'일 때 어미의 첫 모음으로 '-어, -어서, -었-'이 결합하는 것을 보여 준다. '슬퍼서, 쥐어서, 기어서, 죄어서, 떼어서, 개어서' 등 다른 용언의 활용형을 고려하면 나머지 음성 모음들도 활용에서 모음 조화를 지키고 있음을 알 수 있다.

모음 조화는 의성어나 의태어에서도 광범위하게 나타난다.

(21) 가. 졸졸, 활활, 말랑말랑, 촐랑촐랑

　　 나. 줄줄, 훨훨, 물렁물렁, 출렁출렁

(21가)는 단어 내부에서 양성 모음만 나타나는 예이고, (21나)는 음성

모음만 나타나는 예이다. 이와 같은 모음 조화는 한국어의 특질을 잘 보여 준다. 그러나 현대 한국어에서는 '깡총깡총, 오똑이'가 '깡충깡충, 오뚝이'로 변화한 것처럼 모음 조화를 어기는 예가 표준어로 인정되기도 하는 등 점차 모음 조화가 약화되는 추세이다.

### 3) 탈락

#### ① 자음군 단순화

자음군 단순화는 음절 종성에 놓인 자음군 중에 하나를 탈락시키는 음운 현상이다. 앞에서 언급한 것처럼 한국어에서 음절 종성에 올 수 있는 자음의 수는 최대 하나이다. 그런데 형태소가 결합하는 과정에서 두 개의 자음이 음절 종성에 놓이는 경우가 있는데, 이때 자음군 단순화가 적용되어 두 자음 중 하나를 탈락시키게 된다.

(22) 가. 넋# → [넉], 삶# → [삼], 몫# → [목], 닭# → [닥], 값# → [갑]

　　　나. 넋+도 → [넉또], 삶+만 → [삼:만]

　　　다. 앉+는 → [안는], 많:니 → [만:니], 훑고 → [훌꼬], 끓는 → [끌른]

　　　라. 읽다 → [익따], 읽지 → [익찌] ↔ 읽고 → [일꼬], 읽게 → [일께]

(22가)는 음절 종성에 자음군을 가진 명사 뒤에 휴지가 올 때 일어나는 자음군 단순화를 보여 준다. (22나)는 음절 종성에 자음군을 가진 명사가 자음으로 시작하는 조사와 결합할 때, (22다)는 음절 종성에 자음군을 가진 용언 어간이 자음으로 시작하는 어미와 결합할 때 나타나는 자음군 단순화를 보여 준다. 각각의 단어에서 탈락하는 자음은 'ㄳ, ㄵ, ㄿ, ㄽ, ㄾ, ㅄ'

에서는 뒤에 오는 자음이 탈락하고, 'ㄺ, ㄻ, ㄼ, ㄿ'에서는 앞에 오는 자음이 탈락하는 등 일정한 양상을 보인다. 하지만 (22라)에서 볼 수 있듯이 'ㄺ'의 경우 일반적으로 'ㄹ'이 탈락하여 'ㄱ'이 발음되지만, 'ㄱ' 앞에서는 'ㄹ'이 발음된다.

그런데 같은 한국인 화자라도 지역이나 연령 등에 따라 자음군 중 어느 자음을 탈락시키는지는 차이가 크다. 「표준어 규정」 중 표준 발음법 '제4장 받침의 발음'에서는 자음군의 탈락에 대해 비교적 자세하게 규정하고 있다.

---

제10항 겹받침 'ㄳ', 'ㄵ', 'ㄼ, ㄽ, ㄾ', 'ㅄ'은 어말 또는 자음 앞에서 각각 [ㄱ, ㄴ, ㄹ, ㅂ]으로 발음한다. (예 넋[넉], 앉다[안따], 여덟[여덜], 값[갑] 등)

다만, '밟-'은 자음 앞에서 [밥]으로 발음하고, '넓-'은 다음과 같은 경우에 [넙]으로 발음한다. (예 넓-죽하다[넙쭈카다], 넓-둥글다[넙뚱글다] 등)

제11항 겹받침 'ㄺ, ㄻ, ㄿ'은 어말 또는 자음 앞에서 각각 [ㄱ, ㅁ, ㅂ]으로 발음한다. (예 닭[닥], 삶[삼ː], 읊고[읍꼬] 등)

다만, 용언의 어간 말음 'ㄺ'은 'ㄱ' 앞에서 [ㄹ]로 발음한다. (예 맑게[말께] 등)

---

② 후음 탈락

후음 탈락은 후음 'ㅎ'으로 끝나는 용언 어간 뒤에 모음으로 시작하는 문법 형태소가 올 때 'ㅎ'이 탈락하는 음운 현상이다. 후음으로 끝나는 용

언 어간 뒤에 모음으로 시작하는 조사가 오면 'ㅎ'은 후행 음절로 연음이
되어야 하는데 그대로 탈락하는 것이다.

(23) 가. 넣어 → [너어], 놓은 → [노은], 쌓이다 → [싸이다]
　　　나. 않아 → [아나], 많은 → [마는], 잃어도 → [이러도]

(23가)는 'ㅎ' 종성을 가진 용언 어간에서 후음이 탈락한 예이고, (23나)
는 겹받침을 가진 용언 어간에서 겹받침의 일부인 'ㅎ'이 탈락한 예이다.
　표준 발음이 아닌 현실 발음에서는 후음 탈락이 더 광범위하게 일어난다.

(24) 가. 결혼 → [겨론], 간호 → [가노], 담화 → [다뫄], 동행 → [동앵]
　　　나. 고향 → [고양], 교훈 → [교:운], 다행 → [다앵], 미혼 → [미:온]

(24가)는 유음이나 비음과 같은 공명음 뒤에서의 후음 탈락의 예이고,
(24나)는 모음 뒤에서의 후음 탈락의 예이다. 물론 (24)에서 제시한 예들
의 표준 발음은 후음이 탈락하지 않는 것이다.

### ③ 유음 탈락
　유음 탈락은 유음 'ㄹ'이 'ㄴ, ㅅ'과 같이 조음 위치가 비슷한 자음 앞에
서 탈락하는 음운 현상이다.

(25) 가. 알+는 → [아:는], 울+니 → [우:니], 놀+시다 → [노:시다]
　　　나. 알+옵고 → [아:옵꼬], 알+오니 → [아:오니], 알+오 → [아:오]

(25가)와 같이 'ㄹ'로 끝나는 용언 어간에 '-는, -(으)니, -(으)시-' 등의 어미가 결합할 때에는 '으'가 탈락한 후 'ㄹ'과 'ㄴ, ㅅ'이 만나 'ㄹ'의 탈락이 일어난다. (25나)는 표면상 'ㄹ'이 탈락할 이유가 없는 '오'로 시작하는 어미 앞에서 나타나는 유음 탈락이다. 이 어미들은 역사적으로 'ㅿ'을 가졌기 때문에 조음 위치가 비슷한 자음 앞에서 일어난 탈락이다. 그러나 'ㅿ'이 소멸했기 때문에 공시적으로는 모음 앞에서 유음이 탈락한 것처럼 보인다.

유음 탈락은 용언의 활용뿐만 아니라 합성어나 파생어에도 나타난다. 합성어나 파생어에서의 유음 탈락은 'ㄴ, ㅅ'뿐만 아니라 'ㄷ, ㅈ' 앞에서도 일어난다는 점에서 용언 어간 뒤에서의 유음 탈락과 차이가 있다.

(26) 가. 솔+나무 → [소나무], 활+살 → [화살], 밀+닫+이 → [미다지], 바늘+질 → [바느질]

　　나. 달+님 → [달림], 물+살 → [물:쌀], 돌+도끼 → [돌:도끼], 발길+질 → [발낄질]

(26가)는 합성어나 파생어가 형성될 때 'ㄴ, ㅅ, ㄷ, ㅈ'과 같은 자음 앞에서 유음이 탈락한 예이다. 그러나 (26나)에서 볼 수 있듯이 동일한 조건에서 유음 탈락이 나타나지 않는 경우도 있다. (26가)의 예들도 화자들이 유음 탈락으로 인식하지 못할 때가 많다는 점, (26나)처럼 유음 탈락이 적용되지 않는 예가 많다는 점을 고려하면 합성어나 파생어에서의 유음 탈락은 더 이상 공시적인 음운 현상이 아니라고 볼 수 있을 것이다.

④ 모음 탈락

앞에서 언급한 것처럼 단모음과 단모음이 서로 이어지는 것은 발음상 그리 자연스럽지 못하기 때문에 이를 피하기 위해 단모음 중 하나를 탈락시키는 일이 있다. 즉, 모음 탈락은 모음끼리의 연결에서 모음 하나가 탈락하는 현상이다. 모음 탈락은 탈락하는 모음 및 적용 환경에 따라 여러 가지 유형으로 구분된다.

(27) 가. 크+어서 → [커서], 쓰+어도 → [써도], 잠그+아라 → [잠가라]

　　　나. 가+아서 → [가서], 서+어서 → [서서], 건너+어라 → [건너라]

　　　다. 개+어서 → [개:서], 세+어도 → [세:도], 메+어라 → [메:라]

(27가)는 어간말 '—'가 '아/어'로 시작하는 어미 앞에서 탈락하는 으-탈락의 예이다. (27나)는 어간말 모음과 어미초 모음이 같을 때 나타나는 동일 모음 탈락의 예이다. (27다)는 'ㅐ, ㅔ'로 끝나는 어간 뒤에서 어미의 모음 'ㅏ/ㅓ'가 탈락하는 예이다. (27다)에서는 어간의 모음이 반드시 장음으로 실현되므로 탈락이 아닌 동화로 보기도 한다. 즉, 어간의 모음에 어미의 모음이 동화되어 동일한 모음 두 개가 연속으로 이어지기 때문에 장음이 나타난다는 것이다.

⑤ 반모음 'j' 탈락

현대 한국어에서는 경구개음 뒤에 반모음 'j'로 시작하는 이중 모음이 올 수 없다. 그리하여 경구개음 뒤에서 반모음 'j'가 탈락하는데, 이를 반모음 탈락이라고 한다. 반모음 탈락은 주로 형태소의 결합 과정에서 나타난다.

(28) 지+어 → 져 → [저], 찌+어 → 쪄 → [쩌], 치+어 → 쳐 → [처], 던지
    +어 → 던져 → [던저], 살찌+어 → 살쪄 → [살쩌], 바치+어 → 바
    쳐 → [바처]

앞에서 구개음화를 다룰 때 언급한 것처럼 경구개음과 반모음 'j'는 조음 위치가 비슷하기 때문에, 비슷한 소리의 연속을 피하기 위해 반모음 'j'의 탈락이 일어난다. 반모음 'j'의 탈락은 결과적으로 표기와 발음의 불일치를 가져온다.

한국어에 들어온 외래어 역시 반모음 'j'의 탈락을 적용받는다. 그리하여 '쟈, 져, 죠, 쥬, 챠, 쳐, 쵸, 츄'는 표기대로 발음되지 않으며, 외래어 표기법에서 표기상으로도 '쟈, 져, 죠, 쥬, 챠, 쳐, 쵸, 츄'를 쓰지 않도록 규정하고 있다. 그리하여 '쥬스, 텔레비젼' 등은 규정에서 벗어난 표기이며, '주스, 텔레비전'으로 표기해야 한다.

## 4) 첨가

### ① 'ㄴ' 첨가

'ㄴ' 첨가는 자음으로 끝나는 말 뒤에 단모음 'ㅣ'나 반모음 'j'로 시작하는 말이 결합할 때 'ㄴ'이 첨가되는 음운 현상이다. 이때 후행하는 요소가 어휘 형태소이거나 한자 계열의 접미사일 때 일어난다.

(29) 가. 솜이불 → [솜:니불], 두통약 → [두통냑], 색연필 → 색년필 → [생
        년필]
    나. 신여성 → [신녀성], 한여름 → [한녀름], 헛일 → 헛닐 → [헌닐]

다. 학생용 → [학쌩뇽], 식용유 → [시굥뉴]

라. 한 일 → [한닐], 옷 입어 → 옷니버 → [온니버]

(29가)는 '어근+어근', (29나)는 '접두사+어근', (29다)는 '어근+한자어 접미사', (29라)는 '단어+단어'에서 나타나는 'ㄴ' 첨가의 예이다.

'ㄴ' 첨가는 항상 일어나는 필수적인 음운 현상이 아니다. 그래서 국어 사전의 발음 정보에서도 알 수 있듯이 '검열(檢閱)[검ː녈~거ː멸], 금융(金融)[금늉~그뮹]'과 같이 'ㄴ' 첨가가 일어난 형태와 그렇지 않은 형태가 모두 인정되기도 하고, '금요일[그묘일], 3·1절[사밀쩔]'과 같이 'ㄴ' 첨가가 인정되지 않는 경우도 있다.

② 반모음 첨가

반모음 첨가는 모음과 모음이 서로 인접하는 것이 자연스럽지 못하기 때문에 일어나는 현상으로, 모음으로 끝나는 형태소 뒤에 모음으로 시작하는 형태소가 결합할 때 반모음이 첨가되는 음운 현상이다. 반모음 첨가는 보통 뒤에 오는 형태소가 조사나 어미와 같은 문법 형태소일 때 일어난다.

(30) 가. 피+어 → [피여~펴ː~피어], 되+어 → [되여~되어], 뛰+어 → [뛰여~뛰어], 개+어 → [개여~개ː~개어], 데+어[데여~데ː~데어]

나. 보+아 → [보와~봐ː~보아], 꾸+어 → [꾸워~꿔~꾸어], 붓+어 → [부워~부어]

(30)은 용언 뒤에 어미가 결합할 때 일어나는 반모음 첨가의 예이다.

(30가)에서는 'j'의 첨가가 나타나고, (30나)에서는 'w'의 첨가가 나타난다. (30가)의 'j' 첨가는 표준 발음으로 인정되지만 (30나)의 'w' 첨가는 표준 발음으로 인정되지 않는다.

다음과 같이 체언 뒤에 조사가 결합할 때도 반모음 첨가가 나타난다.

> (31) 가. 도시+에 → [도시예~도시에], 경주+에 → [경주예~경주에], 바다
> +에 → [바다예~바다에]
> 나. 영희야, 철수야

(31가)는 체언에 부사격 조사 '에'가 결합하는 경우에 수의적으로 반모음 'j'의 첨가가 나타나는 예이다. 이때 반모음이 첨가된 발음은 표준 발음으로 인정되지 않는다. (31나)는 사람 이름을 나타내는 체언에 호격 조사가 결합한 경우이다. '영숙아'처럼 종성 자음을 가진 호격 조사 결합형을 고려하면 반모음 'j'의 첨가를 인정할 수 있다. 이 경우는 표준 발음으로 인정함은 물론, 표기 역시 '야'로 고정되어 있다.

## 5) 축약

음운의 축약은 두 음운이 합쳐져서 제3의 음운이 되는 음운 현상이다. 현대 한국어에서 나타나는 음운의 축약으로는 유기음화가 있다. 유기음화는 'ㅎ'과 'ㄱ, ㄷ, ㅂ, ㅈ'이 만나서 유기음 'ㅋ, ㅌ, ㅍ, ㅊ'으로 줄어드는 현상을 말한다. 유기음화는 'ㅎ'이 'ㄱ, ㄷ, ㅂ, ㅈ'의 앞에 놓이는 순행적 유기음화와 'ㅎ'이 'ㄱ, ㄷ, ㅂ, ㅈ'의 뒤에 놓이는 역행적 유기음화로 나눌 수 있다.

(32) 가. 낳고 → [나ː코], 쌓던 → [싸턴], 많다 → [만ː타], 좋지 → [조ː치]

나. 각하 → [가카], 맏형 → [마텽], 입학 → [이팍]

다. 먹히다 → [머키다], 꽂히다 → [꼬치다], 넓히다 → [널피다], 앉히
다 → [안치다]

(32가)는 용언 어간이 어미와 결합할 때 일어나는 순행적 유기음화의
예이다. (32나)는 복합어에서 일어나는 역행적 유기음화의 예이다. (32다)
는 피사동 파생에서 일어나는 역행적 유기음화의 예이다.

## 6) 기타

### ① 연음화

연음화는 자음으로 끝나는 음절 뒤에 모음으로 시작하는 음절이 올 때
앞 음절의 종성이 뒤 음절의 초성으로 옮겨져서 발음되는 것을 말한다. 연
음은 음운의 변동이 아니므로 음운 현상이 아니라 표기법의 문제이다. 그
러나 연음화는 한국어를 배우는 외국인 학습자들에게 필요한 지식이므로
음운 현상과 같이 다루기로 한다. 연음화는 다음 몇 가지로 나누어 살펴볼

### 'ㅎ'의 발음

한국어에서 'ㅎ'의 발음은 다른 자음과 차이나는 매우 독특한 특성을 보인다.

첫째, 단어의 첫머리에서는 '하늘, 향기'처럼 제 음가대로 발음된다.
둘째, 용언 어간 뒤에 모음으로 시작하는 조사가 오면 '넣어[너어], 놓아[노아]'처럼 탈락
한다.
셋째, 모음이나 유음이나 비음 뒤에서는 '고향[고양~고향], 결혼[겨론~결혼], 간호[가노
~간호], 담화[다뫄~담화], 동행[동앵~동행]'처럼 수의적으로 탈락한다.
넷째, 'ㅎ+ㄴ'에서는 '놓는[논는]'처럼 [ㄴㄴ]으로 발음된다.
다섯째, 'ㅎ+ㅅ'에서는 '닿소[다쏘]'처럼 [ㅆ]로 발음된다.
여섯째, 'ㄱ, ㄷ, ㅂ, ㅈ'과 만나면 '낳고[나코]'처럼 'ㅋ, ㅌ, ㅍ, ㅊ'으로 축약된다.

수 있다.


(33) 가. 옷+이 → [오시], 꽃+을 → [꼬츨], 닭+을 → [달글], 값+이 → [갑씨]

　　　나. 먹+은 → [머근], 있+어 → [이써], 맑+은 → [말근], 읽+어 → [일거]

　　　다. 먹+이 → [머기], 웃+음 → [우슴], 손+잡+이 → [손자비]


(33가)는 '체언+조사', (33나)는 '용언 어간+어미', (33다)는 '어근+접사'에서 나타나는 연음화의 예이다.

연음으로 끝나는 자음 뒤에 모음으로 시작하는 음절이 오더라도, 뒤에 실질 형태소가 올 경우 연음화가 일어나기 전에 먼저 평파열음화나 자음군 단순화가 일어난 뒤 연음화가 일어난다.


(34) 가. 겉+옷 → 걷온 → [거돋], 헛+웃+음 → 헏우슴 → [허두슴]

　　　나. 옷 안 → 옫안 → [오단], 부엌 안 → 부억안 → [부어간]

　　　다. 흙 위에 → 흑위에 → [흐귀에], 값없는 → 갑업는 → [가법는]


(34가)는 복합어에서, (34나)는 단어가 연결된 구에서 평파열음화가 일어난 뒤 연음화가 적용된 예이다. (34다)는 자음군 단순화가 적용된 뒤에 연음화가 일어난 예이다.


② 유성음화

유성음화는 유성음 사이에서 무성음인 'ㄱ[k], ㄷ[t], ㅂ[p], ㅈ[ʧ]'이 유성음인 'ㄱ[g], ㄷ[d], ㅂ[b], ㅈ[ʤ]'로 발음되는 현상이다. 한국어에서는 무성음과 유성음이 음소로 변별되지 않으므로 음운 현상으로 보기는 어렵지만, 연음화와 마찬가지로 한국어를 배우는 외국인 학습자들에게 필요한 지식이므로 음운 현상과 같이 다루기로 한다.

(35) 감기[kamgi], 도도[todo], 부부[pubu], 자주[ʧaʤu]

(35)는 'ㄱ, ㄷ, ㅂ, ㅈ'이 무성음으로 발음되는 것과 유성음 환경에서 유성음화가 일어난 것을 가진 단어들을 보여 준다. 예를 들어 '감기'에서 한국인들은 첫 번째 'ㄱ'은 무성음, 두 번째 'ㄱ'은 유성음으로 자연스럽게 발음하지만, 영어나 일본어처럼 유성음과 무성음이 음소로 존재하는 언어를 모어로 하는 외국인 학습자의 경우에는 두 번째 'ㄱ'도 무성음으로 발음하기도 한다.

**생각해 봅시다**

1. 한국어의 '평음-유기음-경음'의 조음 방법상의 특징을 설명해 보자.


2. 한국어의 단모음을 몇 개로 보는 것이 좋을지 자신의 견해를 밝혀 보자.


3. 의사소통에서 억양이 차지하는 중요성에 대해 토의해 보자.

# 한국어 정보화와 말뭉치

## 1  말뭉치의 개념과 말뭉치 언어학

### 1) 말뭉치의 개념

최근에는 언어 연구에서도 전산화된 방식이 널리 활용되고 있다. 컴퓨터를 이용해 말뭉치를 구축하여 연구에 활용하는 방식이 대표적이다. 말뭉치(corpus)란 원어를 살려 '코퍼스'라고도 하는데, 언어 연구를 위해 전산화된 형태로 수집된 대량의 언어 자료를 말한다. 즉, 실제 사용된 자연 언어를 녹음, 전사, 스캔 등의 방법을 통해 컴퓨터에서 처리할 수 있는 형태로 바꾼 것을 뜻한다. 구어의 경우에는 녹음한 후 전사하는 과정을, 인쇄된 문어 자료의 경우에는 스캔하여 문자를 인식하는 과정을 거쳐 전산화한다. 이렇게 전산화된 언어 자료인 말뭉치는 다량의 언어 사용례를 바탕으로 언어의 용법을 분석하고 계량화하여 실증적으로 연구하기 위해 사용된다.

### 2) 말뭉치의 종류

말뭉치는 대상 언어, 수집한 언어 자료의 양, 연구 목적, 가공 여부 등에 따라 다양한 형태를 띤다.

① 원시 말뭉치와 주석 말뭉치

'원시 말뭉치(raw corpus)'는 언어 자료를 날것 그대로 수집한 말뭉치를 뜻한다. 이는 부가적 처리를 가하지 않고 사용된 언어 그 자체를 전산화하여 모은 것으로, 말뭉치 구축의 기본 형태라고 할 수 있다.

그런데 대량의 언어 자료인 말뭉치를 분석하여 활용하기 위해서는 원시 말뭉치의 표면에 드러나지 않는 언어적 정보를 부가할 필요가 생긴다. 이러한 정보는 품사가 될 수도 있고 의미가 될 수도 있는데, 언어의 특성

## 한국어 언어 정보 주석의 사례

한국어 말뭉치를 효율적으로 활용하기 위해서는 어떤 언어 정보를 덧붙여야 할까? 일반적으로 원시 말뭉치는 어절 단위로 구별되어 있지만, 어절 단위로는 원하는 언어 요소만을 검색하기 어렵다. 만일 한국어 동사 '가다'의 쓰임을 검색하기 위해 원시 말뭉치에서 '가'를 입력한다면 원하는 결과를 얻을 수 없을 것이다. 동사 '가다'는 '갔다, 가서, 갔으니, 갔고, 갈까' 등 여러 활용형으로 나타나기 때문이다. 그러므로 동사의 경우 이를 용언과 여기에 덧붙은 어미로 분리해 두어야 적절하게 활용할 수 있다.

이와 같은 문법 정보 주석은 품사, 형태소, 접사, 어미 등 여러 층위를 아우른다. 한국어의 문법 정보 주석은 보통 '21세기 세종계획'의 문법 정보 주석 체계를 따르며, 해당 언어 요소 뒤에 분류별 기호를 부가하면 된다. 아래의 (2)는 (1)에 문법 정보 주석을 단 사례이다.

(1) 이 식당은 오후 늦게 문을 연다.
(2) 이/MM 식당/NNG 은/JX 오후/NNG 늦/VA+게/EC 문/NNG+을/JKO 열/VV+ㄴ/EP+다/EF+./SF

한편 각 어휘의 의미에 대해 주석을 달 필요도 있다. 교통사고와 같은 불의의 '사고(事故)'에 대해 검색하고 싶을 경우, 원시 말뭉치에서 '사고'를 검색하면 '사고(思考)' 등 다른 동음이의어가 함께 나타나 분석하기 어렵게 된다. 따라서 텍스트에서 해당 언어가 어떤 의미로 사용된 것인지 주석을 달 필요가 있다. 이러한 주석은 표준국어대사전의 어깨번호에 따라서 '사고(事故)'는 '사고_12'로, '사고(思考)'는 '사고_14'로 표기할 수 있다.

(3) 이/MM 식당/NNG 은/JX 오후/NNG 늦/VA+게/EC 문/NNG+을/JKO 열_02/VV+ㄴ/EP+다/EF+./SF

(3)은 문법 주석을 단 (2)에 의미 주석을 단 것이다. 이 문장에 사용된 '열다'가 표준국어대사전에 등재된 동사 '열다'의 여러 의미 중 첫 번째 의미로 사용되었음을 표시하고 있다.

또는 연구 목적에 따라 달라진다. 이와 같이 원시 말뭉치에 문법이나 의미 등의 언어 정보 주석을 단 말뭉치를 '주석 말뭉치(annotated corpus)'라고 한다. 문법이나 의미 주석은 사용된 각 용례에 대해서 정확하게 달아야 하므로 많은 시간과 노력이 요구되는 작업이지만, 말뭉치를 활용하기 위해서는 필수적으로 거쳐야 하는 단계이다. 형태소 분석의 경우에는 형태소 분석 프로그램의 도움을 받은 뒤, 그 결과를 수작업으로 검수하는 방식으로 작업할 수 있다.

② 범용 말뭉치와 특수 말뭉치

말뭉치는 수집 목적에 따라서도 여러 가지 형태를 띨 수 있다. 예를 들어, 한국어의 일반적인 언어 사용 양상을 관찰하고 싶다면 다양한 맥락에서 여러 화자에 의해 발화된 언어를 대량으로 수집할 필요가 있을 것이다. 이렇게 일반적인 언어 사용의 양상을 파악하려는 목적으로 수집된 말뭉치를 '범용 말뭉치(general corpus)'라고 한다.

범용 말뭉치에서 중요한 것은 말뭉치의 균형과 양이다. 범용 말뭉치를 추구하였으나 정작 수집한 언어 안에 특정 집단의 발화가 높은 비율로 포함되었거나 일상 대화는 배제되고 방송 언어가 많은 비중을 차지하게 되면, 이 말뭉치는 일반적인 양상을 대표한다고 할 수 없다. 이에 따라 각 언어의 대표적인 대규모 말뭉치들은 대량의 언어를 수집하되 언어생활의 양상을 실제와 가깝게 포함할 수 있도록 구성한다. 이러한 범용 말뭉치는 개인이 수집하기는 어려우므로 보통 언어권별로 정부나 학교 등에서 공동으로 구축한다.

한편 일정한 연구 목적에 따라 수집한 말뭉치를 '특수 말뭉치(special corpus)'라고 한다. 구체적으로 말하면 특수 말뭉치란 연구 목적에 따라 특정 지역, 특정 방언, 특정 발화 계층, 특정 발화 맥락 등의 언어만을 수집하여 말뭉치를 구성한 것을 뜻한다. 이러한 특수 말뭉치는 그 자체를 분석하여 연구할 수도 있고, 범용 말뭉치나 다른 특수 말뭉치와 대비하여 연구를 수행할 수도 있다. 예를 들어 한국어 학습자들의 특징적 오류를 살피려는 목적으로 이들의 발화만을 수집하여 한국어 학습자 말뭉치라는 특수 말뭉치를 작성했다면, 그 자체를 분석하거나 이를 한국어 모어 화자 말뭉치와 대비하여 분석하는 식으로 연구할 수 있다.

### 3) 말뭉치의 구성

앞서 언급한 바와 같이, 말뭉치를 잘 활용하기 위해서는 설계 단계에서부터 적합한 구성을 갖도록 하는 것이 매우 중요하다. 특히, 말뭉치를 활용한 연구의 바탕이 되는 범용 말뭉치를 구축할 때는 수집하는 언어 자료를 구성하는 데 더욱 신중해야 한다. 예를 들면 문어의 경우 장르별 비율, 구어의 경우 담화 맥락 등을 고려해야 하고, 발화자의 성별이나 세대 등의 변인도 한쪽에 편중되지 않도록 해야 한다. 즉, 다양한 변인들을 모두 포괄하여 언어를 수집하되 해당 언어의 전체 양상을 살필 수 있도록 변인의 비율을 면밀하게 설계해야 하는 것이다.

실제 말뭉치 구성 사례를 살펴보자. 한국에서는 문화관광부와 국립국어원에서 시행한 '21세기 세종계획' 사업을 통해 '세종 말뭉치'를 구축하였다. 세종 말뭉치의 구성을 살펴보면 신문 20%, 잡지 10%, 책(정보) 35%, 책(상상) 20%, 기타 5%로 문어가 모두 90%를 차지한다. 구어는 순구어 5%, 준구어 5%로 모두 10%를 차지하고 있다.

영국에서 1960~1993년에 걸쳐 개발된 초기 범용 말뭉치인 BNC(British

National Corpus)는 전체 약 1억 어절을 수집하였다. 문어 자료는 작성 연대, 단행본이나 신문 기사 등의 출처, 주제 영역, 대상 독자 및 저자의 연령과 성별 등을, 구어 자료는 대화나 독백 등의 상호작용 유형, 지역별·주제별·연령별·계급별·성별 비율 등을 고려하여 수집되었다. 수집한 언어 자료 중 문어 자료가 약 90%를 차지하였는데, 구어 자료의 경우 수집하는 데 많은 비용과 시간이 소요되기 때문에 그 비중이 적었다.

한편 1953~1987년에 개발된 SEU(Survey of English Usage)는 5,000 단어의 자료를 200개 수집하였는데, 문어와 구어가 각각 100개씩이었다. 문어 자료는 인쇄물, 비인쇄물, 발화가 문자화된 것으로 구분하여 넣었으며, 구어 자료는 독백과 대화로 분류하여 포함시켰다.

이러한 사례들을 바탕으로 향후 한국어 범용 말뭉치의 바람직한 비율을 도출해 낼 필요가 있을 것이다.

---

**적용하기**

## 한국어 말뭉치

국립국어원에서 개발한 세종 말뭉치는 3,000만여 어절(원시 말뭉치 기준) 규모로 구축되었다. 원시 말뭉치, 형태 주석 말뭉치, 형태의미 주석 말뭉치, 구문 주석 말뭉치가 모두 개발되어 있다. 또한 북한이나 해외 한국어, 구어, 역사 자료 말뭉치도 개발되었다. '국립국어원 언어정보나눔터'(https://ithub.korean.go.kr)에서는 세종 말뭉치를 검색할 수 있고, 말뭉치 파일과 한국어 전산 처리에 필요한 프로그램들을 내려받을 수 있다. 이 외에도 고려대학교에서 구축한 '물결21' 말뭉치는 2000년대 주요 일간지(조선일보, 동아일보, 중앙일보, 한겨레)를 담고 있다.

교사는 교수할 문법이나 예문을 선정하는 데 말뭉치를 활용할 수 있다. 특히 한국어교육에서 아직 명료하게 기술되지 않은 유사 문법이나 유의어들에 대한 교사용 지식을 얻는 데 유용하다. 또한 수업 현장에서 말뭉치 자료를 본격적으로 활용할 수도 있다. DDL(Data Driven Learning)은 말뭉치에서 추출한 실제 언어 자료를 학생들에게 제공하고, 이를 통해 문법이나 의미, 사용의 패턴을 탐구하도록 하는 방법이다.

---

## 2 말뭉치의 활용

### 1) 말뭉치를 통한 언어 분석

말뭉치를 활용하면 언어의 변화 과정이나 습득 과정, 여러 변인(지역, 세대, 매체, 맥락, 주제, 문어/구어 등)에 따른 언어 사용 양상을 살펴볼 수 있다. 아래에서는 말뭉치를 통해 얻을 수 있는 언어 정보에는 어떤 것이 있는지 알아본다.

① 빈도

말뭉치 분석을 통해 알 수 있는 대표적인 정보는 특정 언어 요소의 빈도(frequency)이다. 예를 들어 세종 말뭉치에서 가장 높은 빈도를 보이는 형태소는 '.'(마침표)이며 다음으로 관형격 조사 '의/JKG', 목적격 조사 '을/JKO', 관형형 전성 어미 'ㄴ/ETM', 종결 어미 '다/EF', 동사 파생 접미사 '하/XSV', 긍정 지정사 '이/VCP', 부사격 조사 '에/JKB' 등이 뒤따르고 있다. 이러한 전체 빈도 외에도 품사 내에서의 빈도나 장르 내에서의 빈도 등 여러 가지 조합의 빈도를 확인할 수 있다. 이러한 빈도 자료는 특정 언어 요소나 장르의 특징을 파악하는 데 유용한 기초적인 정보가 된다. 대표적인 말뭉치 프로그램인 '워드스미스(WordSmith)'에서는 이러한 기능을 'word list'라고 한다.

② 문맥 색인

특정 언어 요소와 그 출현 맥락을 함께 보여 주는 목록을 문맥 색인(concordance)이라고 한다. 말뭉치를 활용하면 언어 자료의 문맥 색인을 쉽게 확인할 수 있다. 이를 통해 특정 언어 요소가 사용된 맥락에 대한 의미적 분석이 가능하다. 나아가 좌우 결합어 정렬 기능을 이용하면 결합 양상에 대한 양적 분석도 가능하다. 문맥 색인의 대표적인 형태는 문맥 내 검색어(Keyword in context: KWIC)이다. 다음 그림은 세종 말뭉치 검색 프로그램인 '한마루 2.0'에서 현대 문어 형태 분석 말뭉치 중 일반 명사 '학교/NNG'를 검색한 결과이다.

| 이전 문맥 | 검색어 | 이후 문맥 |
|---|---|---|
| 조금이라도 일탈하면 큰일이 나기라도 하는 양 부모님이 시키는 대로. | 학교 | 선생님이 시키는 대로 살아왔기 때문이다. |
| 학생들도 폭력에게 한번 혹하면 공포에 질려 무기력한 부모도 믿지 못하고 | 학교 | 선생님도 믿지 못해서 결국은 아파트에서 뛰어 내리고 마는 겁니다. |
| 구를 하고 있으니까 거기에 기대를 걸고 그 밀거름을 주고 있는데 협회행정이 | 학교 | 지원책의 절반만이라도 따라와 주었으면 좋겠어요." |
| 선린국교로 옮긴 이후 이 | 학교 | 학생들에게 준 첫 선물 '고양이 박사'는 매일 지각에 싸움만 하던 말썽쟁이 |
| | 학교 | 어쩌고 가팔집에서 뭉쳐 나오는 원장제의 냄새에, 청기홍의 고소한 냄새 |
| 같이 수지길를 배우기로 하고 첫날 배운 후 교통사고를 당하여 | 학교 | 근처병원에 입원한 동료교사의 문병을 갔다가, 같은 병실에 누워 있는 환자 |
| 이제 결찰과 공권력은 힘과 의로로서 굴복과 | 학교 | 주변을 지켜간다. 각 사회단체, 종교단체, 어머니회 아버지가 듣고 일어나 |
| 비록 이날 선발 출장하지는 않았지만 이천수 최태욱 을 돌게생을 길러낸 이 | 학교 | 축구팀 일흠한 감독(36·11회 졸업)도 연방 '좋았다. |
| 이 길었은 | 학교 | 건물이 되기도록 못고 출겼다. |
| 글짓기 강의 내용을 정리하여 어디 「새교실」에라도 보내 볼까 싶어 식전에 | 학교 | 가서 일과와 자료를를 가져왔다. |
| | 학교 | 자랑도 할 수 있고 자랑도 받을 수 있고. |
| 이 기적적인 풍습이 없어지지 않고는 정상적인 | 학교 | 간 길에 우물에서 머리를 감고 운동장을 나오니 교문 앞 버드나무에 꾀꼬리 |
| 우리 검찰은 우선 물리적인 차원에서 | 학교 | 교육로 무의미해진다. |
| '선 물리적인 차원에서 학교 주변의 불량배와 강패를 잡아내고, 우리의 가정, | 학교 | 주변의 불량배와 강패를 잡아내고, 우리의 가정, 학교, 사회는 맑은 정신, |
| 그렇지만 이 녀석들아, 일본말 한마디도 모르는 내가 무슨 식식 | 학교 | 사회는 맑은 정신, 깨끗한 생활이라는 정신 혁명을 통해, 공권력을 뒷받침 |
| 이 | 학교 | 훈장될 자격이 있단 말이냐. |
| 옛날 | 학교 | 동문회에서 한국팀의 승리를 예상하기라도 한 듯 돼지 20마리를 잡아 반 |
| 비대해진 | 학교 | 덩일 때 글을 썼세. |
| 한 달에 한 번 전교생과 선생님이 진명 | 학교 | 규모 |
| 몇몇 학교에서는 대외고사를 치르고나 그 청년이 | 학교 | 갔답다 삼일날에 모여 그 날에 생일이 들은 사람들을 축하하는 모임을 갖는 |
| 운체가 대문양이 | 학교 | 간 성적이교를 만들어 오후 직원회의 시간에 '평가회의'를 갖고, 성적이 |
| '그동안 어 차에 갈쳐서 | 학교 | 선배의 결혼을 한다고 반을 때 친구들은 모두 믿지 않았다. |
| 게다가 우리나라에서는 | 학교 | 쪽에 문의를 해봤습니다만 계속 무책임한 소리만 돌오잖습니까. |
| 두번째 인물 열선은 대학 졸업 무렵 | 학교 | 교실이 불난을 당한 지 오래다. |
| 집으로 들어서는 골목 어귀에로 이웃 | 학교 | 선배의 남편과 열렬한 연애를 거쳐 집안의 반대를 무릅쓰고 결혼한다. |
| 차라리 | 학교 | 다니는 동네 친구와 마주쳤다. |
| 1학기초에 운동회 준비위원회를 두어 | 학교 | 규모에 맞는 운동회 계획을 미리 짜 놓도록 한다. |
| 무슨 일로인지는 친척히 모르지만 이 청년이 | 학교 | 고급선생하고 대판 싸움을 했다는 소식을 제 아이들을 통해서 들은 바가 있 |
| 대판 싸움을 했다는 소식을 제 아이들을 통해서 들은 바가 있던 타라 정훈은 | 학교 | 말을 꺼내이러 여간 조심스럽지 않다. |
| 어찌 보면 한국 대학의 교육병을 담당자들은 자기 | 학교 | 공부는 해본 일이 없는 서당 아이들이 한무한테 장가를 가르쳐 달라고 졸 |
| "그래요. 그럼 내일 아침 아이들 | 학교 | 가나 같이 나서기로 합시다." |
| 우선 요사이 처음으로 | 학교 | 문에 예순여 어린이가 국어 교과서에서 대하게 되는 최초의 낱말과 문장은 |
| '힘냅아 오빠와 | 학교 | 친구들이 오니까 아빠랑를 뜨뜯뜯 지워놔야." |
| 많은 문제점과 개선점을 열거했지만, 현재와 같은 과대학교이 | 학교 | 환경, 교율한 수업복담이 그대로 있는 어떠한 개선책도 일시방편이 될 |
| '애가 축시 | 학교 | 공부 마치고 서울로 가지 않았는지 모르겠어." |
| 점심시간이 되면 | 학교 | 헛선물 들라서 비가 오나 눈이 오나 거의 매일이다시피 붙어댔다. |
| | 학교 | 공부를 함한 중고등학교인데, 그 학교 생긴 후 처음으로 공납금 전면생으 |
| 학교 공부를 함한 중고등학교인데, 그 | 학교 | 생긴 후 처음으로 공납금 전면생으로 우대를 받아 공부를 했는데, 공안에 |
| 공부를 뭇하게 시간마다 꾸지람을 듣는 아이들은 | 학교 | 생활이 얼마나 괴롭겠는가? |
| 운동회는 전체 학생을 대상으로 하지만 | 학교 | 규모가 크면 올릴수록 실상 경기나 놀이에 직접 참여할 수 있는 인원은 줄어 |
| 그러나 그 선택단계에서 | 학교 | 자체에서 실시하는 실택고사(외교사), 또는 단원 학습이 이루어진 후 교 |
| 그러나 나군 자신이 | 학교 | 친구들과 함께하여 독서 운동을 만든 것을 안 일본 결합은 그를 그대로 못 |
| 집총출전은 고사하고. | 학교 | 운동에도 못 가본 그는 가장 초보적인 '강항을' '우향우' 조차도 제대로 못 |
| 토요일 오후에 | 학교 | 식당 같은 곳에서 혼자 앉아 있곤 범이에요." |
| 대부분 광주출신이지만, 군산 영암(영양) | 학교 | 안세사건으로 광주감옥에서 이감온 학생과 교사 200명, 충남 공주에서 이 |
| 를 비롯한 대중 문화일선 종사자들이 일반인를 대상으로 한 '대중 문화 | 학교 | 를 개설해 대중 문화에 대한 오해나 편견을 해소시키는 곳으로 노력하는 |
| 다른 선생님이 아플 때 상임을 하든지 직접 수지침으로 도움을 줄 수 있어서 | 학교 | 생활에서 여러모로 도움이 되고 있다. |
| | 양 | |

검색 결과를 보면 '학교'라는 명사를 중심으로 이전 문맥과 이후 문맥을 확인할 수 있다. 이처럼 말뭉치의 문맥 색인 정보를 활용하면 특정 언어 요소가 사용된 문맥을 파악하여 이를 문법적·의미적으로 분석할 수 있다. 또한 문맥 색인 작업을 여러 언어 요소에 대해서 수행하면 사용 맥락이나 의미를 비교하면서 유의어를 변별해 낼 수도 있다.

③ 연어

연어 관계(collocation)란 둘 이상의 단어가 빈번히 결합하는 관계를 말한다. 예를 들면 '새빨간 거짓말'이라는 표현은 빈번하게 한 덩어리로 쓰이며, '도움을'이라는 어절 뒤에 자주 출현하는 동사는 '베풀다' 또는 '주다'이다. 이러한 연어 관계는 말뭉치에서 선후 문맥에 나타나는 언어 요소들의 빈도를 조사함으로써 파악할 수 있다. 말뭉치를 활용한 연어 정보는 어휘를 교육할 때 어떠한 요소와 결합하여 가르치면 좋을지에 대해 유용한 정보를 제공해 준다.

④ 엔그램

말뭉치를 활용하면 특정 언어 요소와 함께 결합해서 사용되는 언어 요소들 중 유의미한 것을 추출할 수 있다. 높은 빈도로 결합하여 특정 기능을 하는 연속된 언어 요소를 '어휘 구(lexical phrase)' 또는 '어휘 묶음(lexical bundle)'이라고 하는데, 특히 한국어에서 발달한 '-(으)ㄹ 수 있다, -(으)ㄴ 후에, -(으)ㄹ 것이다' 등의 의존 명사 구성이 그 예가 된다. 이러한 연쇄적인 언어 요소는 말뭉치의 엔그램(n-gram)분석을 통해 파악할 수 있다. 엔그램이란 특정 개수의 언어 요소가 연속되는 것을 뜻하는 개념으로, 2개가 연속하면 2-gram, 3개일 경우에는 3-gram과 같이 지칭한다.

## 엔그램과 의존 명사 구성

엔그램은 특정 개수의 언어 요소가 연속되는 것을 지칭하는 개념이다. 한국어에는 의존 명사 구성 등 여러 어휘가 결합하여 특정 기능을 하는 어휘 묶음이 많은데, 이들은 표현 문형 또는 정형화된 표현 등으로 불린다. 말뭉치 언어학에서는 엔그램을 확인하여 이러한 어휘 묶음을 분석할 수 있기 때문에 엔그램은 한국어교육 문법 연구에서도 매우 중요한 개념이라 할 수 있다.

⑤ 핵심어

분석할 말뭉치의 특성을 보여 주는 어휘를 핵심어(keyword)라고 하는데, 흔히 두 말뭉치를 비교했을 때 통계적으로 유의미하게 한쪽에서 더 많이 사용된 언어 요소를 뜻한다. 핵심어는 보통 기준이 되는 대규모 말뭉치와 특정 말뭉치를 비교하여 특정 말뭉치의 특성을 살펴볼 때 자주 사용한다. 예를 들면 한국어 범용 말뭉치와 신문 기사 말뭉치를 비교하여 신문 기사에서 특히 더 많이 사용되는 어휘를 추출하여 핵심어를 확인할 수 있다. 또는 한국어 말뭉치와 한국어 학습자 말뭉치를 비교하여 한국어 학습자가 특히 더 자주 사용하는 어휘를 추출할 수도 있다.

⑥ 타입과 토큰

타입(type)은 여러 변이형 중에 대표로 삼는 언어 형태를 말하며, 토큰(token)은 개별 언어 형태가 얼마나 출현했는지를 나타낸다. 예를 들면 '먹었다, 먹었으니, 먹어요, 먹자, 먹여라' 등과 같은 여러 토큰은 '먹다'라는 하나의 동사 타입에 대응한다고 할 수 있다. 말뭉치를 활용하여 한 텍스트의 타입/토큰 비율을 파악하면 텍스트 내에 얼마나 다양한 언어 형태가 나타나는지를 알 수 있다.

## 2) 학습자 말뭉치

학습자 말뭉치란 '제2언어를 학습하는 과정에서 학습자에 의해 생산된 음성, 글 등을 체계적으로 수집, 정리, 가공한 언어 자료'(강현화, 2017: 10)라고 할 수 있다. 학습자가 생산한 언어 자료를 대규모로 수집하여 분석하면 학습자의 습득 양상을 면밀히 관찰할 수 있다. 언어 학습자 말뭉치는 영어 학습자 말뭉치를 중심으로 활발하게 구축되었는데, 대표적으로 ICLE(International Corpus of Learner English)가 있다.

국립국어원에서는 한국어 학습자 말뭉치를 수집 및 구축하는 사업을 2015년부터 2020년까지 6개년 계획으로 추진하고 있다. 최종적으로 원시 말뭉치 418만 어절, 형태 주석 말뭉치 328만 어절, 오류 주석 말뭉치 96만 어절을 목표로 한다. 수집하는 언어 자료는 다양한 작성 맥락을 포함하며 수집 기관과 수집 방법에 따라 중간·기말 시험이나 수업 내 활동 등에서 산출되는 '교육기관 말뭉치', 백일장, 논설문, 생활문, 감상문, 대화, 발표 등의 장르에 따른 '기획 말뭉치', 일상 대화나 준비되지 않은 면담, 서사 발화와 같은 실제 발화 자료를 모으는 '자연 발화 말뭉치'로 구분된다. 수집 대상은 국내 학습자, 이주민, 국외 학습자이며, 연도별로 정리한다. 이러한 한국어 학습자 말뭉치는 '국립국어원 한국어 학습자 말뭉치 나눔터'(https://kcorpus.korean.go.kr)에서 활용할 수 있다. 여기에서는 지금까지 구축된 한국어 학습자 말뭉치 약 180만 어절(원시 말뭉치 기준)에 기반한 통계 결과를 제공하고 사용례를 검색할 수 있다.

학습자 말뭉치는 학습 단계에서 생산된 텍스트로서 중간 언어 차원에서 다양한 오기와 오류가 나타나기에 말뭉치의 수집 및 분석 처리가 까다롭다. 수집한 구어와 문어 자료를 전자 자료로 입력하는 과정에서도 철자 오류나 불명확한 발음 등 어려움이 존재한다. 또한 형태적 오류가 있기에

## 말뭉치 분석 프로그램

언어 자료를 말뭉치로서 분석하려면 먼저 형태소 분석을 해야 한다. 형태소 분석기로는 21세기 세종계획의 '지능형 형태소 분석기', 울산대학교 한국어처리연구실의 'U-tagger' 등이 있다. 빈도나 맥락은 'Antconc', 'WordSmith' 또는 세종계획에서 배포한 '한마루 2.0' 등의 말뭉치 소프트웨어를 통해 추출할 수 있다. 개인적으로 작성한 텍스트 파일을 분석하고자 할 경우에는 '깜짝새(SynKDP)'나 'Uniconc' 등의 프로그램을 사용하면 된다. 최근에는 웹상에서 제공하는 말뭉치 서비스도 많아지고 있다. 국립국어원 언어정보나눔터(https://ithub.korean.go.kr/user/main.do)에서는 용례 검색 서비스를 제공하고 있다.

형태 주석 과정에서도 형태소 분석이 원활하게 이루어지기 어려워, 이를 검수하고 교정하는 작업을 해야 한다.

학습자 말뭉치에 유형별로 오류 주석을 하면 대규모 자료의 오류 분석이 가능해지는데, 이는 한국어교육에서 중요한 분야인 오류 연구에 유용하게 활용될 수 있다. 또한 학습자의 전반적인 한국어 습득 경향과 학습자 변인에 따른 습득 양상을 연구하는 데에도 학습자 말뭉치 연구가 유용하다. 말뭉치를 통해 학습자의 모어, 한국어 수준, 외국어로서의 한국어교육(KFL)/제2언어로서의 한국어교육(KSL) 학습 맥락, 연령, 성별, 동기 등의 요인에 따라 자료를 살필 수 있기 때문이다.

한편, 일정 기간 내에 산출된 자료를 토대로 여러 수준에 있는 학습자들의 한국어 습득을 검토하는 것을 횡적 연구라고 한다. 이와는 달리 각 변인의 영향을 세밀하게 살피기 위해 소수 학습자의 자료를 긴 시간에 걸

## 학습자 말뭉치 오류 주석

강현화 외(2016)에 제시되어 있는 학습자 말뭉치 오류 주석 방식은 다음과 같다.

1. 분석 불가능
2. 오류 위치
   - 실질 어휘: 고유 명사, 일반 명사, 의존 명사, 대명사, 수사, 동사, 형용사, 보조 용언, 지정사, 관형사, 일반 부사, 접속 부사, 감탄사, 체언 접두사, 명사 파생 접미사, 형용사 파생 접미사, 어근
   - 기능 어휘: 주격 조사, 관형사형 전성 어미, 목적격 조사, 부사격 조사, 접속 조사, 보격 조사, 인용격 조사, 보조사, 연결 어미, 종결 어미, 선어말 어미, 명사형 전성 어미, 관형격 조사
   - 구 단위 표현
   - 표현 문형
3. 오류 양상
   - 누락
   - 첨가
   - 대치
   - 오형태
4. 오류 층위
   - 발음: 음소, 음절, 음운 규칙, 원어식 발음, 중간 발음(변이음 포함)
   - 형태: 단어 형성(합성), 단어 형성(파생), 굴절(곡용), 굴절(활용), 품사
   - 통사: 높임, 시제, 사동, 피동, 부정, 어순
   - 담화: 지시, 접속, 담화 표지, 구어/문어 오류

쳐 수집 및 연구하는 것을 종적 연구라고 한다. 두 연구 방식 모두 필요하므로 현재 한국어 말뭉치는 종적·횡적 연구가 모두 가능하도록 말뭉치를 수집하고 있다.

또한 한국어 학습자 말뭉치를 한국어 모어 화자 말뭉치와 비교하면 한국어 학습자들의 언어 특성을 찾아낼 수 있다. 특히 한국 사회의 일원으로 편입되었다고 볼 수 있는 국내 결혼 이민자, 다문화 자녀, 이주 근로자, 국내 거주 고급 한국어 학습자들의 언어는 학습자 언어로서뿐만 아니라 다문화 사회에서 나타나는 한국어의 다양한 변이로서도 가치를 갖는다.

나아가 학습자 말뭉치는 교육 현장에서 오류에 대한 메타 인지를 높이는 활동의 자료로 사용하거나 평가 척도를 정하는 데에도 사용될 수 있다.


### 3) 언어 빅데이터

말뭉치는 이른바 언어 빅데이터라고 할 수 있다. 빅데이터의 처리가 가능해지면서 현대 사회의 여러 현상에 이를 활용할 수 있게 되었는데, 언어 분야 역시 마찬가지이다. 언어 빅데이터를 구축한 뒤 이를 활용하는 대표적인 사례로 자동 번역을 들 수 있다. 한국어 자동 번역 서비스로는 네이버 파파고와 구글 번역 등이 있다.

과거에도 빅데이터에 기반한 번역 프로그램이 있었으나 정확성이 그리 높지 않았다. 하지만 최근 기계 학습 방식이 도입되면서 번역 성능이 크게 향상되었다. 연역적으로 언어 규칙을 입력하던 과거의 방식에 비해, 귀납적으로 데이터를 자체 학습하는 기계 학습 방식이 훨씬 효과적이기 때문이다.

번역과 같은 결과를 산출하는 기술뿐만 아니라 입력에 관한 기술도 크게 발달하였다. 음성을 입력하면 이를 컴퓨터가 단어나 문장으로 변환시키는 음성 인식 기술은 이제 휴대폰이나 음성 인식 스피커를 통해 보편화되었다. 음성 인식 기술 역시 다량의 음성 데이터와 이에 대응하는 문장을 컴퓨터가 기계 학습 방식으로 처리하면서 인식의 정확도가 비약적으로 높아졌다. 한편, 사람의 음성을 인식한 뒤에 컴퓨터가 대답하는 기술을 음성 합성이라 한다. 음성 합성 기술도 컴퓨터가 어떤 맥락에서 어떤 문장을 발화해야 하는지를 기계 학습 방식으로 학습시킨 것이다. 이와 같이 컴퓨터와 빅데이터에 기반하여 언어 자료를 응용하는 기술은 다방면에서 빠르게 발전하고 있어 그 미래가 주목된다.

## 생각해 봅시다

1. 다음 문장에 문법 정보 주석을 달아 보자. 문법 정보 기호 및 세부 사항은 '21세기 세종계획 말뭉치 구축 지침'을 참고하자.

> 오늘도 비가 많이 내리네.
> 내일은 날씨가 좋았으면 좋겠다.

2. BNC(British National Corpus) 누리집(https://www.english-corpora.org/bnc)을 방문하여 BNC 말뭉치에 영어 어휘 몇 가지를 검색해 보자. 그리고 해당 어휘에 대해서 알게 된 사실은 무엇인지, 언어 학습자는 말뭉치를 통해 어떤 정보를 얻을 수 있는지 말해 보자.

3. 한국어교육에서 말뭉치를 활용하여 연구할 수 있는 주제를 생각해 보고, 이를 위해 어떠한 말뭉치 자료를 수집해야 할지 토의해 보자.

# 참고 문헌

## 단행본

강현화 외(2016), 『2016년 한국어 학습자 말뭉치 연구 및 구축 사업』, 국립국어원.

강현화(2017), 『학습자 말뭉치의 구축과 활용 연구』, 소통.

강현화·고성환·구본관·박동호·송원용·이홍식·임동훈·정승철·진제희(2016), 『한국어 교원을 위한 한국어학』, 한국방송통신대학교출판문화원.

고영근(2007), 『한국어의 시제 서법 동작상』(보정판), 태학사.

고영근·구본관(2008), 『우리말 문법론』, 집문당.

고영근·구본관(2018), 『우리말 문법론』(개정판), 집문당.

교재편찬위원회(2000), 『한국어의 이해』(개정판), 세종출판사.

구본관·박재연·이선웅·이진호·황선엽(2015), 『한국어 문법 총론 I』, 집문당.

구본관·박재연·이선웅·이진호(2016), 『한국어 문법 총론 II』, 집문당.

국립국어연구원(2000), 『《표준국어대사전》 편찬 지침』.

국립국어원(2005ㄱ), 『외국인을 위한 한국어 문법 1』, 커뮤니케이션북스.

국립국어원(2005ㄴ), 『외국인을 위한 한국어 문법 2』, 커뮤니케이션북스.

권성미(2017), 『한국어 발음 교육론』, 한글파크.

권재일(2012), 『한국어 문법론』, 태학사.

권재일(2013), 『세계 언어의 이모저모』, 박이정.

김선정·김용경·박석준·이동은·이미혜(2010), 『한국어 표현 교육론』, 형설출판사.

김성규·정승철(2013), 『소리와 발음』(개정판), 한국방송통신대학교출판문화원.

김진호(2008), 『외국어로서의 한국어학 개론』, 박이정.

김흥수(1998), 「피동과 사동」, 서태룡 편, 『문법 연구와 자료』, 태학사.

남기심·우형식·이희자·오승신·유현경·정희정·강현화·한송화·이종희·이선희·이병규·조민정·남길임(2006), 『왜 다시 품사론인가』, 커뮤니케이션북스.

남기심·고영근(2001), 『표준 국어문법론』, 탑출판사.

남기심·고영근(2014), 『표준 국어문법론』(4판), 박이정.

남기심·고영근·유현경·최형용(2019), 『새로 쓴 표준 국어문법론』(전면개정판), 한국문화사.

문금현(2002), 『국어의 관용 표현 연구』, 태학사.

문숙영(2009), 『한국어 시제 범주 연구』, 태학사.

민현식(1991), 『국어의 시상과 시간부사』, 개문사.

민현식(1999),『국어 문법 연구』, 역락.

민현식·조항록·유석훈·최은규 외(2005),『한국어 교육론 1』, 한국문화사.

박기영·이정민(2018),『한국어 발음 어떻게 가르칠까: 외국으로서의 한국어 발음 교육론』, 역락.

박덕유(2005),『문법교육의 이론과 실제』, 역락.

박재연(2006),『한국어 양태 어미 연구』, 태학사.

배주채(2011),『국어 음운론 개설』(개정판), 신구문화사.

백봉자(1999),『외국어로서의 한국어 문법 사전』, 연세대학교출판부.

백봉자(2006),『외국어로서의 한국어 문법 사전』(개정판), 하우.

서울대학교 국어교육연구소 편(2014),『한국어 교육학 사전』, 하우.

서울대학교 국어교육연구소(2002),『고등학교 문법』, 교육인적자원부.

서울대학교 한국어문학연구소·국어교육연구소·언어교육원(2014),『한국어 교육의
    이론과 실제 2』, 아카넷.

서정수(1996),『국어문법』, 한양대학교출판원.

송경숙(2003),『담화 화용론』, 한국문화사.

신지영(2015),『말소리의 이해』(개정판), 한국문화사.

연재훈(2011),『한국어 구문 유형론』, 태학사.

왕문용·민현식(1995),『국어 문법론의 이해』, 개문사.

왕한석(2005),『호칭어의 주요 이론과 연구 시각: 한국 사회와 호칭어』, 역락.

외교부(2019),『재외동포현황 2019』.

유현경·서상규·한영균·강현화·고석주·조태린(2015),『우리말 연구의 첫걸음』, 보고사.

유현경·한재영·김홍범·이정택·김성규·강현화·구본관·이병규·황화상·이진호(2019),
    『한국어 표준 문법』, 집문당.

유현경·한정한·김광희·임동훈·김용하·박진호·이정훈(2011),『한국어 통사론의 현상과
    이론』, 태학사.

이관규(2017),『국어 교육을 위한 국어 문법론』, 역락.

이기문(1998),『국어사개설』(신정판), 태학사.

이미혜(2005),『한국어 문법항목 교육 연구』, 박이정.

이성범(2012),『화용론 연구의 거시적 관점: 이론과 실제』, 소통.

이익섭(1992),『국어표기법연구』, 서울대학교출판부.

이익섭(2000),『사회 언어학』, 민음사.

이익섭(2002),『국어학개설』, 학연사.

이익섭·이상억·채완(1997),『한국의 언어』, 신구문화사.

이익섭·채완(1999),『국어 문법론 강의』, 학연사.

이재성(2001),『한국어의 시제와 상』, 국학자료원.

이정복(2009),『인터넷 통신 언어의 확산과 한국어 연구의 확대』, 소통.

이지영(2008),『한국어 용언부정문의 역사적 변화』, 태학사.

이진호(2014),『국어 음운론 강의』(개정판), 삼경문화사.

이진화(2008),「과제 기반 교수법과 교육 영문법」, 양현권·정영욱 편,『교육 영문법의 이해』, 한국문화사.

이호권·고성환(2012),『우리말의 구조』, 한국방송통신대학교출판문화원.

이희자·이종희(2010),『한국어 학습 전문가용 어미·조사 사전』, 한국문화사.

정희자(2002),『담화와 추론』, 한국문화사.

조민정·봉미경·손혜옥·전후민(2013),『학습자를 위한 한국어 유의어 사전』, 박이정.

최현배(1971),『우리말본』(고친판), 정음사.

폴랭 G. 지테(2009),「언어와 발전」, 홍미선 편저,『프랑스어권 아프리카의 언어와 문화』, 한울아카데미.

한국방송통신대학교 평생교육원 편(2005),『외국어로서의 한국어학』, 한국방송통신대학교 출판부.

한국사회언어학회(2012),『사회 언어학 사전』, 소통.

허용·강현화·고명균·김미옥·김선정·김재욱·박동호(2005),『외국어로서의 한국어교육학 개론』, 박이정.

홍윤표(2012),『국어정보학』, 태학사.

홍종선·신지영·정명숙·황화상·김원경·도원영·한정한·김의수·변정민·유혜원·최경봉·이동혁·김혜영·차준경·차재은·김윤주·김서형·김지혜·최석재·박병선·이봉원(2015),『쉽게 읽는 한국어학의 이해』, 한국문화사.

황경수(2011),『한국어 교육을 위한 한국어학』, 청운.


Austin, J. (1962), *How to Do Things with Words*, Harvard University Press.

Brown, P., & Levinson. S. C. (1987), *Politeness: Some Universals in Language Usage*, Cambridge University Press.

Chomsky, N. (1957), *Syntactic Structures*, Mouton.

Chomsky, N. (1965), *Aspects of the Theory of Syntax*, MIT Press.

Cummins, J. (2001), *Negotiating Identities: Education for Empowerment in a Diverse Society*, California Association for Bilingual Education.

Eberhard, D. M., Simons, G. F., & Fenning, C. D. (Eds.) (2019), *Ethnologue: Languages of the World* (22nd ed.), SIL International.

Fillmore, C. J. (1968), The Case for Case. In E. Bach, & R. T. Harms (Eds.), *Universals in Linguistic Theory*, Holt, Rinehart and Winston.

Freeman, Y. S., & Freeman, D. E. (1992), *Whole Language for Second Language Learners*, Heinemann.

Goodman, K. (1986), *What's Whole in Whole Language*, Heinemann Educational Books.

Grice, P. (1989), *Studies in the Way of Words*, Harvard University Press.

Harrison, R. P. (1973), Nonverbal Communication. In I. deSola Pool, W. Schramm, N. Maccoby, F. Frey, E. Parker, & J. L. Fein (Eds.), *Handbook of Communication*, Rand-McNally.

Knapp, M. L. (1980), *Essentials of Nonverbal Communication*, Holt, Rinehart & Winston.

Krashen, S. (1985), *The Input Hypothesis*, Longman.

Lakoff, R. (1975), *Language and Woman's Place*, Harper&Row Publishers Inc.

Landry, R., & Allard, R. (1992), Ethnolinguistic Vitality and Bilingual Development of Minority and Majority Group Students. In W. Fase, K. Jaspaert, & S. Kroon (Eds.), *Maintenance and Loss of Minority Language*, John Benjamins.

Larsen-Freeman, D. (2001), Teaching Grammar. In M. Celce-Murcia (Eds.), *Teaching English as a Second or Foreign Language*, Heinle & Heinle.

Leech, G. (1983), *Principles of Pragmatics*, Longman Group Ltd.

Levinson, S. C. (1983), *Pragmatics*, Cambridge University Press.

Lightbown, P. M., & Spada, N. (2013), *How Languages Are Learned* (4th ed.), Oxford University Press.

Long, M. H., & Robinson, P. (1998), Focus on Form: Theory, Research, and Practice. In C. Doughty, & J. Williams (Eds.), *Focus on Form in Classroom Second Language Acquisition*, Cambridge University Press.

Palmer, F. R. (2001), *Mood and modality*, Cambridge University Press.

Ruben, B. D., & Stewart, L. P. (1998), *Communication and Human Behavior* (4th ed.), Allyn & Bacon.

Searle, J. (1969), *Speech Acts: An Essay in the Philosophy of Language*, Cambridge University Press.

Sperber, D., & Wilson. D. (1986), *Relevance: Communication and Cognition*, Oxford University Press.

Thornbury, S. (1999), *How to Teach Grammar*, Longman.

논문

강소산·전은주(2013), 「한국어교육에서의 호칭어, 지칭어 교육 현황과 개선 방안」, 『새국어교육』 95, 한국국어교육학회, 363-389.

권재일(1993), 「한국어 피동법의 역사적 변화」, 『언어학』 15, 한국언어학회, 25-43.

김미형(2000), 「국어 완곡 표현의 유형과 언어 심리 연구」, 『한말연구』 7, 한말연구학회, 27-63.

김윤신(2006), 「사동피동 동형동사의 논항교체 양상과 의미해석」, 『한국어 의미학』 21, 한국어의미학회, 51-73.

김제열(2001), 「한국어 교육에서 기초 문법 항목의 선정과 배열 연구」, 『한국어교육』 12(1), 국제한국어교육학회, 93-121.

남길임(2017), 「한국어 부정 구문 연구를 위한 말뭉치 언어학적 접근」, 『한국어 의미학』 56, 한국어의미학회, 135-159.

문금현(2002), 「한국어 어휘 교육을 위한 연어 학습 방안」, 『국어교육』 109, 한국어교육학회, 217-250.

민현식(2002), 「'부사성'의 문법적 의미」, 『한국어의미학』 10, 한국어의미학회, 227-250.

민현식(2005), 「문법교육의 표준화와 다양화의 과제」, 『국어교육연구』 16, 서울대학교 국어교육연구소, 125-191.

박성일(2012), 「인칭범주에 기반한 한국어 경어법 교육 연구」, 서울대학교 박사학위논문.

박재연(2014), 「한국어 종결어미 '-구나'의 의미론」, 『한국어 의미학』 43, 한국어의미학회, 219-245.

박재연(2018), 「'-겠-'과 '-을 것이-'의 비대립 환경과 대립 환경」, 『국어학』 85, 국어학회, 113-149.

방성원(2004), 「한국어 문법화 형태의 교육방안: '다고' 관련 형태의 문법항목 선정과 배열을 중심으로」, 『한국어교육』 15(1), 국제한국어교육학회, 93-110.

서상규·홍종선(2002), 「한국어 정보 처리와 연어 정보」, 『국어학』 39, 국어학회, 321-369.

서정수(1978), 「'ㄹ 것'에 관하여」, 『국어학』 6, 국어학회, 85-110.

손혜옥(2016), 「한국어 양태 범주 연구」, 연세대학교 박사학위논문.

송창선(2018), 「학교문법의 안은 문장 체계에 대한 비판적 고찰」, 『국어교육연구』 61, 국어교육학회, 141-160.

양동휘(1979), 「국어의 피·사동」, 『한글』 166, 한글학회, 189-206.

엄녀(2009), 「한국어교육을 위한 양태 표현 교육 연구」, 서울대학교 박사학위논문.

오숙화(1994), 「현대국어 부정문 연구: 부정극어와 이중 부정문을 중심으로」, 서울대학교 석사학위논문.

유현경(2015), 「국어 문법 기술에 있어서 절의 문제」, 『어문논총』 63, 한국문학언어학회, 63-87.

이관희(2017), 「속담 이해 교육 내용의 학교급별 위계화」, 『국어교육』 158, 한국어교육학회, 55-82.

이기용(1978), 「언어와 추정」, 『국어학』 6, 국어학회, 29-64.

이정택(2003), 「피동문의 능동주 표지 선택 원리: 통사적 절차에 의한 피동 표현을 중심으로」, 『국어교육』 110, 한국어교육학회, 301-319.

이효정(2004), 「한국어교육을 위한 양태표현 연구」, 상명대학교 박사학위논문.

임동훈(2003), 「국어 양태 체계의 정립을 위하여」, 『한국어 의미학』 12, 한국어의미학회, 127-153.

임동훈(2008), 「한국어의 서법과 양태 체계」, 『한국어 의미학』 26, 한국어의미학회, 211-249.

임은하(2013), 「속담 사용 능력 향상을 위한 속담 지도 방안 연구」, 『외국어로서의 한국어교육』 39, 연세대학교 언어연구교육원 한국어학당, 247-276.

장경희(1985), 「현대국어의 양태범주연구」, 서울대학교 박사학위논문.

장경희(2018), 「관형사형 어미에 따른 한국어 추측 표현 {-을 것 같다}의 중국어 대응표현 연구」, 『한중인문학연구』 59, 한중인문학회, 219-244.

장윤희(2015), 「중세국어 피·사동사 파생법 연구의 성과와 쟁점」, 『국어사연구』 21, 국어사학회, 33-68.

정인아(2010), 「한국어의 증거성(Evidentiality) 범주에 관한 연구」, 상명대학교 박사학위논문.

조현용(2007), 「한국어 속담 교육 연구」, 『한국어 교육』 18(2), 국제한국어교육학회, 423-458.

황용주·최정도(2016), 「21세기 세종 말뭉치 제대로 살펴보기」, 『새국어생활』 26, 국립국어원, 73-86.

Canale, M., & Swain, M. (1980), Theoretical Bases of Communicative Approaches to Second Language Teaching and Testing, *Applied Linguistics 1*(1), 1-47.

Ellis, R. (2006), Current Issues in the Teaching of Grammar: An SLA Pespective, *Tesol Quarterly 40*(1), 83-108.

인터넷 자료

국립국어원 언어정보나눔터 https://ithub.korean.go.kr/user/main.do
국립국어원 우리말샘 https://opendict.korean.go.kr
국립국어원 표준국어대사전 http://stdweb2.korean.go.kr
국립국어원 한국어 학습자 말뭉치 나눔터 https://kcorpus.korean.go.kr
세종학당재단 http://www.sejonghakdang.org
에스놀로그 http://www.ethnologue.com
재외동포재단 http://www.okf.or.kr
한국교육개발원 교육통계서비스 https://kess.kedi.re.kr
한국국제교류재단 세계한국학현황지도 http://www.kf.or.kr/koreanstudies/
    koreaStudiesMap.do

# 찾아보기

# 한국어 교사를 위한 한국어학 개론

2020년 3월 9일 초판 1쇄 펴냄
2024년 7월 15일 초판 3쇄 펴냄

지은이 민현식 · 구본관 · 김호정 · 김수정 · Sainbilegt. D · 왕단 · 박성일
　　　 강남욱 · 신필여 · 이슬비 · 박민신 · 신범숙 · 이지연 · 임수진

책임편집 정세민
디자인 김진운
본문조판 민들레

펴낸이 윤철호
펴낸곳 ㈜사회평론아카데미
등록번호 2013-000247(2013년 8월 23일)
전화 02-326-1545
팩스 02-326-1626
주소 (03993) 서울특별시 마포구 월드컵북로6길 56
이메일 academy@sapyoung.com
홈페이지 www.sapyoung.com

ISBN 979-11-89946-47-0 93370